隐忍力

最适合中国人的成功哲学

章 岩◎著

中央编译出版社
Central Compilation & Translation Press

图书在版编目(CIP)数据

隐忍力 / 章岩著. -- 北京：中央编译出版社，
2014.5
ISBN 978-7-5117-2125-9

Ⅰ.①隐… Ⅱ.①章… Ⅲ.①成功心理–通俗读物
Ⅳ.①B848.4-49

中国版本图书馆 CIP 数据核字(2014)第 067186 号

隐忍力

出 版 人：	刘明清
出版统筹：	薛晓源
策划编辑：	黄海明
责任编辑：	韩继海
责任印制：	尹　珺
出版发行：	中央编译出版社
地　　址：	北京市西城区车公庄大街乙 5 号鸿儒大厦 B 座(100044)
电　　话：	(010)52612345(总编室)　　(010)52612313(编辑室)
	(010)52612316(发行部)　　(010)52612315(网络销售)
	(010)52612346(馆配部)　　(010)66509618(读者服务部)
传　　真：	(010)66515838
经　　销：	全国新华书店
印　　刷：	北京柯蓝博泰印务有限公司
开　　本：	710 毫米×1000 毫米　1/16
字　　数：	166 千字
印　　张：	16
版　　次：	2014 年 5 月第 1 版第 1 次印刷
定　　价：	35.00 元
网　　址：	www.cctphome.com　　邮　箱：cctp@cctphome.com
新浪微博：	@中央编译出版社　　微　信：中央编译出版社(ID：cctphome)

本社常年法律顾问：北京市吴栾赵阎律师事务所律师　闫军　梁勤
凡有印装质量问题，本社负责调换。电话：(010)66509618

前　言

1

在中国哲学中,关于刚强与柔弱辩证关系的讨论是颇多的。所谓以柔克刚、以弱胜强,实是深知事物转换之理的极高智慧。

老子曾说:"知其雄,守其雌,为天下。"意思是,知道什么是刚强,却安于柔弱的地位,如此,才能常立于不败之地。

古人说:"君子之所以取远者,则必有所持。所就者大,则必有所忍。"忍是一种强者的心态,更是一个人的修养。在现实生活中,但凡有真本领者都善于忍耐,忍耐是为了给自己留有余地,而有了余地才能掌控住大局。

陆游说:"小忍便无事,力行方有功。"说明了忍在人生行事过程中的必要性。

早在元朝,便有两位饱学之士许名奎、吴亮专门编纂了《劝忍百箴》和《忍经》传给后人。

清朝道光二十六年,出版了《忍字辑略》。这本书中说:"金入火生光,草入火生烟,苦难也。此言耐苦犹耐火也。善忍者成如金,炼去心渣益明,不善忍者反是,怒气所熏,无不染也。"又说:"古圣贤豪杰所以立大德而树立业者,莫不成于忍,而败于不能忍。"

……

以上种种,都告诉我们,在中国古人看来,忍让绝非怯懦,能忍人所不能忍,才是最刚强的。

2

如今,时代在前进,社会在发展,人们关于"忍"的思想也在不断地丰富。具体说到隐忍学的内涵,也是多方面的。

可以说，隐忍学，其实是一门很深奥的学问，只有忍才能积蓄力量，以静制动，后发制人；只有忍才能顾全大局，使得事业顺利；只有忍才能与人为善，化解、消除各种矛盾和不利因素。凡成就大事者，凡功留千古、名誉久传者，无不看重并努力实践着一个"忍"字。

而要想学会并运用"忍"，也是有一定的难度的——隐忍不是低头屈服，不是无所作为，不是甘于平庸，而是一种含蓄而又内敛的处世方式与做人方法。

具体来说，它在当下的社会，可以是一种谋略、一种气度；在修养上说，应该是一种胸怀、一种品格；在处事上说，更是一种坚持、一份承担……隐忍，需要内心的沉淀，更需要时间的历练！

3

本书用诸多实例与心理学常识告诉读者，如何在浮躁的当下保持淡定、厚积薄发，成就自我；如何以退为进、由弱转强，伺机爆发；如何在蛰伏期迅速成长，练就强大的心理素质；如何做好人生规划，漂亮胜出等等，可以帮助你将"隐忍力"转变为成功的助力，收获人生最美的果实。本书可谓最适合东方人阅读的成功哲学，是一本集心理学之大成的终极自我提升术！

目录 Contents

第一章 有一门学问叫隐忍——卧倒不是跌倒,忍耐方显能耐　1

　　　　隐忍力是一门人生的大学问,是一门让你在各种场合应付自如,以退为进,不动声色却可以成功,成功了又不致遭人嫉妒的学问。

1. 如果有人夸你是"性情中人",你就要小心了　　2
2. 锋芒毕露,在人生的战场上不是好筹码　　6
3. 居安一定要思危,得意更要保持低调　　9
4. 善忍,能忍——暂时的卧倒,是因为时机未到　　13
5. 适当地"低头弯腰",就是转危为安的妙招　　16
6. 忍者神"龟"——学会适度示弱,别太争强　　19
7. 越是你有理,越要表现得谦下　　21
8. 退并不是胆怯,只是为进做了一个热身运动　　23
9. 你需要对方的帮助,这与你的尊严无关　　26
10. 人生只有爱还不够,必须还要有个"忍"　　28

第二章 有一种策略叫隐忍——伺机而动,雄心的一半是耐心　31

　　　　我们在心里一定要清楚自己要"隐"什么,在"忍"什么,以及到了何时就无须忍耐。唯有如此,隐忍的能量才能助你把握机遇,从而实现厚积薄发。

1.隐要有章法,忍要有时间——做好隐忍的规划　　32
2.何时勃然而发?——既要会忍又要会挺　　34
3.看清楚自己的实力,比看清楚对手更重要　　36
4.不争而争,后来居上　　38
5.刚柔并济,创造既斗争又互有台阶可下的空间　　40
6.最不动声色的成功,就是建构有效的朋友圈　　47
7.无论内心对他多么不满,公开场合请给他留面子　　52
8.引而不发——若想推广传播,请先学会隐藏忍耐　　55
9.给人帮助要低调,人情债千万不要四处宣扬　　58
10.学会尊重所有人,包括不喜欢你的人　　60

第三章　有一种处世叫隐忍——放下身架,把事做成　　63

山外有山,楼外有楼,在强者如云的社会群体里,要想胜出谈何容易?这时候,隐忍学教你逆向思考,在大家都在向高处拥挤的时候,你何不放下身架,以低姿态示人?

1.把自己的姿态摆得比别人低,让自己的心志站得比别人高　　64
2.低下头去实干,用成绩说服别人　　66
3.放下"身架",才能提高"身价"　　68
4.感恩批评,学会自我批评　　70
5.留三分余地给别人,留些余德给自己　　73
6.越是自由,越是要学会自我约束　　75
7.不患得患失,才能真正有所得　　78
8.匹夫之勇是一种盲动冒进,英雄之忍是一种战术迂回　　80
9.谎言只要说得恰当,一样可以为你增分　　83
10.藏与露的转换——在知己知彼的情况下,获得竞争中的主动权　　86

第四章　有一个职场叫隐忍——总把自己当最聪明的人，一定是跑龙套的命　　91

隐忍，可以说是职场人常用的处世之道，在职场上，总把自己当最聪明的人，一定是跑龙套的命。真正聪明的高手，是大智若愚的，该精明时精明，不该精明时装傻。

1. 出色的精英未必能得到上司的青睐，有许多空白需要填补的员工反而会赢得更多的机会　　92
2. 职场不是大同社会，老板不会说"我错了"　　95
3. 无论是新人还是老人，都要默念低调再低调　　98
4. 若你的上司被你超过，这对你来说不仅是蠢事，甚至于会产生致命后果　　100
5. 学会查漏补缺，揣着明白装糊涂　　104
6. 别说"不"：用柔和的态度去拒绝　　106
7. "办公室政治"暗藏玄机——躲开派系斗争　　108
8. 顺应客观，"无为而治"——隐忍的领导策略　　112
9. "冷冻"和"搁置"——隐忍的管理艺术　　118
10. 学会运用策略向上司提供信息　　121

第五章　有一类沟通叫隐忍——沉默的确是金，帮你征服所有人的心　　124

有时候争辩、抢话会让别人觉得自己得不到尊重，觉得你不喜欢倾听他。这并不能给你带来什么好处，即使你有再多的意见，也要学会"隐忍"，学会"沉默"，因为适当的沉默是一种倾听智慧，它在帮你赢得人缘的同时，也征服所有人的心。

1.收起沾沾自喜的感觉,少说"我"多说"你"　　125

2.一对会倾听的耳朵胜过一张能言善辩的嘴　　126

3.不当话痨,把话语权分给别人一些　　128

4.说"我懂你的委屈",不如静静地听　　131

5.适度沉默,使沟通更加顺畅　　134

6.最好不插嘴,即便插嘴也要讲艺术　　136

7.交友贵在真诚,但逢人要学会只说三分话　　138

8.坦然地说"我不知道",会受到意想不到的欢迎　　140

9.善用体态语言——它比有声语言更真实　　143

10.即使压制自己的意见,也要在场面上迎合对方　　146

第六章　有一笔财富叫隐忍——成功往往是"熬"出来的　　149

> 天下没有免费的午餐,事业的成功、智慧的积累,都需要血汗地付出和不断地磨练。没有地基的空中楼阁难以矗立晴空,世上根本就没有一蹴而就的事业。

1.看准了,绝不放弃,越"熬"就会越有希望　　150

2.用压力逼自己一把,在隐忍中爆发潜能　　152

3.在蛰伏的时候,要明白自己的目的　　158

4.从不喜欢的事情做起,在隐忍中转换负能量　　160

5.耐心是隐忍的基石——只有忍到瓜熟之时,蒂才能脱落　　162

6.不屑于做细微之事的人,永远成就不了任何大的功业　　165

7.在隐忍中,知识的积累比财富更有价值　　167

8.谋财之道更像一场马拉松赛跑,而不是百米冲刺　　169

9.坚持下去,上帝会在最后一秒让你成功　　172

10.成功,就是赋予自己使命感和成就感　　175

第七章　有一种快乐叫隐忍——人能百忍自无忧,天天都是好日子　　　　　　　　　　　　　　　　　　　　　　　　　　　　　　**179**

要想得到快乐,就须常念"忍"字诀,不但是要忍别人所加的侮辱谩骂,而且要在穷困痛苦的逆境中,能忍颓丧卑鄙之念不生;在富贵顺遂的顺境里,能忍骄矜沉迷之心不起。这样才能做到根除烦恼,心静如水。

1. 真正的隐忍者,都是不动声色地把挫折踩在脚下　　180
2. 以淡泊之心看待名利,享受清心自在的美好时光　　182
3. 修炼比海洋还宽阔的胸怀,就会拥有比日月更长久的幸福　185
4. 换个角度看问题,任何一个困难都可以解决　　187
5. 隐忍让你保持谦虚的姿态,善于学习他人的长处　　191
6. 你的明天取决于隐忍的今天,但切勿杞人忧天　　193
7. 能忍住一时的怒火,将获得一生的益处　　195
8. 鸡毛蒜皮的小事,忍者一笑就过去了　　197
9. 当下,就是生命最好的礼物　　199
10. 保持平常心,在隐忍中体会蛰伏的美丽　　201

第八章　隐忍是对的,你也是——要忍的事太多,请修炼好强大的内心　　　　　　　　　　　　　　　　　　　　　　　　　　　　　　**206**

不要认为"忍"字上面有把刀,就一定代表着有流血与牺牲。倒是常常看着"忍"字下面的那颗心微笑,因为有心的地方就有善良与真情,而心灵的力量是无穷的。我们必须要能忍、会忍,还要从忍字中学习修炼一颗强大的内心。

1.不被人承认的时候,我们虽然没有光环,但是我们有尊严、自信和乐观　207

2.处于弱势的时候,在降低标准中完善自己,从头再来　209

3.不要试图让所有的人都对你满意,否则你将永远也得不到快乐　212

4.把本能的嫉妒转化为进取的动力,把不平静的心态归于平静　215

5.闭上嘴吧!事情永远不会因为你的抱怨而变得更好　219

6.训练自制力——让隐忍有更多的技术含量　221

7.别让情绪害了你——学习情感与理智的平衡术　224

8.下意识淡化自己的"优位",从而减少别人对你的隔阂　227

9.辨证地看待执著与变通,真正获得思维的解放　231

10.一个人再强也不要和别人比,再弱也要和自己比　234

第一章

有一门学问叫隐忍

——卧倒不是跌倒,忍耐方显能耐

隐忍力是一门人生的大学问,是一门让你在各种场合应付自如,以退为进,不动声色却可以成功,成功了又不致遭人嫉妒的学问。

1.如果有人夸你是"性情中人",你就要小心了

"性情中人"并不是一个贬义词,但是,生活中我们常见到当事人因不能克制自己,而引发争吵、咒骂、打架,甚至流血冲突的情况。有时仅仅是谁踩了谁的脚,一句话说得不当,在地铁里抢座位,在公交车上挨了一下挤,都可能成为引爆一场口舌大战或拳脚演练的导火索。

可怕的不在于这些行为,而在于这些人对自己的行为并没有引起深刻的认识,甚至还会得意地四处宣扬,标榜"我多能",而倾听者为了不伤害他们,只好说上一句:"你真是性情中人!"

所以,无论是做事还是做人都不能由着自己的性子来,如果有人因你的一些夸张行为,夸你是什么"性情中人",你就要小心了,那是在变相地指责你无知、幼稚。换句话说,也是在说你不够隐忍。

是的,人皆有七情六欲,遇到外界的不良刺激时,难免会激动、发火、愤怒,这都是人的本能的生理和心理反应。但这种过激的情绪不可放纵,因为它可能使你丧失冷静和理智,从而不计后果地行事。

因此,当你遇到事情时,面对人际矛盾时,要学会克制,学会忍耐,不要像炮捻子,一点就着。这就要求我们学习隐忍的智慧,掌握隐忍的一些法门。

在中国哲学中,关于刚强与柔弱辩证关系的讨论是颇多的。所谓以柔克刚、以弱胜强,实是深知事物转换之理的极高智慧。

老子曾说:"知其雄,守其雌,为天下。"意思是,知道什么是刚强,却安于柔弱的地位,如此,才能常立于不败之地。

古人说:"君子之所以取远者,则必有所持。所就者大,则必有所忍。"忍是一种强者的心态,更是一个人的修养。在现实生活中,但凡有真本领者都善于忍耐,忍耐是为了给自己留有余地,而有了余地才能掌控住大局。

第一章

有一门学问叫隐忍——卧倒不是跌倒，忍耐方显能耐

陆游说："小忍便无事，力行方有功。"说明了忍在人生行事过程中的必要性。

早在元朝，便有两位饱学之士许名奎、吴亮专门编纂了《劝忍百箴》和《忍经》传给后人。

清朝道光二十六年，出版了《忍字辑略》。这本书中说："金人火生光，草人火生烟，苦难也。此言耐苦犹耐火也。善忍者成如金，炼去心渣益明，不善忍者反是，怒气所熏，无不染也。"又说："古圣贤豪杰所以立大德而树立业者，莫不成于忍，而败于不能忍。"

……

以上种种，都告诉我们，在中国古人看来，忍让绝非怯懦，能忍人所不能忍，才是最刚强的。

如今，时代在前进，社会在发展，人们关于"忍"的思想也在不断地丰富。具体说到隐忍学的内涵，也是多方面的。

首先，隐忍具有一种超凡脱俗的精神境界，而表现出来的克制人性中的卑劣行为和欲望的思想。

一次，在公共汽车上一个男青年往地上吐了一口痰，被售票员看到了，对他说："同志，为了保持车内的清洁卫生，请不要随地吐痰。"

没想到那男青年听后不仅没有道歉，反而破口大骂，说出一些不堪入耳的脏话，然后又狠狠地向地上连吐三口痰。

那位售票员是个年轻的姑娘，此时气得面色涨红，眼泪在眼圈里直转。车上的乘客议论纷纷，有为售票员抱不平的，有帮着那个男青年起哄的，也有挤过来看热闹的。大家都关心事态如何发展，有人悄悄说快告诉司机把车开到公安局去，免得一会在车上打起来。没想到那位女售票员定了定神，平静地看了看那位男青年，对大伙说："没什么事，请大家回座位坐好，以免摔倒。"她一面说，一面从衣袋里拿出手纸，弯腰将地上的痰迹擦掉，扔到了垃圾筒里，然后若无其事地继续售票。

看到这个举动，大家愣住了。车上鸦雀无声，那位男青年的舌头像是突

然短了半截,脸色也不自然起来,车到站还没有停稳,就急忙跳下车,刚走了两步,又跑了回来,对售票员喊了一声:"大姐!我服你了。"车上的人都笑了,七嘴八舌地夸奖这位售票员不简单,真能忍,虽然骂不还口,却将那个浑小子制服了。

这位女售票员面对辱骂,如果忍不住与那位男青年争辩,只能扩大事态;与之对骂,又损害了自己的形象;默不做声,又显得太亏。她请大家回座位坐好,既对大伙儿表示了关心,又淡化了眼前这件事,缓解了紧张的氛围;她弯腰若无其事地将痰迹擦掉,此举动无声胜有声,比任何语言表达的道理都有说服力,不仅感动了那位男青年,也教育了大家。

其次,隐忍是为了实现崇高的目标,而表现出的高度自我牺牲精神。

大理石雕像大卫像是意大利艺术家米开朗基罗最伟大的作品。很多人也许并不知道,如果当年在雕像完成以后,不是米开朗基罗在关键的时候果断地低头,相信那个伟大的作品就永远没有了面世的机会。

当年,米开朗基罗刚刚完成了大卫的雕像,主管那次雕刻任务的官员去看大卫像时,深感不满意。"有什么地方不对吗?"米开朗基罗问。"鼻子太大了。"那位官员说。"是吗?"米开朗基罗站在雕像前看了看,大叫一声:"可不是吗?鼻子是大了一点,我马上改。"说着就拿起工具爬上架子,叮叮当当地修饰起来。随着米开朗基罗的凿刀,掉下好多大理石粉,那官员不得不躲开了。隔一会儿,米开朗基罗爬下架子,请那位官员再去检查:"您看,现在可以了吧!"

官员看了看,高兴地说:"是啊!好极了!这样才对啊!"送走了官员,米开朗基罗直接到洗手间洗手,原来他刚才只是偷偷抓了一小块大理石和一把石粉,到上面做做样子而已。从头到尾,他根本没有改动过原来雕像的一丝一毫。

我们不得不佩服米开朗基罗的聪明机智,当时如果米开朗基罗不这样做,而是执著于自己的想法,拘泥于形式,不肯在适当的时候退一步,而跟那位官员争执起来,不愿修改,恐怕就没有这个伟大的作品了。

第一章
有一门学问叫隐忍——卧倒不是跌倒,忍耐方显能耐

再次,隐忍是为了某种利益的获取而主动退让。

春秋时,公孙仪任鲁国的宰相,他很喜欢吃鱼,国内的人都争着买鱼献给他,公孙仪一概不接受。他弟弟问他:"你既喜欢吃鱼,为什么又不要呢?"

公孙仪回答:"正因为我喜欢吃鱼,所以才不接受别人送的鱼。如果接受了别人的鱼,必然要按别人的意愿办事,那就可能触犯法律;触犯法律,就会被免去宰相一职;免去宰相一职,虽然喜欢吃鱼可还会有谁送给你呢?不接受鱼而不被免去宰相一职,这样,虽然没有要人家的鱼,但却能长久地自己买鱼吃。"

即使身居宰相高位,公孙仪的头脑仍十分清醒。他能辩证地意识到只有不吃别人的鱼,才能真正长远地吃自己的鱼的道理。世上不知有多少人没有公孙仪这份智谋。

这是在现代高度竞争社会中,看似平庸,却能按自己的方式生存的一种方式。在小利面前,贪心过盛,结果被别人牵住了鼻子。特别是对于一些已取得一定地位和成就的人,由于他们有大的影响力,一些居心叵测的人心当然会对其曲意逢迎,投其所好。如果因为贪图小利,成了别人的工具,那么违法乱纪之事就在所难免了,最后的结果必将丧失以前所拥有的一切。

最后,隐忍是为了达到某种目的,在特定人物身上表现为计谋的运用。

战国时代,三家分晋是段有名的历史。当时晋国最有势力的大夫实际有四家,最强大的是智伯瑶,他想独吞晋国,常显得非常跋扈。当时,赵襄子刚继父位,立足未稳,在宴请智伯瑶时,智伯瑶当着其手下的面打了赵襄子,赵襄子隐忍不发。后来当智伯瑶胁逼三家大夫臣服于他时,赵襄子却首先反对,在使智伯瑶的野心暴露之后,他联合其他两家大夫,灭掉了智伯瑶。

这则故事说明智伯瑶的刚强招致了失败,而赵襄子的忍让却奠定了取胜的基础。对于领导者而言,为了长远的利益,为了时势、情理的转换,必要的退让不是坏事。以退为进,常常是屡用屡胜的。

一位优秀的政治家,只有不计较一时的得失,对细微的小事隐忍不计、不怨不怒、不躁不忧,方能成就大事业。

综上所述:隐忍是人生智慧中必不可少的,忍并不是弱者的借口,而是强者的胸襟;只有忍才能积蓄力量,以静制动,后发制人;只有忍才能顾全大局,使得事业顺利;只有忍才能与人为善,化解、消除各种矛盾和不利因素。纵观历史,凡成就大事者,凡功留千古,名誉久传者,无不看重并努力实践着一个"忍"字。

所以说,隐忍学,其实是一门很深奥的学问,而要想学会并运用它,也是有一定的难度的,但只要你善于观察,用心去体验生活中与人交往的点点滴滴,然后努力地去实行,也未必不能做到!

2.锋芒毕露,在人生的战场上不是好筹码

锋芒毕露,在人生的战场上来说,不是一个很好的筹码,当我们在过度暴露自己优点的同时,缺点也会被别人看得一清二楚。只有隐藏自己的实力,才能在战场上出其不意,获得成功。

隋唐著名才子薛道衡,13岁时就能讲《左氏春秋传》,隋高祖时,做内史侍郎。大业五年,被召进京,当时已是自负才气的隋炀帝杨广在位,薛道衡为了显示自己文章水平,呈上了《高祖颂》,炀帝看了很不高兴,说这只是文词漂亮而已。

有一次,炀帝与下臣聊天,说自己才高八斗,傲视天下文士,御史大夫乘机说薛道衡自负才气,不听训示,有无君之心。于是炀帝便下令把薛绞死了。

看来,薛道衡由于不懂得深藏不露、明哲保身,得罪了不少人,不但有隋炀帝,也有那个进谗言的御史大夫,甚至可能还有其余的那些大臣,否则

第一章
有一门学问叫隐忍——卧倒不是跌倒,忍耐方显能耐

怎会没人替他求情于炀帝呢?

因为锋芒太露而把人得罪光了,薛道衡算得上是一个典型,韩信也算是一个。

韩信是汉朝的第一大功臣:在汉中献计出兵陈仓,平定三秦;率军破魏,俘获魏王豹;攻下代,活捉夏说;破赵,斩成安君,捉住赵王歇;收降燕;扫荡齐;历挫楚军。连最后垓下消灭项羽,也主要靠他率军前来合围。司马迁说:汉朝的天下,三分之二是韩信打下来的;项羽,是靠韩信才被消灭的。

但是,功高震主,本来就犯了大忌,加上他又不能谦退自处,看到曾经是他的部下的曹参、灌婴、张苍、傅宽等都分土封侯,与自己平起平坐,心中难免矜功不平。樊哙是一员勇将,又是刘邦的姨夫,每次韩信到访,他都是"拜迎送",但韩信一出门就说:"我今天倒与这样的人为伍!"最终,韩信一步步走上了绝路。

不矜功自夸,可以很好地保护自己。正如英国19世纪政治家查士德斐尔爵士对他的儿子所说的:要比别人聪明,却不要告诉人家你比他聪明。

著名的游侠郭解就是一个很能藏锋露拙、大智若愚的人。在洛阳有一位男子因与人结怨而处境困难,许多人出面当和事佬,但对方一句话也听不进去,最后只好请郭解出面为他们排解这场纠纷。郭解晚上悄悄造访对方,热心地进行劝说,对方最终逐渐让步了。

这时候如果是一般人,一定会为自己的成功而沾沾自喜,急于示人,但郭解不同。他对那位接受劝解的人说:"我听说你对前几次的调解都不肯接受,这次很荣幸你能接受我的调解。但是,我作为一个外地人却压倒本地有名望的人,成功地调解了你们的纠纷,实在是有违常理。因此,我希望你这次就当我是调解失败,等到我回去,再由当地有威望的人来调解时再接受,怎么样?"

郭解的做法异于常人,但却是一种使自己免遭众人嫉恨的明智之举。既保护了自己,又留下了为人称道的美名。谁又能说郭解不是大智慧者呢?

《后汉书·班超传》语:"今君性严急,水清无大鱼。"是指水太清了,鱼就

无法存身,这是饱经沧桑的前辈们留给后人的一个办事准则。在处理人事关系的问题上,一定要铭记这一点。

明成祖年间,广东布政使徐奇进京朝见皇上,顺便带了一些岭南的藤席准备馈赠给朝廷中的官员。不料,京城的巡逻官把这些藤席截获,并将徐奇馈赠礼品的人员名单呈给了明成祖。

明成祖反复看了几遍名单,见其中唯独没有太傅杨士奇的名字,觉得有必要问个究竟,于是立即召见了杨士奇。杨士奇解释说:"当初徐奇受命赴广东任布政使,离行前众官员都作诗为他送别,所以徐奇这次回京特用藤席回赠。那一次臣正好有病在身,没有赠诗给徐奇,不然的话,我这次也在馈赠之列。今天众官员的名字虽然都在礼单上,但他们不一定会接受徐奇的礼物,再说藤席乃岭南特产,徐奇馈赠藤席只是为了表达谢意,不会有别的目的。"

杨士奇这番话讲得自然得体,明成祖对他的疑惑打消了,也原谅了徐奇,命人把名单烧了,从此再也没有过问此事。

在封建时代,皇权是至高无上的,"君疑臣必死"。如果杨士奇借此机会炫耀自己的清廉,不仅不会得到赞赏,而且会加重明成祖对他的疑心。杨士奇故意将自己牵扯进来,说明自己与别人没有什么不同,从而赢得了明成祖的信任。更妙的是,杨士奇此举不但挽救了自己,也免除了徐奇的祸事。

以上所述,都是一些典型人物的典型事例。不过,对于一般的普通人,更应该有隐忍的胸怀与气度。

在中国旧时的店铺里是不陈列贵重的货物的,店主总是把它们收藏起来。只有遇到有钱又识货的人,才告诉他们好东西在里面。倘若随便将上等商品摆放在明面上,岂有贼不惦记之理?

不仅是商品,人的才能也是如此。才华出众而又喜欢自我炫耀的人,必然会招致别人的反感,吃大亏而不自知。所以,无论才能有多高,都要善于隐匿,即表面上看似没有,内心实则充满的境界。如果在一开始就让别人把自己的底牌看了个透,在交手之时便没有了回旋的余地,连防守的机会都失去了，只能任人宰割。

如果把锋芒藏在背后，放低姿态，低调为人，反而能够韬光养晦，等待机会，厚积薄发，进而一举击败对手，大胜而归。

3.居安一定要思危，得意更要保持低调

从历史的行事中可以看出，我们自古就是讲究中庸的，这个词几乎涵盖了整个儒家文化。不过分地偏左，也不过分地偏右，尽可能保持平衡。这个理念如果用在隐忍学上，那就是得意的时候要低调，居安而思危；失意的时候要坚强，不能一蹶不振。

世事变幻，人生无常。隐忍学告诉我们，要时刻记住"锐者易折"的道理。人生总有得意的时候，但是得意也要保持低调。

南北朝时期，陈后主是陈朝的最后一个皇帝。唐代有位诗人有感于陈朝灭亡，写下一首七言绝句，说的就是陈后主不理朝政，骄奢淫逸的生活状态："商女不知亡国恨，隔江犹唱后庭花。"

本来陈后主即位之初政治比较清明，国家富强安定，可是这种情况持续的时间并不长。由于陈后主的骄傲自满，认为陈朝已经固若金汤，无须居安思危，所以终日花前月下，纵情酒色，放浪形骸，很快，起初的一代明君变成了昏庸之君。

即位后不久，陈后主被弟弟叔陵斫伤，终日在后宫养病，只留当时他最宠幸的张贵妃陪伴于身旁，将其他妃嫔包括皇后都摒斥在外。

皇后沈婺华，出身显贵，父亲为陈朝重臣，母亲是陈朝开国皇帝陈霸先之女会稽穆公主。她聪明贤淑，精通诗书礼仪，但因羸弱多疾，后主对她还不及一般妃嫔，这样一来备受宠幸的张贵妃宠冠后宫。

陈后主修建许多富丽堂皇的宫殿，分别给张贵妃、孔贵妃等受宠的妃

嫔居住。每日饮食起居均由这些人服侍,并且每次饮宴,都命诸妃嫔和女大士等吟诗作乐,选出较好的谱成歌曲,命上千名宫女习而歌之,轻歌曼舞终日弥漫整个后宫。张贵妃初入宫时,是龚贵嫔的侍儿,偶然被后主见到,被其美色迷惑,对其宠爱有加,很快封为贵妃,后生太子深。她非常会察言观色,每次宴会宾客,张贵妃都会让诸宫女参与其事,宫女们对她甚为感激,于是都在皇帝面前说她好的一面。

张贵妃得宠以后,陈后主越来越怠于政事,文武百官凡有奏章,都须通过宦官蔡脱儿、李善度等人才能送达于帝前。而每次批改奏章,后主都与张贵妃共同定夺,张贵妃正好借此机会干预政事,朝中的大小事情没有她不了解的,后主见朝野上下的言论,张贵妃足不出宫都了如指掌,便更加对她宠幸。可是后主并没有看到,政治形势的可危之处:朝中宦官佞臣,内外勾结,王公显贵,骄横不法,花钱买官者屡见不鲜。更有甚者,后宫犯法的,只要请张贵妃说情,后主往往都会既往不咎。荒于酒色的陈后主仍然没有意识到"一时的兴旺并不代表一世的兴旺",还继续过着骄奢淫逸的糜烂生活。

朝中正直的官吏实在看不下去了,上奏后主,阐明了朝中的混乱局势,并且力陈施文庆、沈客卿等人飞扬跋扈、专制朝政之举。可昏庸的后主已听不进任何忠言,先后将大臣毛喜贬谪出朝、右卫将军兼中书通事舍人傅縡赐死狱中。

耿直的大臣章华,上书后主说:"陛下即位,于今5年,思衔帝之艰难,不知天命之可畏,溺于嬖它,惑于酒色。祠七斋而不出,拜妃嫔而临轩。老臣宿将,弃之草戡,升之朝廷。今疆场日蹙,隋军压境,陛下如不改邪归正,悔之晚矣!"

后主收到这样的奏章不但没有悔过自新,而且一怒之下将其斩首,朝中官员见后主如此暴虐,都明哲保身,三缄其口,一个本来兴旺发达的国家被陈后主弄得岌岌可危。他总以为自己是那个"得志"之人,而不知道"失意"之日已不远矣。

第一章
有一门学问叫隐忍——卧倒不是跌倒,忍耐方显能耐

陈后主本来可以避免亡国,但是奸臣当道,妃嫔蛊惑,加上他自己不知居安思危,最终导致国家灭亡。古往今来,有太多才高位高之人不是因为自身能力输于别人,而是因自己的功绩变得骄矜自恃,忘了"盛极必衰,物极必反"的道理,这样也终会被命运惩罚。

《史记·滑稽列传》中说:"酒极则乱,乐极则悲。万事尽然,言不可极,极之而衰。"祸福之间是可以互相转换的,得意到了极点,往往就是失意的开始,最辉煌的时刻,就意味着你将开始走下坡路。

所以,真正的智者懂得在得意时,更要压低姿态。因为失意的时候还好,一旦得意,人会不自觉地膨胀,自我放大,就像一把开了刃的尖刀,好像没有什么困难能难倒他,没有什么问题他解决不了。殊不知,这把尖刀随时可能伤害他最亲近的人,也随时可能受到意外的打击。因为它的锋利,所以它才脆弱,被折断可能只是瞬间的事。

明朝有个人叫沈万三,是当时的"全国首富"。他家有田产上万顷,而且在四路八乡的城镇开设有许多的店铺。对于他的商业才能,余秋雨先生有过一句评价:中国14世纪杰出的理财大师。

沈万三太有钱了,就连当时的首都南京城,有一半都是他修筑的。朱元璋定都南京后,准备重修都城。可是由于连年的战乱,造成国库十分空虚,皇帝确实是没有那么多钱,只好向几个大户借钱。财大气粗的沈万三当仁不让,主动表示承担一半的钱粮开销。

商人出身的沈万三自然有他的道理,他认为自己这次出了大钱,而且是帮皇上的忙,这个功劳还小吗?如果靠上皇帝这棵大树,名利双收指日可待。

沈万三的自我感觉好极了,得意之情溢于言表。当今皇上都得靠我接济,这是何等荣耀啊!他与皇帝的工程同时开工,结果沈万三先于皇帝完工,朱元璋很不高兴。

修筑帝都三年之后,沈万三觉得"不过瘾",又申请由自己"掏腰包"搞赏三军。全国军队每人银子一两,总共近百万两。看到这种情况,朱元璋更

难受了,他本来就出身贫苦,再加上心胸狭窄,终于由妒而恨,"匹夫犒天子之军,乱民也,宜诛之",从那时起,朱元璋下令收他重税每亩九斗三升,相当于亩产的一半多。

沈万三认为,自己是修建首都的头号功臣,而且还给大明的军队花了那么多钱,皇帝怎么也得向我这个"土财主"表示一下谢意。可是他忘了那句话:功高盖主。大明朝是人家朱元璋的,姓朱不姓沈,朱皇帝哪里容得下你沈万三这样的普度众生的"活菩萨"?

朱元璋看到沈万三比皇帝还富有,本来就很郁闷。后来见他又主动发钱犒赏三军,朱元璋不得不开始琢磨:花了那么多钱,会不会是想收买我的天下?就算你有再多的钱,我说句话就能给你安个乱民的罪名,把你的财富变成姓朱的!

朱元璋翻脸了,要不是马皇后求情,沈万三真要人头落地,最后还是发配云南,没收亿万家产。

曾经的荣华富贵一下子变成了过眼烟云,一贯养尊处优的他,根本受不了云南的凄凉清苦。身体上的折磨还是次要的,心理上的痛苦才是他不能承受的,自己为了大明朝出了那么多的财力,最后却落得这样的下场,太窝囊了,不过三年,沈万三就在愤懑抑郁中死去了。

古人的故事告诫今人,在牢记"无限风光在险峰"的同时,我们更不要忘记"高处不胜寒"!诚然,我们不能要求所有人都像古人所说的"无欲则刚"那样,但也并不能如李白所畅言的"人生得意须尽欢"!

当今社会,人们的生活品质有了大幅度的提高。很多人开始向内敛含蓄的方向转变,得意而不忘形逐渐成为人们处世的准则。在人生得意时,一定要在内心给自己划一道警戒线,哪些是可以逾越的,哪些是不能触碰的,这体现了一个人的修养。身居高位且沉得住气,才是真正胸中含有大韬略的人。记得,矜持低调、克己奉公、不事张扬,只有懂得这些生活道理并真正做到的人,才能站得更高、走得更远!

4.善忍,能忍——暂时的卧倒,是因为时机未到

"忍"是一种做人的智慧,即使是强者,在问题无法通过积极的方式解决时,也应该采取暂时忍耐的方式处理,这可以避免时间、精力等"资源"的继续投入。在胜利不可得,而资源消耗殆尽时,忍耐可以停止消耗,使自己有喘息、休整的机会。

也许你会认为强者不需要忍耐,因为他资源丰富,不怕消耗。理论上是这样,但实际问题是,当弱者以飞蛾扑火之势咬住你时,纵然强者得胜,也是损失不小的"惨胜"。所以,强者在某些状况下也需要忍耐,可以借忍耐的和平时期,来改变对你不利的因素。

我们每一个人,都不可能永远是强者。俗话说,强中更有强中手,所以,每一个人都会经历一段"卧倒期"。这样做并不是怯懦,更不是屈服,只是带来积聚力量的时间和空间,使我们能够再度站起来,取得成功。

清朝的建立者努尔哈赤出身建州女真的贵族家庭。他的祖父觉昌安和父亲塔克世都是建州女真的贵族,被明朝封为建州左卫的官员。那时建州女真有好几个部落,彼此攻击,仇杀不已。明朝的辽东总兵李成梁就利用建州各部的矛盾来加强统治。建州女真部有个土伦城的城主尼堪外兰,对李成梁毕恭毕敬,不时上贡,借明朝边官之力称霸满洲。

一次,尼堪外兰带引明军攻打古勒寨城主阿台。阿台的妻子是觉昌安的孙女。觉昌安得知此事,带着儿子塔克世到古勒寨去探望孙女。正碰上明军攻打古勒寨,觉昌安和塔克世在混战中都被明军杀害。噩耗传来,年方25岁的努尔哈赤本想起兵为祖父和父亲报仇,但势孤力单,根本不可能与拥兵百万的大明皇帝交锋。

于是,他只好把仇恨集中到尼堪外兰身上,并向明朝宫吏请求把尼堪外兰交给他。这一请求惹恼了骄横跋扈的明朝边将,被视为无理取闹,一口

拒绝，只肯把他祖父和父亲的遗体还给他，却不肯交出尼堪外兰，反而令尼堪外兰为"满洲国主"。尼堪外兰也因为依靠明军，势力大增，更加志得意满，不可一世。不少女真部落都归附于他，他竟趁势逼迫努尔哈赤也来归附自己，俨然以建州国君自居。

面对这种屈辱，努尔哈赤并没有被仇恨冲昏头脑。他从小就在抚顺的互市上接触了很多汉人，并学会了汉文，特别喜欢读《三国演义》、《水浒》这一类小说。对其中的谋略十分欣赏，用心学习。心思缜密的他开始对自己的现状作了一番冷静地分析。他深知现在自己的力量弱小，绝对不能和明军发生对抗。此时朝廷念他的祖父、父亲无辜而死，就让他子承父业，做了建州卫都督佥事。他先对付尼堪外兰，用祖父留给他的十三副铠甲起兵，把尼堪外兰打得狼狈不堪，大败而逃，明军怕因此引起更大战争，于是让他杀了尼堪外兰。

杀掉尼堪外兰后，努尔哈赤又把目光转向分裂的女真各部。他知道，只有女真各部族团结起来，形成一股统一的力量，才有可能对抗明朝军队。所以，他先致力于统一女真部族，对于朝廷，则采取谦恭的态度，贡赋不止，对于明朝边将的骄横无礼，也都一一忍了下来。他的声势越来越大，过了几年，就统一了建州女真，引起女真族以外其他部的恐慌。

当时的女真族共有三部，除了建州女真之外，还有海西女真和"野人"女真，其中海西女真中的叶赫部势力最强。看到努尔哈赤力量壮大，海西女真感到恐慌，就联合了"野人"女真、蒙古等九个部落，结成联盟，合兵三万，分三路进攻努尔哈赤。努尔哈赤不慌不忙，沉着应战。他以少胜多，把这支联军打得大败。叶赫部不得不派人求和，提出将本部的公主嫁给努尔哈赤为妻。努尔哈赤答应退兵，并就此下了聘礼，向上天滴血盟誓。但是，不久叶赫部就违反了盟约，把公主另许他人，还把已经归顺了努尔哈赤的哈达部拉拢了过来。努尔哈赤当即发兵讨伐哈达部，将之打得大败。但一向对女真持分而治之政策的朝廷却对努尔哈赤施压，努尔哈赤只好暂时退兵。

后来，叶赫部将许配给努尔哈赤的公主嫁到蒙古，努尔哈赤发兵来报

第一章

有一门学问叫隐忍——卧倒不是跌倒，忍耐方显能耐

夺妻之恨。朝廷见形势危急，便多方调兵，并出面进行调解，努尔哈赤为形势所迫只好暂时息兵。

努尔哈赤越来越清楚地看到，统一女真各部，已经并不只是征讨叶赫部的问题，而是如何对待朝廷的问题。只要他一出兵攻打叶赫部，就不免要长驱深入到明朝的境内，一定会引起明朝的干涉。虽然经过几年征战，他的实力大大增强，但还没有到能和朝廷分庭抗礼的程度。于是，他不得不暂时放弃攻取叶赫部的计划，先尽力处理和朝廷的关系。当时，朝廷曾逼迫努尔哈赤退出建州女真部已垦种的地方，不许他们收获那里的庄稼，还违反双方划定的范围，说建州女真部越境杀人，强令努尔哈赤交出十人抵命。

对于种种无理的行为，努尔哈赤都忍了下来。为了麻痹明朝，他继续向明朝朝贡称臣，朝廷认为努尔哈赤态度恭顺，又封他为龙虎将军。他还多次到北京亲自察看明朝政府的虚实。

后来，叶赫部又在朝廷的支持下进攻努尔哈赤，努尔哈赤给予回击，大败叶赫部。此时他已经基本上完成了对女真各部的统一，将之编为八个旗，加强了战斗力。力量今非昔比。于是，就召集八旗首领和将士誓师，宣布跟明朝因七件事结下了冤仇，叫做"七大恨"。第一条就是明朝无故挑衅，害死了他的祖父和父亲。为了报仇雪恨，他决定起兵征伐明朝，不久就攻下重镇抚顺，接着取得了萨尔浒之战的胜利。经此一战，明朝军队元气大伤，不得不对努尔哈赤采取守势。后来，还是灭亡在清朝的手中。

努尔哈赤的崛起，告诉了我们忍耐的力量。他当年对朝廷的屈服，只不过是采用了卧倒的守势，并不是忘记了血海深仇，而是以这样低调的行为避免引起强大明军的注意，好寻找机会，积蓄力量，以图再起。

事实证明，他的这一策略是十分有效的。

而世界上的第一位亿万富翁洛克菲勒也是一位善忍、能忍的高手。

在洛克菲勒创业之初，由于资金缺乏，他的合伙人克拉克先生邀请昔日同事加德纳先生入伙，有了这位富人的加入，就意味着他们可以做很多想做、有能力做、只要有足够资金就能做成的事情。

然而，出乎意料的是，克拉克要把克拉克·洛克菲勒公司更名为克拉克·加德纳公司，他们将洛克菲勒的姓氏从公司名称中抹去的理由是：加德纳出身名门，他的姓氏能吸引更多的客户。

这是一个大大刺伤洛克菲勒尊严的理由，他同样是合伙人，加德纳带来的只是自己的那一份资金而已，难道他出身贵族就可以剥夺洛克菲勒的名分吗？但是，洛克菲勒忍下了。他知道，假如对克拉克大发雷霆，不仅有失体面，更重要的是，会给他们的合作制造裂痕。

洛克菲勒知道自己要到哪里去。在这之后他继续一如既往、不知疲倦地热情工作。到了第三个年头，他就成功地把那位极尽奢侈的加德纳先生请出了公司，让克拉克·洛克菲勒公司的牌子重新竖立了起来！那时人们开始尊称他为洛克菲勒先生，他已成为富人。结果正像众所周知的那样，克拉克·加德纳公司永远成为了历史，取代它的是洛克菲勒·安德鲁斯公司，洛克菲勒就此搭上了成为亿万富翁的特快列车。

能忍人所不能忍之忤，才能为人所不能为之事。正如大仲马在《基督山恩仇记》中所说："这是一个奥秘——卑屈的懦夫用它遮羞，坚强的巨人把它作为跳板。"一时的卧倒并不是永远的屈服，这种低调的行为不过是一种手段，当有了强大的力量之后，就会再一次站起来！

5.适当地"低头弯腰"，就是转危为安的妙招

谈到隐忍，自然少不了低头弯腰之说，自然很多人少不了会把低头弯腰和阿谀献媚、低声下气的奴才联想到一起，还有的人认为，低头弯腰是屈服、软弱的投降动作。但若从长远来看，并不尽然。肯低头弯腰，并不代表肯屈服。真正懂隐忍学的人，知道及时退让，知道更好地去积存实力，更有力、更有把握地击败对手。

第一章

有一门学问叫隐忍——卧倒不是跌倒,忍耐方显能耐

假如仔细观察,我们经常会看见,在天气晴朗的下午,总有一只苍蝇或者蜜蜂之类的昆虫,会从敞开的窗户飞进来,在房间里一圈又一圈地飞舞,左冲右突努力了好多次,却很少有可以再飞出窗户去的——因为,它们总在房间的顶部空间寻找出路,总不肯往低处飞。甚至有好几次,它都飞到高于窗户顶部至多两三寸的位置了,可就是不肯再飞低一点!

如果昆虫们肯低头的话,可能还会回到大自然,可是它们就是始终不肯低头,所以,最终也没有飞出房间。这个生活中的例子告诉我们,人,若是不懂得低头弯腰,最终什么事也办不成。

有一人曾向苏格拉底问道:"据说你是天底下最有学问的人,那么我想请教一个问题:请你告诉我,天与地之间的高度到底是多少?"

苏格拉底微笑着答道:"三尺!"

"胡说,我们每个人都有四五尺高,如果天与地之间的高度只有三尺,那人还不把天地戳出许多窟窿?"

苏格拉底仍微笑着说:"所以,凡是高度越过三尺的人,要想能够长久立足于天地之间,就要懂得低头呀!"

做人要低头,这是苏格拉底给我们的人生真谛。

从表面上来看,"低头做人"忽然间会给人一种懦弱和畏惧的感觉,但事实并非如此,有时,适当的低头做人,也是隐忍学中的一种处世之道,是人生的大智慧、大境界。当我们在应该保持低头做人时就要保持低姿态,"低头做人"其实并不低,它反而恰恰是转危为安的妙招。

当孙膑遭到迫害后,并没有义愤填膺地责备庞涓的不义,而是采取一种"低头做人"的方式——假装疯癫,麻痹庞涓,以求生存,最终在马陵之战中报了自己的血仇。司马迁被汉武帝打入死牢后,没有挺起胸膛让自己成为杀身成仁的大英雄,而是采取低姿态,以腐刑换死刑,从而获得生存机会,使自己能够继承父志,终于完成了被人誉为"史家之绝唱,无韵之离骚"的《史记》。

很多人看来,孙膑和司马迁的行为是苟且偷生,实则这种低头做人的

姿态却是隐忍中的一种处世境界,低头做人使他们最终完成了自己想做的事。倘若他们当时并不是以低姿态做人做事,也许他们早就命丧黄泉了,后来的成就也就无从谈起了。

所以说,适时适当地低头做事,是人生的大智慧、大境界,这也是隐忍者经常采取的处世之道。

有句谚语说:"总想比别人高一头的人,最后一定会比别人低几个头。"此语教育我们:目中无人,未必就真高了,就像低头做人并不意味着自动放弃了自己的价值一样。

比如说水,无论和什么搁一块儿总是垫底,但它却享受着人们对它的"敬畏",就因为它既载舟又覆舟,还能水滴穿石。

人生如水,一旦你低下头去面对人生时,就会发现,美言、美食、美景、美差……遍地都是。

有一位平凡无奇的年轻推销员,当他开始推销产品时,每天接到的只是寥寥无几的几张定单,有时甚至连温饱问题都解决不了。所以,每次他干完一天的活,总会在大街上逛一圈,想想自己什么地方做得不对,是表达不够有说服力,还是热忱不足?终于有一天他折回去,并把这种习惯变成了一生的资本。他问那位商家:"我不是回来让你买我的产品的,我希望得到你的指正。请告诉我,我刚才什么地方做错了?你的经验比我丰富,事业又成功,请给我一点指正,直言无妨,请不必保留。"他的这种低姿态为他赢得了许多友谊,以及珍贵的忠告。他很快被提升为当代最大的香皂公司高露洁的总裁,他就是大名鼎鼎的立特先生。由此,我们不得不说是低姿态成就了他。

所以说,适当的"低头弯腰"不是妥协,而是隐忍学中提倡的一种理智的忍让;该"低头"时就"低头"调整一下目标,能巧妙地穿过人生荆棘,该"弯腰"时就"弯腰"改变一下视角,会发现柳暗花明又一村的无限风光!

6.忍者神"龟"——学会适度示弱,别太争强

"缩头乌龟"常用来辱骂人胆小如鼠,但正因为乌龟在遇到强敌时,总是不与强敌争斗,而是将自己柔弱的头和四肢缩到硬硬的龟壳内,龟才能活得相当长久。由此,便悟出这样一个道理:适时适度的示弱,能迷惑敌人,保护自己。

鸿门宴上,剑拔弩张,暗伏杀机。弱者刘邦,毕恭毕敬,尽显其弱;强者项羽,得意洋洋,掉以轻心。最终,当时的弱者登上了皇帝宝座,昔日的强者兵败自刎。当对手确实强大而自己又实在弱小之时,明智地选择示弱,而不一味逞强,可以暂避锋芒,养精蓄锐,等待时机,东山再起。

《三国演义》中刘备曾一度投奔曹操,为迷惑曹操,他种田浇菜,掩盖其志。关、张二人见他如此不求上进,都非常失望,但刘备只说"此非二弟所知",依旧我行我素;曹操煮酒论英雄时,刘备竟假装被雷声吓得扔掉了筷子。因为刘备当时羽毛未丰,若与曹操硬碰硬的话,无疑是以卵击石。只有假装无能,曹操才不会把他当作心腹之患。

示弱是一种"障眼术",是在自己弱小、无力还击时保护自己免受"硬伤"的一种必不可少的手段。

三国时期,杨修是一个极有才华的人,而曹操也是一个爱才之人,可是,曹操最后为什么要杀死杨修呢?有人说是曹操妒忌杨修。当然,的确有这方面的原因,但是,最主要的原因是杨修过于显摆其个人才华、锋芒毕露。

曹操平汉中后,想继续讨伐刘备,又难以推进;想守住汉中,又难以防御持久,进退两难。曹操心中烦躁犹豫,偶说"鸡肋"二字,杨修就叫随行军士收拾行装准备归程。夏侯惇问怎么回事,杨修说:"以今夜号令,便知魏王不日将退兵归也;鸡肋者,食之无肉,弃之可惜。今进不能胜,退恐人笑,来

日魏王必班师矣。"曹操怒杨修造言乱军心,斩之。

杨修聪明过头,把撤军这样事关全局的大事用负面的语言和行为表达出来了。殊不知,这样的军机大事是不能用此方式表达的,即使曹操心里真是这样想的,但是曹操没有直接表达出来,就是因为曹操认为这话说出来会动摇军心,这是基本的军事常识,但是杨修却一张嘴就说出来了,这不是在表现自己的才华吗?

古语说的好:"满招损,谦受益。"一个人即使并不自满,而只是锋芒毕露,别人也很容易去攻击他,他当然就会受到损伤。因为你的流光溢彩使周围的人黯然失色,所以,你越能干,事情做得越完美,就越得罪人。也许你完全没有意识到这一点,甚至百思不得其解。可事实就是如此,人们完全可以这样想:"都是爹妈生的,凭什么会有这么大的差别?"

曾国藩对"藏锋"曾有过精辟论述:"言多招祸,行多有辱;傲者人之殃,慕者退邪兵;为君藏锋,可以及远;为臣藏锋,可以及大;讷于言,慎于行,乃吉凶安危之关,成败存亡之键也!"

藏而不露,并非不露。易经上说:"君子藏器于身,待时而动。"把握好藏与露的分寸,最后才能露出真正的锋芒。空空无迹,浩浩无垠,藏之愈深,发之愈溥。

越是争强越是容易成为众矢之的,不论什么时候,大家的矛头永远是指向领头的人。唯有守弱,才能够最好地积累实力,也才有可能取得最终的胜利。

读过《红楼梦》的人都知道,王熙凤素来逞强好胜,但是她却懂得,示弱有时候比强硬更容易获得成功。凤姐小产后为充分调养,依然不肯放权,最终落下疾病。就在她身体不爽利的那段日子,丈夫贾琏却在外面偷偷迎娶了尤二姐。生米已经煮成熟饭,这个时候去闹,不会对现状有所改变,反而落实了她是母老虎、爱吃醋,容不得人的恶名。

于是,凤姐先是趁贾琏前脚刚走,就把东厢房收拾出来,而且规格都按自己的房间布置。然后穿上素服去见尤二姐,以姐妹相称,将尤二姐接回府里。她成功的示弱,不但让尤二姐把她当成可以信赖的人,还博得贾琏的赞赏。甚至在贾母、王夫人面前说尤二姐的好话,更显得自己的大度,衬出贾琏的不通情理。

紧接着,贾赦把秋桐赏给贾琏,王熙凤旧恨未除又添新恨,但此时,她还是选择了忍。一边在尤二姐面前做好人,一边给秋桐说自己的不容易,用借刀杀人的方法除了尤二姐。

一向好强的王熙凤居然会在这件事情上示弱,让很多人刮目相看。因为当时王熙凤小产,贾琏以为求子嗣之名娶了尤二姐,倘若王熙凤这个时候不是用示弱的方法,依然像以前的那种强势做派,估计,不但跟贾琏的关系更加僵化,还会落得不顾及贾氏家族香火的骂名。

在实际工作或生活中,也有一些强者专门欺负弱者,即恃强凌弱。因此,示弱可以让对方摸不清你的虚实,降低了对方攻击的有效性,一旦攻击失效,对方将有可能收手,从而弱者也获得了生存。

正所谓:灵芝与众草为伍,不闻其香而益香;凤凰偕群鸟并飞,不见其高而益高。善藏者,方能立于不败之地!

因此,处世的过程中,要多学习隐忍者的处世之道:不可凡事将自己的锋芒全部表现于外咄咄逼人,并应适当亮出自己的弱点。

7.越是你有理,越要表现得谦下

无论何时何地,在我们的身边总能看到这样一群人:他们高谈阔论,总是炫耀自己的才能多么的出众;他们滔滔不绝,总喜欢以一己之见来强迫别人赞同其观点。你若稍稍与之争辩,他们便剑拔弩张,与你争辩不休,直到最后你不得不"认输",承认他说的是对的。这时,他们便会为自己出众的"口才"自鸣得意,沾沾自喜。遇到这样的人,我们往往哭笑不得,不知道是气他们的无知,还是笑他们的愚蠢。

静下心来仔细想想,他们又得到了什么?除了浪费时间、浪费唾沫换来别人违心的认输,除了给别人留下一个"莽夫"的印象,他们什么也没得到。

有时候,言语是很苍白无力的东西,它并不能为我们带来什么实质性的利益。我们也很少能够单纯地通过言辞去说服别人改变立场,让人心悦诚服。即使人家嘴上说着:"算你赢了,我说不过你!"也至多是个"口服心不服"。

武则天掌握国政的时候,有一个名叫娄师德的大臣,他自幼才思敏捷,但却从不逞口舌之利,素以谨慎忍让而闻名。娄师德有个弟弟,即将出任代州刺史。娄师德不放心,就问他:"我位至宰相,你又任州官,受皇帝的宠幸太多了。这正是别人所妒忌的,你打算怎样避免这些妒忌呢?"

弟弟跪在地上说:"从今以后,即使有人朝我的脸上吐唾沫,我自己擦去算了,决不让你担忧。"娄师德面色严峻地说:"这正是我所担忧的。人家向你吐唾沫,是恨你,如果你将唾沫擦去,正违反了吐唾沫的人的意愿,只会加重他对你的愤怒。应该不去擦,让它自己干,并笑着接受它。"

这就是历史上"唾面自干"的来由,也是一代名将娄师德奉行的人生哲学。这是一种很好的避免争端的办法,但是生活中有很多人却并不明白这样的道理。

有一位先生,一次上岳父家吃饭,进餐时翁婿两人聊起了一条高速公路的修建问题。那位先生强调:修建公路的进度一再推迟,是有关方面的错误;而岳父则不同意,认为公路本来就不该兴建。两人你一言我一语,争论渐趋激烈。后来那位岳父大人把问题扯到"年轻人自私心重,没有环保意识",很显然是在批评那位先生。那位先生怕再争论下去伤和气,便开始缓和下来,婉转地说:"可能我们的看法永远也不会合辙,可是,那没有什么。也许我们都是对的,也许我们都是错的,这都是未可知的事。"

那位先生的一席话,不仅给自己搭了台阶,也给对方打了圆场。避免了双方争论不休,矛盾扩大,影响感情。试想,那位先生如果意气用事与岳父争论下去的话,结果会如何呢?

当一个人不愿承认自己错了的时候,完全是情绪作用,跟事情本身已经没有关系。当你自己错的时候,也许会对自己承认。如果对方处理得很巧妙而且和善可亲,你也会对别人承认,甚至为自己的坦白直率而自豪。既然你自己也是这种习性,那么就可以理解别人也具有同样的习性,因此不要把所谓"正确"硬塞给别人。

有一位汽车代理商,在处理顾客的抱怨时,常常冷酷无情,不肯承认是自己这方的错误,总想证明问题的根源是顾客在某些方面犯了错误。结果,他每天陷于争吵和官司的纠纷中,心情一天比一天坏,生意也大不如以前。

后来,他改变了处理客户抱怨的办法。当顾客投诉时,他首先说:"我们确实犯了不少错误,真是不好意思。关于你的车子,我们有什么做得不合理的地方,请你告诉我。"这个办法很快使顾客解除武装,由情绪对抗变成理智协商,于是事情就容易解决了。如此一来,这位代理商就能轻松地处理每一件事情,生意也越来越好。

当我们说对方错了的时候,他的反应常让我们头疼,而当我们承认自己也许错了时,就绝不会有这样的麻烦。这样做,不但会避免许多争执,而且可以使对方跟你一样的宽宏大度,承认他也可能犯错。

争强好胜者未必掌握真理,而谦下的人,原本就把出人头地看得淡,更不要说一点小是小非的争论,根本不值得称雄了。越是你有理,越表现得谦下,这就是隐忍学主张的"得饶人处且饶人",这也往往能显示出一个人的胸襟之坦荡、修养之深厚。

8.退并不是胆怯,只是为进做了一个热身运动

人生贵在把握进退之机,"进"与"退"都是处世行事的技巧,该进则进,

该退则退,退是为了日后更好地进,只有懂得该退则退的人,方能成为隐忍中的处世高手。

春秋时期,楚庄王为了增强自己的势力,发兵攻打庸国。由于庸国奋力抵抗,楚军一时难以前进。在一次战斗中庸国还俘虏了楚将杨窗。三天后,由于庸国的疏忽,楚将杨窗竟从庸国逃了回来。杨窗对楚庄王说明了庸国的情况,说道:"庸国人人奋战,如果我们不调集主力大军,恐怕难以取胜。"

楚将师叔出了一个主意,建议用佯装败退之计,以骄庸军,然后再去进攻他们。因此师叔带兵进攻,开战不久,楚军佯装难以招架,败下阵来,向后撤退。像这样一连几次,楚军节节败退。庸军七战七捷,不由得骄傲起来,不把楚军放在眼里。庸军军心麻痹,军队渐渐松懈了斗志,对敌人的戒备也渐渐消失。

在这种情况下,楚应王率领增援部队赶来,师叔说:"我军已七次佯装败退,庸人已十分骄傲,现在正是发动总攻的大好时机。"于是楚庄王下令兵分两路进攻庸国。此时庸国将士正陶醉在胜利之中,怎么也不会想到楚军突然发起进攻,庸国士兵仓促应战,抵挡不住。楚军就是在这种情况下一举消灭了庸国。师叔七次佯装败退,是为了制造战机,一举歼敌。

在这个故事中,楚国为了战胜庸国,采取退让的方法,最终获得了胜利。

懂得隐忍的人都懂得,退一步,便可以创造更好的机会。因为退本身并不能说明他们胆怯、弱小。相反,能进能退、能屈能伸则是隐忍的象征。

古人形容大丈夫就说能屈能伸为大丈夫也,可见大丈夫行事,理应是有进有退。退的目的是为什么?是为了更好地进攻。战斗打起来,就需要战士有韧性,没有韧性的战士终究会失败。

该进则进,该退则退。在强大的势力下加上韧性的战斗,胜利一定属于那些该退则退的隐忍人士。作战如此,生活中的为人处世更是如此——"退"是为了"进",因此不管怎么退,只要最终的结果是为了进就可以。

首先,你表现得以他人利益为重,事实上是在为自己的利益开辟道路。

第一章
有一门学问叫隐忍——卧倒不是跌倒，忍耐方显能耐

尤其是在做一些风险比较大的事情，冷静沉着地让一步，便可赢得一世。

人世间的冷暖变化无常，所以，当你遇到极为不利于自己的形势时，便可以在表面上做出退步，忍他一时，给人以碌碌无为的印象，隐藏自己的才能，掩盖内心的抱负，以免引起对手的警觉，专一等待时机，从而实现自己的抱负。这是自我表现的一种艺术，也就是所谓的"暂时的让步是为了更好地选择"。

其次，从某种意义上来讲，有时退一步，其实就等于进两步。

奥康集团国际贸易部与意大利客商签好了一笔订单，双方谈好产品单价为23美金，而且也签订了购销合同。可是在产品投产时，他们发现生产部门在计算成本时将皮料的价格算得过低，若按实际成本计算，每双鞋的出口价格最少还要增加一美金。意大利客商知道这个消息后，表示要严格恪守合同，并没有做出让步的准备。

双方僵持了一段时间之后，奥康集团国际贸易部负责人将这个情况汇报给了公司总裁王振滔，并询问他是否继续与外商洽谈加价？

王振滔这时表示：一美金是小事，商业信誉是大事，退一步海阔天空。既然签了合同，即使亏本了，这笔买卖也不能停止，要继续做下去。

这一消息后来传到了意大利客商的耳中。听说奥康主动做出了让步，意大利客商在感到意外的同时也表示很感动，于是主动提出在原价格的基础上增加一美金。可是这一举动被奥康集团总裁王振滔婉言谢绝了。王振滔表示：奥康多赚一美金还是少赚一美金都不重要，重要的是要恪守信用。

意大利客商对奥康诚信经营的做法大为感动。他们当即决定追加订单，将原来20多万美金的订单一下子增加到100多万美金。客商表示：接下去要和奥康集团建立长期合作关系，并将在单鞋和休闲鞋方面的更多的订单下到奥康来。在商界中，此事一时被人们传为美谈。

所以说，一时的退让并非是丧失原则和失去自尊，而是为了更好地前进。缩回的拳头，打起人来才有力。只有采取这种手段才能达到目的，而只是一味地为了实现目标，结果只能是头破血流。

退并不是胆怯,只是为进做了一个热身运动,就好像是跳高一样,站得更远,才可能跳得更高。

9.你需要对方的帮助,这与你的尊严无关

你需要找工作,需要调动工作,需要开拓更广泛的人际关系……在这所有的活动之中,你可能都处于一种求人的地位,处于一种必须表现低姿态的格局之中。所以你必须隐忍,这个道理很多人都明白,但是,在放低姿态后,很多人就老想着别人可能会很傲慢地对待你,会轻视你,会对你视而不见,甚至会侮辱你……这样想想之后就退缩了,就丧失了勇气,宁可忍受不办事的后果,忍受不办事的麻烦,把事情搁置起来,也不去求助于人。

其实这只能说明你没有修炼好心理素质,要记得,你怎样看待你自己是一回事,别人怎样看待你是另一回事。你应该把别人怎样看待你和你自身的价值分开。

自古以来,凡成功者都懂得放低姿态。

周文王弃王车陪姜太公钓鱼,灭商建周成为一代君王;刘备三顾茅庐拜得诸葛亮为军师,促成三国鼎立。这些都是我们耳熟能详的故事,如果没有周文王及刘备的低姿态,哪能求得赫赫成绩,从而流芳百世?

你要告诉自己,你求人帮助时表现低姿态,只是向对方说明在这件事情上,你的实力不如对方,你需要对方的帮助,这与你的尊严无关。

当你求助于人的时候,你内心的精神支柱应是你内在的尊严,而内在的尊严是完全摆脱他人对你的看法和评价而独立存在的。内在的尊严是你对你自己生命价值的肯定,它和别人的看法无关。

你去求助于别人,并不能说明别人比你更有价值,或说明别人比你更有尊严。它只说明:在你要办的这件事上,别人由于种种原因比你有更多的

第一章
有一门学问叫隐忍——卧倒不是跌倒，忍耐方显能耐

主动权。因为主动权操之于人，所以你要表现低姿态，你表现低姿态只是向对方说明在这件事情上，你的实力不如对方，你需要对方的帮助，并不说明你的人格低贱。

你有你自己的优势，而在你实力不足的领域之中，你就需要求别人办事以解决自己的问题。正如你找医生看病要付钱一样，你找别人办事就要付出一定的外在面子，这是你向对方显示低姿态的一种具体的代价。

如果你想把事情做成，就得以一种低姿态出现在对方面前，表现得谦虚、平和、朴实、憨厚，甚至愚笨、毕恭毕敬，使对方感到自己受人尊重，比别人聪明，那么在谈事时他就会放松警惕。当事情明显有利于你的时候，对方也会不自觉地以一种低姿态来对待你。

其实，你以低姿态出现只是一种表象，是为了让对方从心理上感到满足，使他愿意合作。实际上越是表面谦虚的人，越是非常聪明的人。当你表现出大智若愚来，使对方陶醉在自我感觉良好的气氛中时，你就已经受益匪浅，并已经完成了工作中很重要的那一半了。

你谦虚时显得他高大；你朴实和气，他就愿意与你相处，认为你亲切、可靠；你恭敬顺从，他的指挥欲得到满足，认为与你很合得来；你愚笨，他就愿意帮助你，这种心理状态对你非常有利。相反，你若以高姿态出现，处处高于对方，咄咄逼人，对方心里会感到紧张，做事就没数了，而且会产生一种逆反心理。因此，为了把事情办成，不妨常以低姿态出现在别人面前。

有一位博士在找工作时，被许多家公司拒之门外，万般无奈之下，博士决定换一种方法试试。他收起所有的学位证明，以一种最低的身份再去求职。不久，他被一家电脑公司录用，做一名最基层的程序录入员。没过多久，上司就发现他才华出众，竟然能指出程序中的错误，这绝非一般录入员所能比的。

这时，博士亮出了自己的学士证书，老板于是给他调换了一个与本科毕业生对口的工作。

过了一段时间，老板发现他在新的岗位上也游刃有余，能提出不少有价值的建议,这比一般大学生高明,这时博士亮出自己的硕士身份,老板又提升了他。

有了前两次的事情,老板也比较注意观察他,发现他还是比一般硕士有水平,就再次找他谈话。这时博士拿出博士学位证明,并说明了自己这样做的原因,老板恍然大悟,并毫不犹豫地重用了他。

学会在适当的时候,保持适当的低姿态,绝不是懦弱的表现,而是一种隐忍的智慧。学习盘旋着上升,这既是人生的一种品位也是境界,让我们脚踏实地地攀上成功的高峰。

10.人生只有爱还不够,必须还要有个"忍"

都说,爱是人间的一份力量,但是只有爱还不够,必须还要有个"忍"——忍辱、忍让、忍耐,能忍则能安。

要做个受他人欢迎的人,做个被他人爱的人,那就必须先处理好自我的声音和面色。面容、动作、言谈、举止,都是在日常生活中忍辱得来的。

有一位青年,脾气非常暴躁,经常和别人吵架,因此大家都不喜欢他。

有一天,这位青年无意中走到了大德寺,碰巧听到一位禅师在说法。他听得似懂非懂,于是留下来问禅师:"什么是忍辱?难道别人朝我脸上吐口水,我只能忍耐着擦去,默默地承受?"

禅师听了青年的话笑着说:"哎,何必擦呢?就让口水自己干吧。"

青年听后,有些惊讶,于是问禅师:"那怎么可能?为什么要选择忍受呢?"

禅师说:"没什么不能忍受的,你就把口水当作蚊子之类的东西,不值得为此大动干戈,微笑着接受就行了!"

青年问:"如果对方不是吐口水而是用拳头打过来,那该怎么办呢?"

第一章

有一门学问叫隐忍——卧倒不是跌倒,忍耐方显能耐

禅师回答:"这不一样吗?不要太在意,只不过是一个拳头而已。"

青年认为禅师实在是胡说八道,终于忍耐不住,忽然挥起拳头,向禅师的头上打去,并喝道:"和尚,现在怎么样?"

禅师非常关切地问:"我的头硬得像石头,并没有什么感觉,但是你的手大概痛了吧?"

青年愣在了那里,忽然心有所悟。

面对青年的暴行,禅师毫不放在心上,怒又从何而来?

隐忍是一种修养,当我们修炼好了内心,让内心足够强大,就没有事情能让我们生气。大多数成功者,都是能够把情绪控制得收放自如的人。

很多时候回头想想,那些让我们生气的理由根本不值得思考;再想想,是否有这样一种情况:我们发完了脾气,却忘了自己为什么不高兴。

有一个叫爱得巴的人,每次一和人发生争执,就会以很快的速度跑回家去,绕着自己的房子跑上两圈,然后坐在地上喘气。爱得巴工作非常勤劳努力,他的房子越来越大,土地也越来越广。

但不管房子和土地有多大,只要他因与人争论而生气,就会绕着房子跑两圈。

"爱得巴为什么每次生气都要绕着房子跑两圈呢?"所有认识他的人心里都感到疑惑,但是不管怎么问,爱得巴都不愿意说。

直到有一天,爱得巴很老了,他的房子和土地也太大了,他生了气,拄着拐杖艰难地绕着房子转,等他好不容易走完两圈,太阳已经下山了,爱得巴独自坐在地上喘气。

他的孙子在旁边恳求他:"阿公!您已经这么大年纪了,这附近也没有其他人的土地比您的更广,您不能再像从前一样,一生气就绕着房子跑了。还有,您可不可以告诉我,您一生气就要绕着房子跑两圈的秘密?"

爱得巴终于说出了隐藏在心里多年的秘密,他说:"年轻的时候,我一和人吵架、争论、生气,就绕着房子跑两圈,边跑边想自己的房子这么小,土地这么少,哪有时间去和人生气呢?一想到这里,气就消了,把所有的时间都用来努力工作。"

孙子问道:"阿公!您现在年老了,又成了最富有的人,为什么还要绕着房子和土地跑呢?"

爱得巴笑着说:"我现在还是会生气,生气时绕着房子跑两圈,边跑边想自己的房子这么大,土地这么多,又何必和人计较呢?一想到这里,气就消了。"

真正的隐忍者,不是"忍气吞声",而是发现自己有了负面情绪的时候,不把责任推给别人,学会反省,看看自己有哪些不妥的地方。只有自己不断地"照镜子",才能更清晰地认识自己,认清自己的优缺点,让自己的潜能发挥得更为出色,更为淋漓尽致。

(1)当有负面情绪(生气、悲伤、郁闷、烦燥等不舒服的感受)时,你要能觉察到,然后告诉自己:"哦,这是负面情绪。"这时候,最重要的就是把注意力放在自己的身上,而不是那些引起你负面情绪的人和事物上。

(2)先观察一下你此刻的肢体动作是什么。把注意力放在自己的身体上面,可以让你不至于完全陷入自己的情绪冲突当中。

(3)接下来,试着去"看"自己在想什么,就是去观察自己的思想。如果你能够倾听内在那个喋喋不休的声音,你就是在观察你的思想。这时候,请你带着理性和爱去观察它。它只是一个思想,不代表你,不要去批判它,只需看着它。

(4)你此刻有什么情绪?如何观察情绪?有些人连自己生气了都不知道。其实,观察情绪最简单的方法就是去观察自己的身体,因为情绪实质就是身体对思想的一个反应,只不过有的时候还没有觉察到思想,情绪就起来了。感觉自己身体哪里紧绷,胃部是否有不舒服的感觉,心中是否紧绷或抽痛,身体是否颤抖,这些都是情绪在身上作用的结果。发现它,观察它,允许它的存在,全然地去经历它,不要抗拒。你会发现,你的全然接纳和经历会让它更快消失,甚至转化为喜悦。

第二章

有一种策略叫隐忍

——伺机而动,雄心的一半是耐心

> 我们在心里一定要清楚自己要"隐"什么,在"忍"什么,以及到了何时就无须忍耐。唯有如此,隐忍的能量才能助你把握机遇,从而实现厚积薄发。

1.隐要有章法,忍要有时间——做好隐忍的规划

很多人往往把隐忍当成了目的而不是手段,把隐忍理解为消极地躲避起来打发时间,这是错误的。隐忍的前提就是要有规划、有章法。

一件事情,重要的不是现在怎样,而是将来会怎样。要看到事物的将来,就必须有长远的眼光和清晰的目标,看清了它的将来,隐忍才是值得的,才是有方向的。

德州石油巨富亨特,从一个濒临破产的棉农成为一个亿万富翁。当有人向他询问,有什么建议可以给那些想在财务方面取得成功的人们时,他说只有两件:"首先,你必须确切地决定你想实现什么。大多数人在其一生中都不曾这样做过。其次,你必须确定自己为此要付出什么代价,并决心付出。"

就像一位跳高运动员,如果他的前面不放一根横杆,让他漫无目的自由地跳高,可以肯定,他永远也跳不出好成绩来。正确的方法是,在他面前设定目标,放置一根横杆约束他,让他不断地超越,横杆也就不断地升高。甚至会有这样的情况,在一定范围内,横杆越高,跳得就越高;横杆很低时,他却跳不起来,因为,没有目标(横杆很低)时,会产生强烈的"失落"感。这又很像物理学的一条原理:没有参照物,运动或静止都没有意义。

有一年,一支英国探险队进入了撒哈拉沙漠的某个地区。在茫茫的沙海里负重跋涉,阳光下,漫天飞舞的风沙像炒红的铁砂一般,扑打着探险队员的面孔。口渴似炙,心急如焚——大家的水都没有了。这时,探险队长拿出一只水壶,说:"这里还有一壶水,但穿越沙漠前,谁也不能喝。"一壶水,成了穿越沙漠的信念的源泉,成了求生的寄托目标。水壶在队员手中传递,那沉甸甸的感觉使队员们濒临绝望的脸上,又显露出坚定的神色。终于,探险队顽强地走出了沙漠,挣脱了死神之手。大家喜极而泣,用

第二章
有一种策略叫隐忍——伺机而动,雄心的一半是耐心

颤抖的手拧开了那壶支撑他们精神和信念的水——缓缓流出来的,却是满满的一壶沙子!

"二战"期间,从奥斯维辛集中营活下来的人不到5%。据身临其境的犹太裔心理学家弗兰克观察研究,幸存者几乎毫无例外,都是深知生命的积极意义的人。他们顽强地活下来的主要原因就是他们心里都有一个明确的目标——"要做的事还没有做完"、"活着与爱着的人重逢"。

所以说,隐忍是必须要有目标的,并为这个目标作出规划。我们可以隐藏实力,但不能隐藏未来,我们可以忍耐,但是一定要忍得值得。

那么,我们如何为现阶段的隐忍做出一个规划呢?这是一件需要你花费很多时间去仔细考虑的事情。

下面的步骤可以让你开始这样的旅程:

1)写出一个你的人生目标的清单。

人生目标是一件重要的事,换句话说,就是你的人生抱负,不过抱负听起来总像一种超出你可控范围的事情,而人生目标是:如果你愿意投入精力去做,就可能达到的。因此,你这一生真正想要的是什么?什么是你真正想去完成的事情?什么事情如果你突然发现你不再有足够的时间去完成的时候,会后悔不已?这些都是你的目标,把每个这样的目标用一句话写下来。如果其中任何目标只是达到另外一个目标的关键步骤,那么把它从清单中去掉,因为他不是你的人生目标。

2)对于每一个目标,你需要设定一个你认为合适的时间框架。

这就是你的十年计划,五年计划,还有你的一年计划。其中一些目标因为你的年龄、健康、经济状况等,可能会有"搁置期",这些你需要用来完成目标的因素需要花一些时间来达成。

3)把每个人生目标单独写在一张白纸的顶端。在每个目标下面写上你要完成这个目标所需要但是目前你又没有的资源。

这些东西可能是某种教育、职业生涯的改变、财务、新的技能等等。任何一个你在第1步里面去掉的关键步骤,都可以在这一步中补上。如果任何

一个目标下面还有子目标,都可以补上,以保证你的每一步都有精确的行动与之相对应。

4)写下你要完成每一步所需要的行动。

这可能是一个检查清单,这是你可以完成你的目标的所有确切的步骤。

5)在每一张目标表上写下你所要完成目标的年份。

对于那些没有确定年限的目标,考虑一下你想要在哪一年完成它并以此做为年限。检查整个时间框架,为你所需要完成的每一小步,写下你所需要完成的现实时间。

6)现在检查你的整个人生目标,然后定一个你这周、这个月和这年的时间进度表——以便你自己可以按照预定的路程去完成你的目标。

把所有的目标完成时间点写在你的进度表上,这样你对要完成的事情就有了确定的时间了。在一年的结尾,回顾你在这一年里面所做的,划掉你在这一年里面已经完成的,写下你在下一年里面所要去完成的。

可能你需要花很多年的时间去实现它,比如说,完成一次职位提升,因为你先要去找一份兼职工作以保证你可以获得更多的钱供你去读完一个在职课程以拿到MBA学位,但你最终会到达你的目标,因为你不但计划好了你要得到什么,并且也计划好了要如何去得到,在得到之前你要做哪些步骤。

2.何时勃然而发？——既要会忍又要会挺

欲成大事者必须能屈能伸。当然,屈伸之度必须由自己把握好,什么时候"屈",什么时候"伸",这里面大有学问。一味隐忍不知勃发、不求翻身出头反而滑进无底的深渊,那样,隐忍学这门功夫就算白练了,这条通往成功

第二章
有一种策略叫隐忍——伺机而动,雄心的一半是耐心

的途径也算是荒废了。

所以,何时勃然而发,也是一个十分重要的问题。

在中世纪的欧洲,教皇是基督教会的首脑。那时候,由于各个王国内封建主割据林立、连年混战,造成王权衰弱,局势混乱,这时只有罗马教皇可以统一指挥各国、各地区的教会,加上各民族又都信仰基督教,因此教会在群众中影响很大,这就使得罗马教廷成了凌驾于各国之上的政治实体,国王登位、加冕要由教皇来主持;和国王同行时,教皇骑马,国王只能步行;接见的时候,教皇坐着,国王要屈膝敬礼。神权高于王权。

不仅如此,教会还在各个国家拥有1/3的土地,并且向各国居民收取"什一税"。一个人从出生、成年、结婚一直到老死,处处都要受教会的管理和控制,教会拥有自己的监狱和刑法,还用"开除出教"的办法来对付一切反抗者。这是一种最令人胆战的惩罚,连国王、皇帝也不例外。

1076年,德意志神圣罗马帝国皇帝亨利与教皇格里高利争权夺利,斗争日益激烈,发展到了势不两立的地步。亨利想摆脱罗马教廷的控制,教皇则想把亨利所有的自主权都剥夺殆尽。

在矛盾激烈的关头,亨利首先发难,召集德国境内各教区的主教们开了一个宗教会议,宣布废除格里高利的教皇职位。而格里高利则针锋相对,在罗马的拉特兰诺宫召开了一个全基督教会的会议,宣布驱逐亨利出教,不仅要德国人反对亨利,也在其他国家掀起了反亨利的浪潮。

教皇的号召力非常之大,一时间德国内外反亨利力量声势震天,特别是德国国境内的大大小小的封建主都兴兵造反,向亨利的王位发起了挑战。

亨利面对危局,被迫妥协,于1077年1月身穿破衣,只带着两个随从,骑着毛驴,冒着严寒,翻山越岭,千里迢迢前往罗马,向教皇认罪忏悔。

但格里高利故意不予理睬,在亨利到达之前躲到了远离罗马的卡诺莎行宫。亨利没有办法,只好又前往卡诺莎去拜见教皇。

到了卡诺莎后,教皇紧闭城堡大门,不让亨利进来。为了保住皇帝宝

座,亨利忍辱跪在城堡门前求饶。

当时大雪纷纷,天寒地冻,身为帝王之尊的亨利屈膝脱帽,一直在雪地上跪了三天三夜,教皇才开门相迎,饶恕了他。

亨利恢复了教籍,保住王位返回德国后,集中精力整治内部,然后派兵把一个个封建主各个击破,并剥夺了他们的爵位和封邑,把曾一度危及他王位的内部反抗势力逐一消灭。在阵脚稳固之后,他立即发兵进攻罗马,以报跪求之辱。在亨利的强兵面前,格里高利弃城逃跑,最后客死他乡。

显然,亨利的"卡诺莎之行"是别有用心的。在他与教皇对峙,国内外反对声一片,特别是内部群雄并起,王位岌岌可危的情况下,他能不惜受辱取得暂时的和解,以便重整旗鼓,东山再起,再和教皇较量赢得喘息时间。结果,他胜利了。

古今中外的隐忍皆有勃发成功的目的,但更明显的共同之处是成熟时机的到来。时机不成熟就贸然行动,不但会使隐忍的功夫和成果毁于一旦,更会使规划好的宏图大业的目的暴露于敌人的火力之下。

3.看清楚自己的实力,比看清楚对手更重要

我们提倡隐忍,但隐忍是为了让你暂时隐藏起自己的实力,而不是让你看不清楚自己的实力,纵观历史,那些卓有成就的人,往往是些擅长经营自己的长处之人。

我国近代著名的文学家鲁迅先生,原想通过学医来强健国人的体魄,但他后来发现用催人向上觉醒的文字,更能改变国民的精神、更能将沉睡的国民唤醒,于是毅然弃医从文,从而写下许多令世人警醒的作品,对我国近代史发展产生了广泛而深远的影响,也使其成为中国著名的文学家、思想家、评论家、革命家。

第二章
有一种策略叫隐忍——伺机而动,雄心的一半是耐心

东晋陶渊明先生,在为官后不久,因清醒地认识到自己的个性无法立足于封建官场,毅然辞官归隐,过起了"采菊东篱下,悠然见南山"的怡然自得的闲适生活。在此基础上创作了大量以田园生活为主题的优秀作品,诸如《饮酒》、《归园田居》、《桃花源记》、《归去来兮辞》等脍炙人口的佳作,从而奠定了其作为田园诗人之鼻祖的历史地位。

相反,有些站在历史较高起点,却给自己的人生留下败笔的人,往往是不能够好好经营自己长处的人。

南唐后主李煜,如果做一个专职词人可以风华绝代,可惜身在帝王家,作为一代君王,他缺乏领导好国家的才能和气魄,最终成了一个亡国奴。

正如一句格言说得好:"经营自己的长处,能使你人生增值,经营你的短处,能使你人生贬值。"

田忌赛马的故事尽人皆知。田忌与齐威王赛马,田忌的马略逊一等,于是田忌用自己的下等马与齐威王的上等马比赛;用中等马同下等马比赛;用上等马比他的中等马。就这样田忌用以长击短的方法最终赢得了胜利,从而成就了一段千古佳话。而抗战时期,中共中央放弃走苏联红军"城市包围农村"的老路,毅然决定发挥自身优势,以"农村包围城市",最终取得了战争的胜利。

其实,人生成功的战术万变不离其宗:无非是正视自身,扬长避短。举个简单的例子,如果让一个擅长写文稿的、见到数字就发晕的人去做会计,一定无法达到令人满意的结果。

王五和赵六是同学,前者善谈、外向,后者口讷、内向。毕业后,王五做了公司老总的秘书,公司老总经常提醒王五"言语要谨慎",于是王五整天愁眉不展,畏畏缩缩,生怕自己一个不慎,将公司的"最高机密"给泄露出去。

而赵六却在一家服装公司做起了推销员。由于不善言谈,所以在公司的业绩月排行榜上他总是"压后阵"。为这事,赵六整天唉声叹气。

老师知道了他们的情况,于是就跟王五说:"你既然长于言谈,为什么不

做推销员呢,能言善讲不正是你作推销员的优势吗?"

然后,又对赵六说:"你既然话语不多,就应该找个话少的工作,像会计之类要严守公司秘密的工作。"

两人听了老师的话,顿时茅塞顿开,两年后,王五成了一家公司市场开拓部的分部经理,赵六则成了另一家公司的主管会计师。在新的工作岗位上,两人都觉得如鱼得水,过得有滋有味。

一位哲人曾说过:"一个人所成就的事业,必然是这个人的特长,舍长取短是天下最愚蠢的人才干的事。"

4.不争而争,后来居上

从表面上看,"不争"似乎有悖进化规律,然而背后有更深层的道理。"争与不争"的辩证法,透露着一个天机:不争而争、无为无不为、不争而善胜,乃是人类社会进化的公理。

所谓"不争而争",并不是说什么也不争,而是弃其小者,争其大者;弃其近者,争其远者。所以,不争是相对的,争则是绝对的。所谓"不争",是指小处不争,小名不争,小利不争;倘若是大处、大名、大利,也许就另当别论了。

康熙十四年(公元一六七五年),清朝在全国的统治很不稳定,康熙为巩固清朝政权,安定人心,改变清朝不立储君的习惯,把他的第二个儿子胤礽立为皇太子。

作为皇太子的胤礽,为保住自己的地位,希望康熙帝能早日归天,以便自己尽快登上皇帝的宝座。为此,他与正黄旗侍卫内大臣索额图结成党羽,进行了抢班夺权的种种活动。这些都被康熙帝发现,康熙下旨杀了索额图。没想到胤礽更加猖狂,不得已,康熙于康熙四十七年(1708年)九月,废除胤

第二章
有一种策略叫隐忍——伺机而动，雄心的一半是耐心

礽的皇太子头衔。

皇子们见太子已废，争夺皇储的斗争更加激烈。他们通过各种渠道探听康熙的意图，打发皇亲国戚到康熙面前为自己评功摆好，搞得康熙"昼夜戒慎不宁"。没有办法，康熙在废掉太子后的第二年三月又复立胤礽为皇太子，好让诸皇子死了争夺太子的野心。

在皇太子废立过程中，诸皇子们使出浑身解数，最成功的是皇四子胤禛。在诸皇子的明争暗斗中，胤禛采用的是不争而争之策。

皇太子被废之后，胤禛没像其他众皇子一样，落井下石，而是采取维持旧太子地位的态度，对胤礽表示关切，并努力疏通皇帝和废太子的感情。他明白康熙希望他们情同手足，不愿意看到皇子们反目成仇。

对康熙的身体，胤禛也最为关心体贴。康熙因胤礽不争气和皇子们争夺储位，一怒之下生了重病。只有胤禛和胤祉二人前来力劝康熙就医，又请求由他们来择医护理，此举也深得康熙的好感。

诸皇子中夺位最得势的是胤禩。胤禛同胤禩也保持着某种联系，其实他心里不愿意胤禩得势，但行动上决不表现出来，表面上看胤禩当太子，他既不反对也不支持，让人感觉他置身事外一般。

对其他皇兄，胤禛也在康熙面前多说好话，或在需要时给予支持，康熙评价他是"为诸阿哥陈奏之事甚多"。当胤禧、胤穗、胤祹被封为贝子时，胤禛启奏道，都是亲兄弟，他们爵位低，愿意降低自己世爵，以提高他们，使兄弟们的地位相当。

在众皇子为争夺皇太子之位闹得不可开交时，胤禛却似乎悠闲于局外，没有明火执仗地参与其中，而且还替众兄弟仗义执言，这些都被康熙看在眼中，特传谕旨表彰：

前拘禁胤礽时，并无一人为之陈奏，惟四阿哥性量过人，深知大义，屡在朕前为胤礽保奏，似此居心行事，真是伟人。

胤禛在这场诸皇子争夺皇太子之争中，不显山、不露水，以不争之争的斗争策略取得了成功。一方面胤禛赢得了康熙的信任，抬高了自己的地位，

密切了和康熙的私人感情。康熙一高兴,把离畅春园很近的园苑赐给了胤禛,这就是后世享有盛名的圆明园,康熙秋猎热河,建避暑山庄,将其近侧的狮子园也赏给胤禛。

另一方面,胤禛在争夺储位的诸皇子之争中,保持低姿态。使其他皇子们认为自己实力不够,对他不以为意,不集中力量对付他,使他有机会发展自己的势力。

结果,康熙在病重之际,把权力交给了胤禛,胤禛后来居上,脱颖而出成为雍正皇帝。

"争",需要对手;而"不争",是想别人没想过的问题,做别人没做过的事情。善胜敌者,不争。

隐忍学主张,不争最终是为了更好地去争,不是和对手争,而是和自己争,和自己争就是要战胜自我。这样做的道理,在于以"不争"泯绝那些形名之争,而得潜在的大势态,故天下莫能与之争。

5.刚柔并济,创造既斗争又互有台阶可下的空间

生活中,有些人一旦碰到不利于自己的形势,就惊慌失措,乱了阵脚,从一开始就增添了别人的疑云,这是不明智的。

隐忍学主张"刚柔并济"的策略。无论对待哪一种人,冷静应对一切突如其来的危机,是一种处变不惊的风度。只有学会隐忍,才能在气势上给对方造成震慑的力量,也为自己赢得应急的机会。

对伪君子——学会虚与委蛇

我们常常把那些虚伪的人称为伪君子,虚伪是他们最大的专利。表面上道德文章、行侠仗义,暗地里却窝藏不良居心,让人难以一下子明辨其真实的目的。

第二章

有一种策略叫隐忍——伺机而动，雄心的一半是耐心

有些人面目狰狞、一脸凶煞，人们一眼即知其想法，但伪君子就不那么容易被识别，他们夹杂在人堆里客串君子，把君子的那一套为人标准背得滚瓜烂熟，简直比君子还君子。盗版的唱片装在精美的盒子里，放在格调优雅的唱片屋里出售，谁能那么容易就认出是盗版呢？除非撕掉外衣，才能见庐山真面目。

现实世界里，有些伪君子手握大权，频频施招，让你无法从正面脱身，和他对抗的安全系数又极低，此时何不换个角度去应付他们呢？

明朝奸相严嵩当政二十年来，表面上一心为国操劳，暗地里却害死了很多真正为国做事的忠臣。朝中官员升迁贬谪，全凭贿赂多少而定。正义之士虽深恨严嵩，却是无计可施。

徐阶身为重臣之一，忧心如焚，他见形势对严嵩有利，于是故意不问政事，反而和严嵩交往频密。徐阶和严嵩闲谈，说道朝中大臣反对严嵩时，严嵩恨恨地对徐阶说："我为朝廷尽力，为皇上分忧，不想那帮小人不识大体，背地里还说三道四，太可恶了，我想重重地惩罚他们。"

徐阶深知严嵩虚伪，若是朝臣中有骨气者都被他贬逐，那么以后更无扳倒他的希望了。他便故作惊讶地说："大人受此冤枉，我徐阶第一个不能和他们善罢甘休，大人可知他们是谁吗？"

严嵩一一说出姓名，徐阶倒吸了一口凉气，表面上却犹豫起来，故作哀声。严嵩责问之下，徐阶便说："他们实在该死，可若将他们一一治罪，也不是上上之策啊。一来皇上恐有疑虑，二来把这些人一下揪出，也显得大人为政无方，御人有失，这对大人的清誉十分有害。"

严嵩听之在理，便问他有何良策，徐阶这才故作低声说："我可以替大人出面，对他们动之以情、晓之以理，如若他们不改弦更张、归附大人，到时候再治他们之罪不迟。若是他们投靠了大人，大人不仅去除了强敌，更增添了大人的势力，如此一举两得，岂不是最好？"

严嵩称是，徐阶于是分别拜访了和严嵩作对的大臣们，对他们说："严嵩现在如日中天，皇上又沉迷道事，与其打虎不成，反受其害，何不暂时忍耐,以待他日？你们为国为己,都该保此名位,留下性命,否则来日和严嵩对决,朝廷又依靠谁呢？"

那些大臣听从了徐阶的劝告,于是佯装依附严嵩,且上门请罪。

严嵩大悦,对徐阶信任有加,视为知己。

徐阶丝毫没有放松戒备,他为了进一步和严嵩拉上关系,彻底打消他的猜忌,竟不惜把他的孙女嫁与严嵩之子严世蕃的儿子为妻。

嘉靖四十年(1561年)冬月,嘉靖皇帝居住的西苑永寿宫被火烧毁,在议论皇上该暂住何处时,严嵩向嘉靖皇帝提议应暂住南宫。

徐阶见这回有机可乘,他私下对嘉靖皇帝说："南宫乃先皇英宗被景帝囚禁之地,这是大不吉利的住所。严嵩明知此节,却偏偏出此主意,可见他居心叵测,实不敢想象。从前多位大臣都曾上谏弹劾他,我还不敢相信,如今看来,它不仅下压百官,更是以大不敬陷害皇上,此贼不除,还有天理吗？"

嘉靖皇上被戳到痛处,也下了决心。为了彻底除掉严嵩,徐阶又利用嘉靖皇帝迷信道教的特点,伪造神旨,表明罢黜严嵩是神仙的旨意,众大臣便纷纷弹劾严嵩。

不久严嵩被废,其子被定死罪,一朝奸臣终于除掉。

在鱼目混珠、凶险四伏的环境下,不妨做些必要的伪装和假象。在敌强我弱的情况下,这样做不仅能保护自己不受伤害,同时也能麻痹敌人,消除敌人对自己的戒心,从而赢得主动权。

敌人一向以伪装出招,你也要学会虚与委蛇,这不失为最有效的防身术。

他好猜疑——你用狐疑化危局

有些人,别人无意中看他一眼,便以为对方不怀好意,别有用心;看见两个朋友在窃窃私语,就以为他们在说自己的坏话;每当自己做错了事,即使别人不知道,也怀疑别人早就知道,好像正盯着自己似的;别人无意之中说了一句笑话也以为在讥讽自己……

第二章
有一种策略叫隐忍——伺机而动,雄心的一半是耐心

他们,就是典型的多疑者。与这类人相遇,纠合在一起,难成大事。不过,如果对手或敌人是一群多疑者的集合,何不利用他们的互相不信任,为自己赢得胜利呢?

通过同盟势力来打击政敌,这是争执斗争中常有的现象。面对政敌的同盟,利用对手的互不信任,制造混乱。这样,既可消弱对手的力量,还有可能形成各个击破的态势。

灰兔正在山坡上玩,发现狼、豺、狐狸鬼鬼祟祟地向自己走来,于是急忙钻到自己的洞穴中避难。灰兔的洞一共有三个不同方向的出口,为的是在情况危急时能从安全的洞口撤退。

今天,狼、豺、狐狸联合起来对付灰兔,它们各自把守一个出口,把灰兔围困在洞穴中。

狼用它那沙哑的嗓子,对着洞中喊道:"灰兔你听着,三个出口我们都把守着,你逃不了啦,还是自己走出来吧。不然我们就要用烟熏了,还要把水灌进去!"

灰兔想,这样一直困在洞里也不是个办法,如果它们真的用烟熏、用水灌,情况就更加不妙了。忽然,灰兔灵机一动,想出了一个妙计。它来到狐狸把守的洞口,对着洞外拼命地尖叫,就像被抓住后发出的绝望的惨叫声。

狼和豺听到灰兔的惨叫声,以为是灰兔被狐狸抓住了。它们担心狐狸抓到灰兔后独自享用,不约而同地飞奔到狐狸那里,想向狐狸要回属于自己的那一份。聚到一起后,狼、豺、狐狸忽然意识到灰兔可能是用的声东击西之计时,急忙又回到各自把守的洞口继续把守。它们哪里知道,灰兔趁刚才狼到狐狸那里去的时候,早已飞奔出来,躲到了安全的地方。

灰兔把自己脱险的经过告诉了刺猬,刺猬说:"你真聪明,你是怎么想出这个妙计来的呢?"灰兔说:"因为我知道,狼、豺、狐狸虽然结伙前来对付我,但他们都有贪婪的本性,互不信任,各怀鬼胎,我正是利用了这一点。"

竞争者能得到盟友的相助,这是竞争者比较满意的结果。但是,如果能让竞争对手在同盟之间相互残杀,这将是竞争对手所能得到的最悲惨的结

果,而对你来说,却是最好最省力的结果。

对多疑者的围堵,当如灰兔,善用狐疑方可不败。

他忘恩负义——你一手戴套一手持棍

忘恩负义,这个词字面意思简单,即忘记别人对自己的好处,反而做出对不起别人的事。但在现实生活中,什么样的人才称得上是忘恩负义呢?

如果你送给你亲戚100万美元,他应该感谢你吧?安德鲁·卡耐基就资助过他的亲戚,要是卡耐基九泉之下有知,定会震惊地发现这位亲戚正在诅咒他呢!为什么呢?因为卡耐基遗留了3亿多美元的慈善基金,但他只继承了100万美元。

忘恩负义的人不会在心中印上"感谢"二字,尽管他可能嘴里会冒出"感谢"二字。

这类人小有成就时,上谢天,下叩地,对父母感恩戴德,对老师感激涕零,但归根到底,他仍认为自己的聪明才智居功至伟。有所成就时,他首先会认为是自己的功劳,别人再有功绩,也只是绿叶而已。口头上虚伪的感谢好一阵子,但真正强调的还是自己的天赋。当他失败时,却不能先从反省自己做起,多半是要找个让自己和别人信服的推诿的道理。如果很难找到过硬的道理,勉强让自己信服的也可以将就,有时候深知旁人都认为这是在自欺欺人,他自己还陶醉其中。面对责任,他们首先推脱给旁人,其次推给环境,最后实在没有理由可找,那就想到了一个逻辑:"自己办不到的事情,天下人皆如此。"

忘恩负义者,即使别人对他恩重如山,他也习惯性地忘记,而一但出了错,就把责任推到别人身上。他们喜欢假设,今天你给他一个陷阱,明天就恨你让他只得到了一个陷阱,因为说不定陷阱里还藏着大蛋糕呢!对此,只能说情义再大,也敌不过私利的虎口。

小白为人厚道,在公司里人缘极好。

这次,组里来了一个新同事,小白本着诚恳待人的原则,尽力照顾。谁知这位同事不但不感谢小白,还暗地打算盘,不仅不把其他同事放在眼里,

第二章
有一种策略叫隐忍——伺机而动，雄心的一半是耐心

还煽动一两位较不安分的同事结成一个"小帮派"，三番两次要给小白点"好处"。小白因未事先防范，应变不及，为了维护办公室的安宁，只好向他们低头，真是哑巴吃黄连，有苦说不出。

小白以为他们会就此鸣金收兵，谁知过了不久，他们竟连同单位的其他人向他发难，欲逼他下台。由于小白在工作上曾有一次不小的疏忽，加上事起仓促，无从防备，因而"中箭落马"，而接他位子的，正是那位新进的同事。

小白防范不及，中的就是那群白眼狼的诡计。

可见，要防范好忘恩负义之人的进攻，我们必须明确这些人的心理发展路径。对付他们，要一手戴手套，一手持棍子。

首先，他们向你索要利益或寻求帮助时，警惕他们的要求，若一次给予后不见反应，迅速收工。

其次，他们再次索求无所得时，可能会失去理智，你应当支起棍子，远离为妙。

最后，如果他们变换脸色，假惺惺装正人君子，甚至百般感恩时，那更要注意了，因为此时敌人的反攻信号灯在亮了，要时时察言观色，对他们严加防范。

驯兽师之所以能在猛兽面前游刃有余，是因为他们一边有防护的工具，一边有制服动物的利剑。防范忘恩负义的人，何不学学他们的手段呢？

暗箭来袭——不妨以牙还牙

人生在世，难免会在有意、无意之间得罪人，从而成为他人的眼中钉。如果对方咽不下这口气，摆明对阵的态势，还容易应付；如果是阴险小人，他们往往会在暗地里突施冷箭，就真的叫人伤脑筋了。

俗话说："明枪易躲，暗箭难防。"明枪对阵，胜败之间看实力，如果被打败了，则无话可说；至于暗箭来袭，则防不胜防，如果因此被暗算，实在太冤枉了，所以如何攻防就要靠心机了。

一般说来，会被暗算，是因为自己的实力比对方强，对方不敢明着来，只好躲在暗处放冷箭,如果你应对不当,真的很容易因此中箭落马,摔得灰头土脸。

明朝时,有位御史下乡巡察,由于他与巡察地区的某位县令先前曾有过节,这位县令早就心存报复的念头。县令眼看机会来了,于是便安排一位自己最信任的侍从前去充当御史的临时护卫,以便找机会捣鬼。

由于侍从刻意用心服侍御史,没多久便获得了御史相当程度的信任。信任当然会让人疏于防备,也是下手的最好机会。这个时候,县令便指示侍从将御史放在印箧中的官印偷走,准备让御史吃不了兜着走。

官印是何等重要的东西?御史发现官印丢失后,相当紧张,怀疑必定与该县令有关系,不过碍于欠缺证据,所以也不能说什么,更不敢大肆张扬地把事情搞大,只好假装生病,闷在行馆里苦思对策。

过了几天,县里一位颇有名气的书生恰巧前来探访,由于御史早就耳闻这位书生的才智,所以便请他到房内,把官印被盗一事对他仔细说了一遍,看看他有没有比较好的办法可以帮忙。

书生听完之后,便出了一个主意,建议御史在半夜的时候派人偷偷地到厨房去放火。

一旦御史的行馆发生火灾,各级官员们一定都会火速跑来指挥救火。书生要御史趁着一片混乱的时候,将原本装着官印的印箧暂时托付给那位县令保管,说是为了预防官印在慌乱中丢失或遭到焚毁云云。

书生解释说,如果官印真的是那位县令所偷,趁着火灾将空的印箧托付给他,等于是将烫手山芋丢回给他,他绝对没有不将官印归回原位的胆量,因为丢失的责任在他身上,逃都逃不掉。

当天午夜,御史便照着书生的计划上演了一场"火烧御史行馆"的戏。趁着烈火熊熊燃烧之际,御史将保管官印的重责托付给那位县令。等大火扑灭之后,县令归还印箧,御史打开一看,发现官印果真安然物归原位,一切似乎都印证了书生的设想。

此时此刻,对于那位书生的绝顶聪明,御史不禁又感激又佩服。据说,那位书生就是后来的一代名臣海瑞。

官印丢失,在古代就是杀头之罪,县令显然有致御史于死地的意图,御史吃下这口黄莲,不仅有苦说不出,而且天天坐立不安,冷汗直流。还好,借着书生的聪明才智,御史将烫手山芋丢回给县令,在不动声色之间买空卖空,完成了一次无声的绝地大反击。

人与人之间的对立,如果硬碰硬,或许很快就能见胜负,但也有可能两败俱伤,甚至没完没了。

如果能够"搭座桥"让对立的双方在意气与利害之间有个回旋的余地,在不动声色之间,创造既斗争又互有台阶可下的空间,或许还能缓解彼此的紧张关系。

而书生将烫手山芋丢回去的做法,放出"我并不是好惹"的信息,软中带硬,对手必然不敢掉以轻心,任意挑衅了。

6.最不动声色的成功,就是建构有效的朋友圈

你几乎看不见他奔波劳碌,但是在不动声色中,他就已经实现人生目标。他们成功的秘诀是什么?其实很简单——建构并有效地利用了自己的人脉关系。

在美国,曾有人作过这样一个问卷调查:

1)请查阅贵公司最近解雇的三名员工的资料;

2)然后回答:解雇的理由是什么。

结果是无论什么地区、无论什么行业,2/3的雇主的理由都是:他们是因为不会与别人相处而被解雇的。

可见,好人脉对于每一个人来说都很重要。

大卫在一家广告公司做事,他很会发展人际关系,不久便发展了最大

的两家客户。同时,他的年薪也大涨。由于公司具有十足的发展潜力,因此他的前途也很光明。但是,他仍然希望能拥有一家自己的公司,他认为"打铁需趁热",再不开始施展抱负,可能就要坐失许多良机。于是,就在27岁那年,他辞去了令人羡慕的职位,投身于自己的事业。此时,他过去的一些交际关系便派上用场了。

通常来说,广告业比其他行业更重视个人交际,甚至可以说广告业就是建立在人际关系的基础上,需靠交际才能得以维持。一家广告代理公司建立之初,最重要的课题就是如何才能获得顾客,此时,公司职员们过去的个人交际便能产生极大作用。

大卫曾经是许多公司的赞助者,信誉卓著,各方面关系都不错。所以,他的公司一开业,便有厂商指名要他代理,这使他的公司业绩蒸蒸日上。

5年后,公司已有30名职员,全美各地都有客户,其中足以维持公司的大客户就有15家之多。而他本身所具备的专业知识及其交际能力皆是他成功的重要保障。

大卫就这样利用人际关系赢得了成功,但他是否从此就满足而不再前进了呢?当然不是。

据说,他后来又创办了一家"一年一元俱乐部"。该俱乐部是同业友人聚会的场所。凡是会员,业务上有任何疑问或困难,都可在俱乐部公开提出讨论或在会员间彼此交换意见,俱乐部可以算是"脑力激荡中心"。俱乐部的会员中,有一流的出版业者、广播业者、广告业者等,都是社会上的精英。通过这种形式,他的人际关系又得到了发展。大卫本身在即将进行某一新企划时,也会到俱乐部寻求各方面专家们的意见,他对于在那儿讨论出的结论极有信心与把握。

他工作上所需要的交际多半都在白天进行,但有时候夜晚也得做。他不仅常把工作带回家,也常请俱乐部的朋友到家里来。

后来,他的朋友数量在不断增加,交际范围也随之不断扩大。相信将来他还会从丰富的人脉资源中获得意想不到的成功契机。

第二章

有一种策略叫隐忍——伺机而动，雄心的一半是耐心

约翰逊是纽约某大报的记者，他大学毕业后，当了两年兵，退伍后顺利地到一家大报社当财经记者，他的采访工作总是进行得非常顺利。附带一提的是，由于约翰逊长得很帅，又是大报的记者，所以受到许多美女的青睐。

就在一切都很顺利的时候，有一次，约翰逊与公司主管发生了冲突，心里觉得很委屈。这时候，突然有一家小型报社想高薪聘请他，而且愿意让他主跑外地新闻线。

约翰逊心想：我在新闻媒体圈才工作了一年，就已经小有名气了，现在有人出高出原来50%的薪水挖我，又让我跑自己喜欢的新闻线，我为什么要留在这里生闷气呢？于是，约翰逊跳槽了。

约翰逊到这家小报社上班后采访的第一天，怪事便发生了。原本可以立即顺利邀约采访的明星和大老板，都推说有事，要另外安排时间；而原本安排给自己出书的出版社，也突然推托说由于经济不景气，出版计划要暂停。

刹那间，全世界都好像在跟约翰逊作对，变得不认识约翰逊这个人了。当然，约翰逊由于业绩不如预期，也时常遭受新老板的冷眼相对。其实，约翰逊不知道自己原来就像一只"狐假虎威"的狐狸，不知道以前别人对他表现出的尊重与喜爱，是因为他背后的大报社的招牌力量，而不是因为他本身的专业与人际关系的积累。

看完大卫的故事，再与约翰逊的失败对比一下，相信你已经明白人脉对于一个人来说有多么重要了。个人事业的成功，80%来自于与别人相处，20%才是来自于自己的专业技能。人是群居动物，人的兴衰成败只能来自于他所处的人群及所在的社会，只有在这个社会中游刃有余，才可为事业的成功开拓宽广的道路。

我们都不可能生活在《鲁滨逊漂流记》里的那个孤岛上，更何况，即使是鲁滨逊还有个"星期五"相伴呢！切勿让自己陷入人脉孤岛中，否则你的生活、你的工作都将举步维艰。

当然，人在河边走，难保不湿鞋。交友也是如此。很多人都有过交友不慎而被朋友出卖伤害的痛苦经历。

你和最要好的朋友彼此交往愉快，能互相取长补短，那么在一定时间内，你们还可以称为是真正的朋友。然而一旦你们之间产生了利害冲突，就很难保证这段友谊不会变质，最恐怖的是，朋友从你背后用力一击可能是最致命的，因为在那些亲密接触的日子里，他们早就拿到了你的"死穴"。

李某的遭遇就说明了这一点。去年3月李某从某国企下岗了，于是他就找了当地的一家汽车加油站上班，他的工作是会计，老板对他相当不错，做出纳的张某更是拉着他称兄道弟。

李某对这份工作满意极了，一段时间后，他和张某越来越熟悉，两人常一起吃吃喝喝，有一次两人喝酒时，张某半开玩笑地说了一句："其实弄点钱是很容易的，你想，如果咱哥俩儿联手，那钱还不像流水一样啊！"

李某当时回了他一句："别开玩笑了！"

以后张某再没提起过这件事。但李某却起了疑心，一次他翻了翻以前的账目，发现有不对劲的地方，他考虑再三，就把张某约了出来，问他到底是怎么回事，并要将这件事告诉老板。

张某一听，吓得哭了，他跪在地上求李某高抬贵手，并表示将筹钱，把账补上，李某当时心就软了，自己要是现在告诉老板，那张某非得进监狱不可，还是给他个机会吧……

就这样，一个星期、两个星期，每次催张某，张某都说自己正在筹钱，李某正着急时，这边就东窗事发了：老板请人查账时发现了张某贪污的痕迹，警察带走了正准备举家外逃的张某，还有一脸惊慌的李某——因为张某一口咬定李某收了他钱才没检举他。

荀子在论人性时说："人之性恶，其善者伪也。"固然有些偏激，但现实生活中在与人打交道时的确要谨慎小心，对朋友不妨多点戒心，考虑一些防患对策，为自己留些"逃生"的余地，才不至于在事情发生之际追悔莫及。

人生从某种角度看也是一场战争。在这场战争中，为了求生存，必须要

第二章
有一种策略叫隐忍——伺机而动,雄心的一半是耐心

有慎重的生活方式和态度,这样才不至于上某些人的当,吃大亏。

人,不能没有朋友,没有朋友的日子是煎熬的。但是,芸芸众生谁可以成为朋友,需要慎重选择。交朋友时一定要小心谨慎,不要结交那些对你有害无益的朋友,不要被他们拖入浑水之中。

以下为你介绍几种择友之道:

1)和那些有进取心的人交朋友

如果你的朋友比你层次高,这样的朋友无疑将会往高处带你,而层次比你低的朋友大多是拖你后腿的。那些只问"你的房间有多大,有什么家具",而从不与你交流思想的人是狭隘的人,小心不要受其影响。你的进步与否,很大程度上取决于你周围的朋友。因此,为了你的进步,选择那些积极上进的人做朋友,因为他们希望看到你的成功,会给你的计划提出积极建议。如果你没有这样做,反而结交了那些低级趣味的小市民,渐渐地你自己也会成为他们中的一员了。

2)选择志同道合的朋友

物以类聚,人以群分,正直的人不会和奸诈的人交好,不同类的事物在一起是难以共存的,所以当鹿把狗当作同类时,惨剧就发生了。

有人说看一个人的底牌要看他身边的朋友,此话不假。有什么样的人就会有什么样的朋友,你希望成为什么样的人,你就要跟什么样的人在一起。

3)与机缘好的人交朋友

古人曾说:"行雾中,衣裳不觉中湿透。"同样,平日常常接近优秀杰出之人,自己也会不知不觉中成为优秀的人才。

4)选择一些与你观点不同的人做朋友

在当今社会,思想狭窄的人是不会有什么出息的,重要的职务和崇高的责任只有那些一分为二地看问题的人才能胜任。我们必须相信,他们都是有潜力的人。

在工作与生活的过程中,试图维持所有关系似乎是不可能的,而想要

在现有的人际网络内加进新的人或组织就更加困难。因此,在组建人际资源的时候,必须学会筛选。换言之,你必须随时准备重新评估早已变得难以掌握的人际网络;对现有的人际资源重新整理;放弃已不再对你感兴趣的组织和人。

7.无论内心对他多么不满,公开场合请给他留面子

常言道:"人有脸,树有皮。"这句看似简单的谚语,却蕴涵着人性的特点:爱面子。的确,每个人都爱自己的面子,因此在你拼命维护自己的面子时,千万不要忽略了别人的面子。

隐忍学主张,无论你内心有多么不满,也要学会给别人留面子,尤其是在公开场合。

在一次生产会议上,一位公司的产品质量总监,曾就某个材料的质量问题,当着会议上的众人厉声质问一位质检员。本来并不是非常严重的事情,但是他的语调以及态度带有很强的攻击性,言辞也极为苛刻。事实上这位总监的意思只是想提醒质检员在工作中要更为认真和严肃。

这名质检员本来在公司中是出了名的好脾气,但是这次为了使自己不致在同事、领导、下属面前失面子,竟然和这名总监吵了起来,两个人在会议上闹得很僵。

在这次事件之后,这名老实的质检员在以后的工作中经常表现得不积极,并且在两个月后离开了公司,去了另外一家同类公司。据说他在那里是一名非常称职的质检员。

给对方留面子是一门艺术,更是一门学问,很多人之所以会在他人面前丢面子,是因为他们没有给对方留面子。就像职场中的质检总监,他不仅在领导以及下属面前颜面尽失,而且还失去了一名好员工。尽管他的初衷

第二章
有一种策略叫隐忍——伺机而动,雄心的一半是耐心

是好的,但是这种有损他人面子的行为,却给自己以及公司带来了无法预料的损失。

人就是这样奇怪的动物,可以吃暗地里的亏,也可以吃明面上的亏,但就是不能吃面子的亏。

汉王四年,韩信平定了齐国,齐国人蒯通知道天下的胜负取决于韩信,就对他说:"相你的'面',不过是个诸侯,相你的'背',却是个大福大贵之人。当时,刘、项二王的命运都悬在你手上,你不如两方都不帮,与他们三分天下,以你的贤才,加上众多的兵力,还有强大的齐国,将来天下必定是你的。"

韩信说:"汉王待我恩泽深厚,他的车让我坐,他的衣服让我穿,他的饭给我吃。我听说,坐人家的车要分担人家的灾难,穿人家的衣服要思虑人家的忧患,吃人家的饭要誓死为人家效力,我与汉王感情深厚,怎能为个人利益而背信弃义。"

我们姑且不论刘邦以后如何处死了韩信,但就人情世故而言,刘邦很成功,他能令韩信在想到背叛时心中想产生了愧疚,不忍去做。

通晓人情从反面讲,就是要"己所不欲,勿施于人"。如果你爱面子,那你就不要伤别人面子;你要别人尊重,就不能不尊重别人。像"只许州官放火,不许百姓点灯"这样的事,也不是没有人做。

而因为人人都要维护自己的面子,所以就会在社会交往中发生这样的事:两个争执的人常会找第三方——比如你——来评理,让你给他们分个高下。

这时,为了你们的友谊不受伤害,你需要让他们平息纷争,能解决问题最好,不能解决实际的问题,至少也要给足双方面子,不能厚此薄彼,这就是"打圆场",是人际交往中人们必须具备的一种社交技能,也是智慧的隐忍学者必须要学习和掌握的技巧。

A和B同在办公室工作。一次,A去市政府听报告,B不知道,因此对A很有意见,当面质问A为什么不告诉他听报告的信息,两人因此而大吵起来。这时候部门领导了解吵架的原因后,对B说:"听报告没有通知你,这不是A的

错,是我没有要他通知你,因为你们两人有一个人去听报告就行了。你如果有意见就对我提吧,不要责怪A。"B听后,觉得自己错了,于是主动向A道歉,部门领导又对A说:"B是把你当好朋友,所以才这样有什么跟你说什么,发火也不掩饰,要是换了别人,当面不说,暗地里整你不是更不好吗?"A听了,觉得B脾气是不好,但是为人却很坦白,有什么说什么,反倒放下心里的石头了,于是大方地接受B的道歉,他们又和好如初。而那位部门领导在他们心里的地位更是大大提高了,A和B都觉得这个领导值得信赖,有亲和力。

无论做什么事情都有诀窍,打圆场也有打圆场的学问。归纳起来,主要有以下几点:

揭示矛盾的症结所在,引导双方自省。当双方为某事争论不休,各说一套、互不相让时,作为矛盾的调解人,无论对哪一方进行过分褒贬地表态,都犹如火上浇油,甚至会引火烧身,不利于争端的平息。因此,此时你只能比较客观地将矛盾的真相说清楚,而不加任何评论,让双方从事实中反省自己的缺点或错误,使矛盾得到解决,达到消除误会实现团结的目的。

将双方有争议的话题岔开,转移注意。如果不是原则性的争论,双方各执己见,那么这场争论就没有必要再继续下去,作为第三者,如果仅仅向双方力陈己见,理论一番,恐怕不会有效。这时,你不妨岔开话题,转移争论双方的注意力。

巧用调虎离山,暂熄战火。如果任由一些无原则的争论发展下去,它就会变成争吵,甚至会大动干戈。如果双方火气正旺,大有剑拔弩张、一触即发之势,第三者即可当机立断,借口有什么急事(如有人找或有急电)把其中一人支开,让他与另一个人暂时脱离接触。等过一段时间他们消了火气,头脑冷静下来了,争端也就趋于平静了。

对双方的论点进行归纳后,公正评价。假如争论的问题有较大的异议,而双方的观点又都有偏颇,但是本质十分接近,只是由于自尊心,双方又都不肯服输,那么第三者应照顾双方的面子,将双方见解的精华进行系统地归纳,也将双方观点的糟粕整理出来,做出公正评论,阐述较为全面的双方都能接受的意见。这样,就把争论引导到理论的探讨、观点的统一上来了。

巧妙地联络感情,寻找共同点。假如你想让两个彼此成见很深的人消除前嫌;假如你的亲人突然遇到过去关系很坏的人而你又在场;假如你作为随从人员参加的某个谈判暂处僵局……作为第三者,你需要做的事情就是联络双方的感情,努力寻找双方心理上的共同点或共同感兴趣的问题。有的时候一幅名画、一张照片、一盘棋、一个故事、一则笑话、一句谚语、一段相同或相似的经历,乃至一杯酒、一支烟都可能成为双方感兴趣的话题,都可以成为融洽气氛、打破僵局的契机。

8.引而不发——若想推广传播,请先学会隐藏忍耐

在生活中,我们经常遇到这样的情况:越是想把某件事或信息隐瞒住不让别人知道,越容易引起他人的更大兴趣和关注,人们对隐瞒的东西充满好奇和窥探的欲望,甚至千方百计、不择手段地通过别的渠道试图获得这些信息。而一旦这些信息被他人知晓,进入了传播领域,就会因为它所具有的神秘色彩被人争相传播,进而达到一传十、十传百的效果,从而与隐瞒该信息的初衷背道而驰。

这就是隐忍学中说的:"引而不发,跃如也。"每个人似乎都有这种奇怪的心理:越是得不到的东西,就越想知道;越是若隐若现的东西,就越想看清楚。如果我们能巧妙利用这种心理,就可以达到不错的传播效果。

马铃薯在法国的推广就是巧妙利用了这种心理。

巴蒙蒂埃是法国著名的农学家,当年他在德国做俘虏时,曾吃过马铃薯,被释后他带着马铃薯回到法国,但是在很长一段时间里,他无法说服人们栽种马铃薯,导致马铃薯在法国有很长一段时间得不到发展。为什么会这样呢?因为牧师把马铃薯称之为"魔鬼的苹果",医生认为马铃薯有害于

身体健康，农学家则认为马铃薯会使土壤枯竭。

于是巴蒙蒂埃决定采取一个计策。1787年，巴蒙蒂埃把自己的想法告诉了法国国王，让国王批准他在一块以贫瘠著称的土地上种植马铃薯。同时巴蒙蒂埃要求国王派遣全副武装的士兵在田野里，白天守卫，但到晚上一定要撤兵。人们发现这是一个奇怪的现象，心想：那块土地上到底种了什么东西，为何派重兵把守呢？这种强烈的好奇心促使人们有所行动：人们开始在晚上偷偷地把马铃薯挖走，种到自己的菜园里，而这正是巴蒙蒂埃所企求的。

这个故事给我们很大的启发，在现代商业领域，很多企业经营者都希望自己的公司、产品美名远扬，为了打开产品销路，很多企业都会努力到各大媒体露面，打广告、搞宣传，为的就是提高产品知名度，而有些企业经营者却反其道而行之，有意隐藏自己的信息，给人留下故意躲避的印象，从而吸引人们特别是媒体的关注。待人们努力了解后，才发现原来没有什么特别的，这样人们就对该企业、该产品印象深刻了。

加娜庙是印度的一座古寺庙，它周围环绕着红墙，绿树成荫，庙门宽敞。但庙里的空间不大，行人从宽大的庙门前经过，就能将庙里的景致一览无余。因此，没有多少游人进去观光，日子一久，寺庙只好关门大吉了。

然而出人意料的是，自从加娜庙的大门关闭之后，却出现了一种奇怪的现象：游人走到这里，经常会在庙门前停留，他们扒着门缝儿往里看。每天窥探的人比往日大门敞开时进去观光的人多了许多倍，甚至工作人员也被影响了，也扒着门缝儿往里看，想知道里面到底发生了什么事。

其实庙里一切如同往常，什么事情也没发生。能看到的景象只是一块红墙、一角砖地，一棵老树，其他的东西被大门遮住了，无法看到。

当地的和尚对这种现象感到好奇，便统计了一下每天扒着门缝儿往里窥探的人数。这一数不要紧，大家被巨大的数目吓了一跳，窥探的人一个挨着一个，竟比之前开门时多了几十倍。

在这种情况下，加娜庙终于向游客开放了，不过这次开放与以前不同，

第二章
有一种策略叫隐忍——伺机而动,雄心的一半是耐心

和尚们把一道影壁立在大门的里面,阻挡人们的视线。人们总想一探究竟,所以踊跃购票。

和尚们还有意锁上几间房门,留些小缝供人们窥探。房里同样放了屏障,让人窥探起来很费劲。不过仔细一看,也只能看到一张老床,一个老柜,一双旧鞋,再向里看,还能看到一尊小泥菩萨,但人们却乐此不疲。

后来加娜庙里来了一个奇怪的和尚,这个和尚没什么知识,也没什么特长,但说话从来都是说半句,故意留半句不说,故意不把事情说完整,他是真的没有本事说完整。可正因为这样,前来讨教的人反而说这和尚的学识高深莫测,非常灵验。

在很长一段时间里,人们对加娜庙与这位和尚都有浓厚的兴趣,将其奉为神灵,前来烧香拜佛的人与日俱增。

加娜庙及那位和尚之所以那么吸引大家的注意力,显然是因为"引而不发"在发生作用,正如那句话所说,"越想推广传播,越要闭口不说",留一点窥探的小缝,给人一个巨大的想象空间,欲语还休的效果可以吊足听众的胃口。

很多精明的商人也善于利用顾客的逆反心理,刻意营造出产品畅销的假象,激发顾客的购买欲望。一些商家在店内悬挂"某商品已售完"的告示,引起消费者的兴趣。等他们慕名前来购买的时候,商家再告诉他还有一小部分存货,这样就更容易做成交易。

有一家饮食店,门前摆了一个大酒桶,上面写着几个引人注目的大字:"不许偷看!"很多路人经不住诱惑,停下脚步往桶里看个究竟。谁知里面又有一张纸条,上面写道:"我店有清醇芳香的生啤酒,一杯五元,请进店享用。"一句"不许偷看",引起了所有人的注意力,很多人"上当"后,酒瘾顿生,便情不自禁地到店中品尝美酒。

同理,在人际交往中,如果我们不想要别人做某件事情,可以采用较为温和的劝诫方式,而不要粗暴地禁止,如果因此激发了对方的逆反心理,反而会让他们的行为与我们的初衷背道而驰。

9.给人帮助要低调,人情债千万不要四处宣扬

帮助人是中外的传统美德,但是,如果你帮助别人时不注意方式,往往会损害受帮助者的尊严。这时候,你的帮助就会变味,不但帮不了人,还会给受帮助者带来莫大的危害。

战国时期,诸侯混战,民不聊生,这一年,齐国大旱,饥民遍野。有一个富人叫黔敖,开仓赈灾,吩咐人在路边准备好饭食,以供路过饥饿的人来吃。这时,有一个瘦骨嶙峋的饥民走过来,只见他满头乱蓬蓬的头发,衣衫褴褛,将一双破烂不堪的鞋子用草绳绑在脚上,他一边用破旧的衣袖遮住面孔,一边摇摇晃晃地迈着步,由于几天没吃东西了,他已经支撑不住自己的身体,走起路来有些东倒西歪了。

黔敖看见这个饥民的模样,便特意拿了两个窝窝头,还盛了一碗汤,对着这个饥民大声吆喝着:"喂,过来吃!"饥民像没听见似的,没有理他。黔敖又叫道:"嗟,听到没有?给你吃的!"只见那饥民突然精神振作起来,瞪大双眼看着黔敖说:"收起你的东西吧,我宁愿饿死也不愿吃这样的嗟来之食!"说完,这个饥民昂首挺胸地走了,最后饿死了,但是他宁死不吃嗟来之食的精神却流传了下来。

一个人饥饿到了极点,到了几乎不能维持自己生命的时候,却依然能够拒绝别人轻蔑的施舍,让他能够付出生命代价去维护的,就是他的尊严。每个人都遇到过难处,都有请求别人帮助的时候,在人们准备请求获得帮助的时候,他们首先想到的是如果别人拒绝怎么办?在这个时候,他们的心灵就已经极其敏感了。

如果你不是一个死缠烂打的人,那么你一定会考虑到:假如对方表现出些许的为难,或者说了推辞的话,你会怎么办?当然是体谅人家的难处,收回自己的请求,如果对方对你不尊重,冷嘲热讽呢?我们自然会挺直腰

第二章
有一种策略叫隐忍——伺机而动,雄心的一半是耐心

杆,宁可无助,也决不再接受对方的帮助。

所以,我们帮助别人的时候,一定要注意维护对方的尊严,不要让他们已经受到创伤的心灵再遇挫折。

曾经有一个残疾的乞丐,他断了一只手臂。一天,他来到一户人家门口,向主人乞讨活命的食物。这时,从里面走出一个中年妇女,她仔细端详了乞丐一番,对乞丐说:"现在经济形势这么恶劣,我没有多余的钱施舍给你,不过,如果你能帮我们家做一些事的话,我倒不介意为此付给你工钱。"

乞丐纳闷了:自己一个残疾人,能干什么呢?妇人把乞丐带到后院的一堆砖边,指着那堆砖说:"你只要把这些砖搬到前院,我就给你钱。"

乞丐听完后,很气愤,压抑不住心中的怒火,说:"你明知道我只有一只手,还叫我搬砖,不给钱就算了,你还羞辱我!"但那妇人却拿起一块砖,对他说:"拿起一块砖,一只手的力量就足够了。你虽然只有一只手,但你可以用你的一只手搬砖啊,照样可以靠自己的劳动赚钱!"乞丐听完后,似乎懂得了什么,他吸了口气,用他的一只手,一块一块的把砖搬完了。妇人看着乞丐把砖搬完后,也兑现了自己的诺言,给了些钱给乞丐。

几年后,有一个气度非凡,身穿西装的青年来到这个妇人家,感慨万千地谢谢那妇女,那位妇女开始并不知道他是谁,后来看出了那人是独臂,才想起是当年来自己家乞讨的那位乞丐。那位乞丐现在成了一家搬运公司的老板,他正是用他的那一只手,成就了自己的一番事业。这位青年对妇女说:"非常感谢您,要不是您帮我找回我的尊严,我哪会有今天!如果没有您对我的教诲,我……"

妇女又领他来到了后院,指着依然堆在那里的砖头说:"呵呵,其实我并不需要挪动那堆砖头,这些年来,每个到我家来寻求帮助的人,我都会让他们搬那堆砖头,我只是想让他们体面地获得帮助。同时告诉他们:要用自己的劳动来换取钱财,今天你的成就,就是你辛勤的劳动和自信带来的!"

故事中这个妇人的做法非常高明,在帮助别人的同时,她很好地维护了对方的尊严,并且通过劳动给对方一个提示——尊严可以靠劳动来维

护,命运也可以靠劳动来把握。

在今天的社会里,人和人之间的关系变得异常密切,这也就导致互帮互助变得越来越平常。但在有些人的意识里,帮助者和受帮助者并不是平等的,帮助人的人处于强势地位,自然可以高高在上,而受帮助者由于有求于人,就应该卑躬屈膝,低人一等。

在这种观念的误导下,他们在帮助别人的时候,会显露出自己的优越感来,从而使自己的表情变得傲慢,语气变得不屑,言辞变得尖刻,眼神变得冷漠,给受帮助者一种心寒的感觉。设身处地地想一想,如果我们处在受帮助者的位置,我们还能接受这样的"帮助"吗?

帮助别人需要热心,更需要技巧,而这技巧中最重要的一条,也是原则性的一条,就是要维护对方的尊严,让他人愉快地接受你的帮助,而没有产生心理负担。我们在电视上、新闻里看到过不少企业和个人出资帮助遇到困难的个人和家庭的事件,习惯性的报道方法就是先说受帮助者如何困难,再说帮助人如何心善,最后让受帮助者对帮助者千恩万谢。

我们不用怀疑自己的动机,也不怀疑自己的真诚,但是,有时候,我们的一些善意的举动不仅没有帮到受助者,反而让受助者处于一个非常尴尬的境地。

10.学会尊重所有人,包括不喜欢你的人

隐忍是一种修养,在隐忍的同时,我们培养起了很多优秀的品质,而最重要的是我们在一次次的隐忍中学会了尊重。

是啊,在现代社会,已经没有比尊重个人更普通和重要的价值观了。尊重他人的人格,承认他们的付出,这要求我们要尊重所有人,包括那些不喜欢你的人。

第二章
/ 有一种策略叫隐忍——伺机而动,雄心的一半是耐心 /

古时候,有一位国王在带领大臣们狩猎的途中,遇到了一个年轻的乞丐。国王见这个乞丐眉宇间透着一股英气,虽然衣衫褴褛,但掩饰不住他身上的一种独特的气质。于是,国王下马道:"年轻人,你愿意跟随我,做我的侍卫吗?我保证你衣食无忧。"乞丐一听大喜,忙跪下磕头谢恩。于是,国王把他带回王宫。这个乞丐经过一番梳洗并换上侍卫的衣服后,果然显得英气逼人,而且他还具备一般人所不曾具有的智慧。两个月后,国王便升他为卫队长。年轻人为了报答国王的知遇之恩,他不仅带领士兵们尽心尽力地保护国王和维护王宫的安全,还积极地为国王出谋划策,向他建议极具价值的治国方针。

然而,围绕在国王身边的一些小人却对这位年轻人的受宠感到极为不满。他们轮流在国王耳边说:"那小子不过是一个乞丐,您没有必要赐给他锦衣玉食。""让他滚得远远的吧。我看他现在骄傲得很,准是没安好心。"国王在众人的挑拨下,慢慢地不再信任和重用年轻人了。有时,国王甚至在宴会上当着文武百官的面说:"喂!小乞丐,如果没有本王,你现在肯定还是一个又臭又脏的乞丐。不,或者早已饿死,被野狗们分吃了。"或者是:"小乞丐,过来学两声狗叫,让本王开心开心。"每每此时,那些大臣便附和着国王的笑声,肆意地朝年轻人吐唾沫,或者是更为恶劣地嘲笑。

一天,那位年轻人不辞而别了。国王很是不解,心想:"难道他不习惯王宫里的锦衣玉食,又回去做乞丐了?"的确,那位年轻人现在又是一个又脏又臭的乞丐了,但他离开王宫的原因不是因为不习惯那里的生活,而是无法忍受国王对自己人格的侮辱。因此,他宁愿放弃优厚的物质生活,去当一个自由自在的乞丐。

学会尊重每一个人,无论一个人的身份和工作多么卑微,我们都应尊重他,这是我们应该具备的品质。要知道,尊重没有高低贵贱之分,而且尊重别人就是在尊重自己,敬人者人恒敬之。

现在,人们大都对商店售货员的服务态度感到不满,认为这些售货员不是冷淡,就是粗暴。可有一位老太太却说:"我不抱怨那些可怜的售货员,他们有时也碰到很糟的顾客。可是,我总能得到很好的服务,他们对我都很友好,不过我是有意使他们这样做的。"接着,她谈到了自己的方法:"我走到一位售货员面前,微笑着说:'您能帮助我吗?'从来没人拒绝过我。"她脸上闪出顽皮的微笑。她接下去解释自己的第二步骤:"接着我马上说我对要买的商品一窍不通,我很需要售货员的帮助。无论我买一只纽扣还是一台冰箱我都这样说。每个售货员都很乐于帮助我,并且我挑多久都没关系。"

这位老太太处世成功的关键,就在于尊重人,使人觉得自己在对方心目中是有份量的,你既然尊重我,我也就不能怠慢你。

尽管罗斯福总统非常了解和喜欢英国人,但他却忍受不了英国官员不时流露出的傲慢。一天,财政部长亨利·摩根索带给罗斯福一封英国财政大臣的信,信首称呼没有加任何官衔,而是很不礼貌地直呼其名"亨利·摩根索先生"。由于只顾看信里的内容,摩根索忽视了称呼上的名堂,但罗斯福却一眼看出了英国人显露出的傲慢神情。当摩根索给他看他写好的回信时,罗斯福说:"这封回信的内容写得不错,但你犯了一个错误。"摩根索有些惊慌失措,忙问:"我犯了什么错误?"罗斯福说:"称呼上应该直呼其名,与你收到的那封信的称呼应当一致,不要加任何官衔。"罗斯福这一招果然很灵,英国财政大臣在他的第二封来信中,已经规规矩矩地加上了美国财政部长的官衔。

尊重应该是互相的,如果你不懂得尊重别人,又怎么能要求别人来尊重你。罗斯福以其人之道,还治其人之身,使傲慢的英国大臣受了一次教训。

我们要尊重每一个人,是人性化的直观体现。无论对方的地位是高贵还是卑微,我们都应该百分之百地尊重对方。虽然人有富贵、贫穷之分,但在人格上,所有人都是平等的,不管你是国王还是乞丐。因此,与人交往时,我们要做的第一件事就是给予对方足够的尊重。否则,即使你是国王,你也无法获得一个乞丐的真心爱戴。

第三章

有一种处世叫隐忍

——放下身架,把事做成

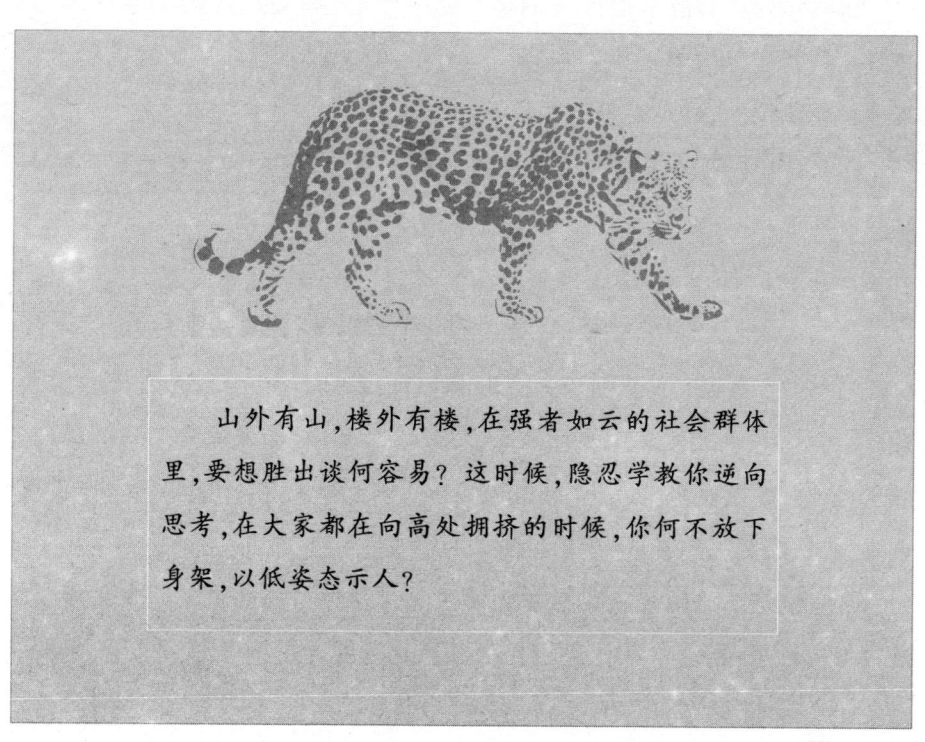

山外有山,楼外有楼,在强者如云的社会群体里,要想胜出谈何容易?这时候,隐忍学教你逆向思考,在大家都在向高处拥挤的时候,你何不放下身架,以低姿态示人?

1.把自己的姿态摆得比别人低,让自己的心志站得比别人高

隐忍学告诉你,你可以给自己一个较高的定位,但在具体地为人做事时,如果你降低姿态,你就会发现人性中那一面面光辉的心灵之镜都愿意照亮你前行的路。

你可以有自己的高标追求、高标处世之风,但低调做人、不彰显自己的优势才可能像一棵树一样,用根系从更低更深处吸取养料,让树茎和树冠向更高、更辉煌的地方延伸。如果你只顾让自己人性的树冠长得蓬蓬勃勃、枝繁叶茂,而忘记了可以供给你养料的大地,你的根系就会萎缩,只要有风吹浪打,你这棵树定会摇摇欲坠,无法立足。

"卧薪尝胆"的故事也许人们早已烂熟于心,其实,这何尝不是一个低调做人的典范,何尝不是一个重新确立自己的处世姿态并从低起点起步发奋的经典案例。

公元前494年,吴王夫差为报越国杀父之仇,亲率大军进攻越国。越国勾践率军迎战,与夫差对阵。结果吴军得胜,顺势攻破越国国都会稽,俘虏了越王勾践。

吴王夫差为了实现霸业,显示自己的宽宏大量,决定不杀勾践,只派他在吴国的宫里养马。勾践带着夫人和相国范蠡天天小心谨慎地为吴王当马夫。有一次,吴王夫差生了一场大病,勾践殷勤服侍。夫差见他"忠诚",就放勾践回国。回国后,勾践一心要报仇雪耻。他重新定都会稽,委派文种管理内政,任命范蠡训练军队,加强战备。

勾践唯恐眼前的舒服会把自己的志气消磨掉,就改变了日常生活,把软绵绵的褥子撤去,以草作褥。在吃饭的地方挂上一个苦胆,每逢吃饭时,先尝一尝苦味,提醒自己不忘雪耻。

第三章
有一种处世叫隐忍——放下身架,把事做成

亡国以后,人口减少了,为了增加人口,勾践就订出几条奖赏生养的条例。例如:上了年纪的人不准娶年轻姑娘做媳妇;男子到了二十岁,女子到了十七岁,还不成亲的,他们的父母要受处罚;快要临盆的女人,必须报官,好派官医前去照顾她;添个儿子,国王赏她二壶酒,一头猪;添个姑娘,国王赏她一壶酒,一头小猪;有两个儿子的,官家代养一个;有三个儿子的,官家代养两个。耕种的时候,越王还亲自拿锄头在地里干活,目的是让庄稼汉提起精神,加把劲种地,多存粮食。国王的夫人也走出去,看望织布纺线的姑娘和老人们,没事时,自己也在宫里织布。七年里,国家免除捐税,越王自己穿衣、吃饭也处处节省。

而此时吴王夫差却自以为成了霸主,骄傲起来,一味贪图享乐。

公元前482年,夫差带着精兵去黄池会盟,一心想早日成为霸主。这时,越国已十分强盛了。勾践见时机已成熟,便乘机出兵打败了吴国,成为春秋末期的霸主。

在夫差面前勾践如若不能低调,恐怕早已成为刀下之鬼。那时的勾践用低调保全了自己的性命。回到越国之后,如果他忘记了低调,怎么能让自己的国家再次休养生息、日益强大,最终可以与吴王对垒?勾践的再次崛起是低调和高标的统一,这就是成功人士的立身原则。

要学会把自己的姿态摆得比别人低,让自己的心志站得比别人都高。前者是低调做人的训诲,后者是进入高标生存境界的必然。

为自己设定高远的目标,严格要求自己,从小处着手,从低处起步,这样一点一滴地做起来,才能使自己走出壮美的人生。高标是成功的必然要求,而低调做人则是规避失败的韬晦手段。所以,高标处世和低调做人并非一对矛盾,而是一脉相承、互为表里、相得益彰的。

2.低下头去实干,用成绩说服别人

在生活中,我们往往会遇到别人的贬斥或不公平的评论。此时,任何人都不可能心里舒服,于是,心浮气躁者就容易与人发生争执来证明自己的高明,但就算争论成功也只能得到对方口头上的让步。

真正的聪明人永远都不会采取这种方式来证明自己,而是选择用实际成绩来证明一切。在受到别人质疑的时候暂时沉默,隐忍地对待外界的一切干扰,而暗地里积蓄力量以求厚积薄发。

麦克·史瓦拉是美国的电视节目主持人,他所主持的"六十分钟"是人人乐道的节目。在刚进入电视台的时候他是一名新闻记者,因口齿伶俐、反应快,所以除了白天采访新闻外,晚上又报道七点半的黄金档。以他的努力和观众的良好反应,他的事业应该是可以一帆风顺的。

很不幸的是,因为麦克的为人很直率,一不小心得罪了顶头上司新闻部主管。有一次在新闻部会议上,新闻部主管出其不意地宣布:"麦克报道新闻的风格奇异,一般观众不易接受。为了本台的收视率着想,我宣布以后麦克不在黄金档报道新闻,改在深夜十一点报道新闻。"

此消息让麦克非常意外,他知道自己被贬了,心里觉得很难过,但突然他想到:"这也许是上天的安排,主要是在帮助我成长。"他的心渐渐平静下来,表示欣然接受新差事,并说:"谢谢主管的安排,这样我可以利用六点钟下班后的时间来进修。这是我早就有的希望,只是不敢向你提起罢了。"

此后,麦克天天下班之后就去进修,并在晚上十点左右赶回公司准备十一点的新闻。他把每一篇新闻稿都详细阅读,充分掌握它的来龙去脉。他对工作的热忱绝没有因为深夜的新闻收视率较低而减退。

渐渐地,收看夜间新闻的观众愈来愈多,佳评也愈来愈多。随着这些不断地佳评,有些观众也责问:"为什么麦克只播深夜新闻,而不播晚间黄金

第三章
/ 有一种处世叫隐忍——放下身架,把事做成 /

档的新闻?"询问的信件、电话不断,这引起了总经理的关注。

总经理把厚厚的信件摊在新闻部主管的面前,批评他说:"你这新闻主管怎么搞的?麦克如此人才,你却只派他播十一点新闻,而不是播七点半的黄金时段?"

新闻部主管解释:"麦克希望晚上六点下班后有进修的机会,所以不能排上晚间黄金档,只好排他在深夜的时间。"

"叫他尽快重回七点半的岗位,我下令他在黄金时段中播报新闻。"

就这样,麦克被新闻部主管又调回黄金时段。不久之后,被选为全国最受欢迎的电视节目主持人之一。

过了一段时间,电视界掀起了益智节目的热潮,麦克获得十几家广告公司的支持,决定也开一档这样的节目,找新闻部主管商量。

积着满肚子怨恨的新闻部主管,板着脸对麦克说:"我不准你做!因为我计划要你做一个新闻评论性的节目。"

虽然麦克知道当时评论性的节目争论多,常常吃力不讨好,收入又低,但他仍欣然接受说:"好极了!"

自然,麦克吃尽苦头,但他没说什么,仍是全力以赴,为新节目奔忙。最终节目上了轨道也渐渐有了名声,参加者都是一些出名的重要人物。

总经理看好麦克的新节目,也想多与名人接触。有天他召来新闻部主管,对他说:"以后节目的脚本由麦克直接拿来给我看,为了把握时间,由我来审核好了,有问题也好直接跟制作人商量!"

从此,麦克每周都直接与总经理讨论,许多新闻部的改革方案也有他的意见。他由冷门节目的制作人,渐渐变成了热门人物。由此他也获得许多全美著名节目的制作奖,成为家喻户晓的名人。

争论可以为一个人赢回暂时的失利,但行动所做出的成绩却更具有说服力。所以,我们如果遇到类似麦克·史瓦拉那样的情况,应该心里清楚,却做一个表面上的糊涂人,用自己的努力去赢得别人的首肯。

3.放下"身架",才能提高"身价"

在平常的生活中,我们总是能看到这样一些人:他们爱摆"身架",显示出自己的与众不同,哪怕自己只是当了一个不起眼的小官,也要官腔十足。而且他们不管做什么事情都会装模作样,好像自己威风无比、唯我独尊。然而,他们不知道,自己的"身架"摆得越大,在别人心目中的"身价"就越低。

乔治·华盛顿是美利坚合众国的第一任总统。他正是靠着他那平易近人的领导风格来赢得千万美国人的尊重和拥戴的。华盛顿虽然是个伟人,但他若在你面前,你会觉得他普通得就和你一样,一样的诚实、一样的热情、一样的与人为善。

有一天,他穿着一件过膝的普通大衣独自一人走出营房。他的低调让遇到的每一个士兵都没有认出他。当来到一条街道旁边时,他看到一个下士正领着手下的士兵筑街垒。那位下士双手插在裤袋里,站在旁边,对抬着巨大水泥块的士兵们喊道:"一、二,加把劲!"但是,尽管下士喊破了喉咙,士兵们也经过了多次努力,但还是不能把石头放到预定的位置上。他们的力气几乎用尽,石块眼看着就要滚了下来。这时,华盛顿疾步跑到跟前,用强劲的臂膀,顶住石块。这一援助很及时,石块也终于放到了预定的位置上。士兵们转过身,拥抱华盛顿,表示感谢。

华盛顿转身向那个下士问道:"你为什么光喊加把劲却不帮一帮大家呢?""你问我?难道你看不出我是这里的下士吗?"那下士背着双手,霸气十足地回答道。

华盛顿笑了笑,然后不慌不忙地解开大衣纽扣,露出他的军装:"按衣服看,我就是上将。不过,下次在抬东西的时候,你也可以叫上我。"那个下士这时候才明白自己遇见的是谁,顿时羞愧难当。

所谓"身架"是一种"自我之认同",不是缺点。但这种"自我之认同"也是一种"自我之限制",也就是说,"因为我是这种人,所以我不能去做那种事"。所以,自我认同越强的人,自我限制也越厉害。而放下"身架",就是做到为人处世、与人交往、待人接物时谦虚低调。"君子贵人而贱己,先人而后己。"百米赛跑,不低下身子就不能蓄势,拉板车上坡,不弓下腰就用不上劲,做人亦是如此,为人虚心,放下架子,才是关键。

如果要想在当今社会上走出一条路来,那么就要放下身架,也就是放下你的学历,放下你的家庭背景,放下你的身份,让自己回归到"普通人中"。同时也不要在乎别人的眼光和批评,做你认为值得做的事,走你认为值得走的路。

俗语"猪'大'了值钱,人'大'了不值钱",说的也就是这个道理。"身架"与"身价",既能给人带来荣耀,也可能会毁掉一个人的声名。昔日,刘备若无"三顾茅庐"的求贤之举和平时礼贤下士的谦恭姿态,而是以"皇叔"的身份高高在上,就不会有三国争雄的故事。身份和地位越高的人,越要把自己的"身架"放下,只有这样才能赢得追随者的敬重和信赖。

只有放得下你的"身架",你的思考才会富有高度的弹性,才不会有刻板的观念,从而能吸收各种资讯,形成一个庞大的资讯库;只有放得下你的"身架",你才能比别人早一步抓到好机会,也才能比别人抓到更多的机会,因为你没有身架的顾虑;只有放得下你的"身架",你才会在未来的人生道路上披荆斩棘,让你的"身价"倍增。所以说,即便你能力再强、水平再高、头衔再多、人际再广,只有放下你的"身架"才可能真正提高你的"身价"。

放不下身架,就像是高高在上的酒杯,就算酒壶里有再多的好酒,也倒不进去。放下身架并不是比人矮一截,而是用谦卑和真诚,去真正学到东西。泰戈尔说过一句非常经典的话:"当我们开始谦卑的时候,便是我们接近于伟大的时候。"难道不是这样吗?大海之所以能纳百川,正是因为它肯放低身架,所以河流才能顺利进入它的怀抱。

4.感恩批评,学会自我批评

别人对我们的规劝,包括社会对我们的规劝从来就不少,我们自己许多时候也都知道应该按照规劝去做,可惜往往却做不到,究其原因,还是因为缺乏足够的自我控制能力,也就是缺乏足够的自我修养和理性约束能力。一个人会因为别人的赞美而飘飘然,甚至分不清哪些是真心的,哪些是虚假的;哪些是对自己成绩的肯定,哪些是对自己的鼓励。如果不能够正确对待赞美,那是很容易迷失自己的。

古语有云:"花无百日红,人无千样好。"的确,人并非十全十美,每个人都有缺点,都有短处。因此我们应正视自身的弱点,并积极寻求克服弱点的方法。但是,并不是所有的短处都会暴露在我们的视角下,有一些则是被你身边的人所发现,他们会有意无意地提醒你、督促你克服缺点。

这正应了另一句古语:"良药苦口利于病,忠言逆耳利于行。"忠言大都逆耳,不讨人喜欢,让人听起来觉得不舒服,但尖锐的批评、衷心的劝告,实际上是爱护人的一种表现。正如好药往往味苦难吃,但能治病一样,批评是提醒、是警示、是良药,对改正缺点错误很有好处。从某种意义上讲,批评包含一定"治病救人"的性质。

在历史上,不听忠言而失败的例子不在少数。

三国时,刘备急于给关羽、张飞报仇,不理会诸葛亮、赵云等人的劝阻,贸然进攻东吴,而被陆逊"火烧连营七百里",大败而归;袁绍不采用手下谋士的意见,一意孤行,导致了"官渡之战"的惨败;"发明大王"爱迪生,由于晚年不听别人的批评而一事无成……

由此可见,能够正确听取别人的意见是至关重要的。

有的人一听到别人的批评意见,就觉得如芒在背,也不管批评的对与错,便认为批评者是存心跟自己过不去。"涵养"好一点的,是在"诚心接受"

第三章
有一种处世叫隐忍——放下身架,把事做成

批评之后,念念不忘给批评者"穿小鞋";"涵养"不好的,则免不了当场发作,与批评者针锋相对。这样时间长了,批评者就会变得"世故"起来,批评的声音也会日益衰弱下去。

闵公元年,管仲向齐桓公进谏:"宴安鸩毒,不可怀也。"原来齐桓公爱姬甚多,常在后宫饮酒作乐,管仲见了很担心,就把酒色比做鸩毒,劝诫齐桓公勿进醇酒妇人。齐桓公毛病很多,由于有管仲辅佐治国,对管仲的批评也能接受,才使齐国成为春秋五霸之一。事情到管仲去世后,就发生了变化。

管仲死前齐桓公去看望他,并问他:"仲父病成这个样子,有什么话要和寡人说吗?"管仲劝他离易牙、竖刁、常之巫这些人远点。

齐桓公说:"易牙把自己的宝贝儿子煮熟了让我尝鲜,这么忠心耿耿的人还值得怀疑吗?"

管仲说:"人之常情,谁不疼爱自己的孩子?既然他可以忍心烹杀自己的儿子,那么将来对你,还会有什么不忍心的事情不能做呢?"

桓公又问道:"竖刁把自己阉了以亲近寡人,这样的人也值得怀疑吗?"

管仲回答道:"按人之常情来看,没有不爱惜自己身体的,能下狠心把身体弄残了,那么对国君又什么下不得手的呢?"

桓公又问道:"常之巫知道人的生死,能治重病,这样的人也值得怀疑吗?"

管仲回答道:"死生,是有一定的;疾病,是人体失常所致。主君不顺其自然,守护根本,却完全依赖于常之巫,那他将国君无所不为了。"

桓公又问道:"卫公子启方,侍奉寡人十五个年头了,他父亲死时都不肯离开寡人回去奔丧,这样的人也值得怀疑吗?"

管仲回答道:"按人之常情来说,没有不爱自己生身父亲的。他父亲死了都不肯回去,那对国君又将如何呢?"

管仲死后,齐桓公开始时还记着管仲的劝告,将这些人赶出了宫外,可是非常不习惯没有这些人的日子,又将他们了接回来。齐桓公将管仲的劝告置之脑后,重用易牙、竖刁等人,这些人投其所好,阿谀谄媚。齐桓公在他们的奉承下,上进心尽失,政治渐渐腐败,他自己还觉得没有不妥,说:"仲父的话是言过其实了。"

齐桓公生病的时候,这几个人一同叛乱。他们在桓公寝室四周筑起一道围墙,禁止任何人入内。这时,桓公哭得鼻涕横流,感慨道:"唉!还是圣人的眼光比我们远大呀!若是死者地下有知,我还有什么脸面去见仲父呢?"说罢,自己扬起衣袖捂住脸部,气绝身亡,死在寿宫。尸首无人理睬,以致腐烂发臭,蛆虫爬出门外,上面只盖一张扇,三个月没人安葬。从此,齐国的霸业也骤然衰落了。

齐桓公的死可以说是他自己一手造成的,他的悲剧提醒人们,如果听不到批评意见,听不进难以入耳的忠言,就认识不到错误,察觉不了灾祸,无法提醒、鞭策自己,是件很危险的事;整天被赞扬的话包围,赞美之词不绝于耳,就像喝含有"鸩毒"的美酒一样,听多了就会丧失警觉,削弱自己发奋上进的精神,沉溺在自我陶醉的深渊中,积羽沉舟,最终毁了自己。

《周易·小过》中有:"弗过,防之,从或戕之,凶。"意思是,没有缺点也没有过错而受到了批评,要预防不要再犯同类的错误就行了,盲从和顶撞都不好。没有缺点也没有过错而受到了批评,今后行动要引起警惕,不要把别人的批评总是记在心里。

唐太宗就是这样对待批评的。他称帝后居安思危,任用贤良,励精图治,缔造了我国封建社会持续近三十年的太平盛世"贞观之治"。唐太宗认为:"兼听则明,偏信则暗",所以鼓励臣下进谏,扩大谏官职权,凡诏令不妥须当奏明,不得阿从。

太宗时常以隋朝覆没教训作为警示,提醒自己知危而安,知乱而治,知亡而存。有一次,他对大臣们说:"人要看到自己的形象得照镜子,皇帝要想知道自己的过失得靠忠臣。如果皇帝拒绝群臣进谏而且自以为是,群臣用阿谀奉承的办法顺着皇帝的心意,皇帝就会失去国家,群臣也不能自保。像虞世基等为了保住自己的富贵用谄媚的办法侍奉隋炀帝,隋炀帝被杀,虞世基等也被杀了。你们应该记住这个教训,我做的事情当与不当,你们一定要说出来。"特别是对待喜欢直谏的魏征,更体现了唐太宗善纳忠言的勇气。虽然魏征原是太子李建成的僚属,但唐太宗却不计前嫌,任他为谏官,允许直接询问政事得失,而且爱护备至。

魏征曾上疏数十,太宗均虚心纳谏、择善而从。后来魏征死了,他伤心地说:"人以铜为镜,可以正衣冠;以古为镜,可以见兴替;以人为镜,可以知得失。魏征没,朕亡一镜矣。"

虽然批评意见有时"带刺",令人难以接受,但它含有品评、判断、指出好坏,带有激励、教导、鞭策的愿望,以期通过批评促进人反思、克服和改正错误的思想行为,有利于克服个人认识的片面性,起着积极的作用。因此,我们不但要感恩批评,还要重视自我批评。

5.留三分余地给别人,留些余德给自己

恰如古训所云:"知人不必言尽,留三分余地与人,留些口德与己;责人不必苛尽,留三分余地与人,留些肚量与己;才能不必傲尽,留三分余地与人,留些内涵与己;锋芒不必露尽,留三分余地与人,留些深敛与己;有功不必邀尽,留三分余地与人,留些谦让与己;得理不必抢尽,留三分余地与人,留些宽和与己;得宠不必恃尽,留三分余地与人,留些后路与己;气势不必倚尽,留三分余地与人,留些厚道与己;富贵不必享尽,留三分余地与人,留些福泽与己;凡事不可做尽,留三分余地与人,留些余德与己。"

战国时期,楚庄王赏赐群臣一起共欢饮酒,由他的宠姬在旁作陪。日暮时分正当酒喝酣畅之际,灯烛被风吹灭了。这时有一个人因垂涎于楚庄王宠姬的美貌,加之饮酒过多,难于自控,便乘烛火熄灭之机,抓住了宠姬的衣袖。

宠姬一惊,奋力地挣脱,并顺势扯断了那个人头上的系缨,私下还对楚庄王说一定要查明此事,严惩此人。楚庄王听后沉思片刻,心想:"赏赐大家喝酒,让他们喝酒而失礼,这是我的过错,怎么能为女人的贞节辱没将军呢?"于是他命令左右的人说:"今天大家和我一起喝酒,如果不扯断系缨,说明他没有尽欢。"于是群臣们都扯断了自己帽子上的系缨,待掌灯以后,大家继续热情高涨地饮酒,一直饮到尽欢而散。

过了三年,楚国和晋国开始打仗,那个时候有一个臣子常常是冲在最前边,带领着军队一次一次地打退敌人,最后取得了胜利。庄王感到惊奇,忍不住问他:"我平时对你并没有特别的恩惠,你打仗时为何这样卖力呢?"他回答说:"我就是那天夜里被扯断了帽子上缨带的人。"正因为楚庄王给臣子留了余地,才换来了下属的忠心耿耿,这就是留余地的精妙之处。

留余地的意思就是不把事情做绝,不把事情做到极点,于情不偏激,于理不过头。在现代职场上,给别人留有余地,也就等于给自己留了余地。物极必反,否极泰来。

做人行不可至极处,至极则无路可走,言不可称绝对,称绝对则无理可言。我国古代就有"处世须留余地,责善切戒尽言"的说法。人在职场中,千万不要让所有的事情发展到极端的情况,在做事的过程中要充分的认识到各种可能性,以便有足够的条件和回旋的余地,主动采取积极的应付措施。

在和人交谈时一定要注意,说话要留有余地。在交谈中,若有需要赞美对方时,应措辞得当,注意分寸,赞美的目的在于使对方感到你真的对他(她)心存钦佩,用空洞不切实际的溢美之词,反会使对方感到你缺乏诚意。就好比一名公关人员热情友好地接待了一位客人之后,得到了"你的接待真令人愉快,你的热情给我留下了深刻印象"的一些评价,显然比"你是一位全世界最热情的人"的赞誉会入耳得多。所以,即使是人们普遍乐意听的称赞也要适度,过分地讨好、谄媚则近于肉麻。特别是对上级领导,在社交场合更不宜毕恭毕敬地说些奉承话。对于那些晚辈或地位比较低的一些人,我们也不要用轻视、冷淡的口吻和他们说话。

在我们的现实生活中,很难做到不求人,但是也很难不被人求。所以无论什么时候求别人办事,答应为别人办事,还是拒绝他人,都要注意把话说得留有余地。此外,表扬人、批评人、调解事端、解决冲突、应付尴尬局面、调息不满情绪,乃至布置任务、汇报工作等,都应当留有余地。唯有留有余地,方能进退自如。

弹琴唱歌,余音绕梁;赠人玫瑰,手留余香。流水有回旋的余地,才会减少灾难;江河有涨落的余地,才不至泛滥成灾。

留有余地,才能做到均衡、对称、和谐。留有余地,才能做到进退从容,屈伸任意。

6.越是自由,越是要学会自我约束

孔子曾经说过:君子慎独,即真正的君子,要在没有他人监督的情况下,严格地约束自己,不能做出背离礼法及伦常的事来。

人们在独处的时候,更应当学会自持和自制。今天,人们有了越来越大、越多的自由,有了更多的机会和表现自己的空间。也正是在这种情况下,自持和自制便显得尤为重要。

如果我们要明确规定什么是自持和自制,那么,也就是自己给自己立法,并以此来约束自己,提高自己的自持力与自制力。

古代人之所以要讲究"慎独",是因为在很多时候,人们往往都是被一些客观的因素和伦理法则所被动地约束。而能在独自一人、无他人在场监督时也自觉地遵守严格的律条,所要求的也就是不仅在公共场合,而且在独处时都能够服从某种伦理观念和法律规范,也更是一种对自我立法的服从，是一种自己对自己的规定。对这种自我立法的服从程度，反映了一个人自制力的大小。

曾国藩说："故能慎独，则内省不疚，可以对天地，质鬼神，断无行有不慊于心则馁之时，人无一内愧之事，则天君泰然，此心常快足宽平，是人生第一自强之道，第一寻乐之方，守身之先务也。"

不可否认，人的本性是趋利避害，然而人的行为却必须框定在符合仁德礼义的规范之中。一个以仁德品性作为人生修养基础的人，在其人生行为过程中，就应坚守自己的德性操练，诚其意者，只有道德品性修养差的人，才会自欺欺人，闲居时才做不道德的事。对于一个道德品性修养高的人来说，有人无人都一样，因为他会始终不断地克制自己的欲望，以至于不做出任何一点违反道德的事。

在孔子的理想人格塑造中，自知、自爱是君子所应具备的基本素质。自知就是知道自己的不足，自爱就是爱护自己的仁德，在人生行为实践中，就外化为慎独。君子自知不足而不骄不躁，君子自爱其身而谨小慎微。君子慎独，就能见仁德于细微之处，制恶欲于无人之境。君子慎独就要做到"勿以恶小而为之，勿以善小而不为"。

儒学强调"君子慎其独"就是要求人们在其人生行为修养过程中要自我磨炼功夫，认识到加强人生自我修养的重要性。人生行为实践的一切得与失、功与过、善与恶、好与坏全在自己。

儒学要使人明白的就是："君子之自行也，敬人而不必见敬，爱人而不必见爱。敬爱人者，己也；见敬爱者，人也。君子必在己者，不必在人者也。"

一个道德品性高尚的人的自我行为修养，应在于尊敬他人而不必要求他人的尊敬，亲爱他人而不必非得被他人所爱。尊敬、亲爱他人，是自己的事；被人尊敬、亲爱，是他人的事。要成为一个有高尚道德品性的人只有靠自己的努力，而不依赖于他人，也不显见于他人。正因为人生行为修养是自己的事业，所以，君子慎独便具有完善一个人全部品性的意义。

《中庸》说："君子之所不可及者，其唯人之所不见乎！《诗》云：'相在尔室,尚不愧于屋漏。'君子慎独。"一个具有高尚道德品质的人,就是在别人看不见的时候,也不去做不道德的事。如《诗经》所说:"相互同处在别人的房间里,君子也不会因为房屋破漏而常常感到惭愧。心中无杂念,方能慎重地以德性规范来约束自己的行为。"一个人只要心中无愧,心怀赤诚,无论身在何处,都无须顾及周围的环境状况。只有心怀私欲的人,才总去担心别人发现自己的不善行为,故而顾虑重重,忧心忡忡。

君子慎独的核心,在于人生行为修养中,坚定自己的内心信念与良心尺度,注重自己道德意识约束力的增强。因此在儒家学者们看来,慎独之道,重在养心,使人心能知善知恶。同时见于言行,使言行始终恪守在善道之中。

东汉时期,官司至侍御史的雷义,曾经把一个人从死罪中解救出来。这个人后来用二斤黄金感谢雷义的救命之恩,雷义坚决拒收。他就趁雷义不在时,悄悄把二斤黄金投入在雷义家的天花板上。多年以后,雷义修理房子时才发现,这时送黄金的人已经死了,这事自然无人知晓,但当雷义无法将黄金归还送他的人时,雷义就毅然将黄金交给了当地官府。

这种高风亮节之举,是难能可贵的。一个人的优秀品质的形成,全在于自己修炼的功夫与自己人生行为修养的实践。

美国著名的科学家、政治家和作家富兰克林在青年时代就为自己订立了十几条规则,其中包括节制,即食不过饱、饮酒不醉、沉默寡言、俭朴等。显然,当我们有了这样一种对自己的约束,并且能够始终如一地去遵守,是对自身修养的一种修炼。

在人生中,一个人如果能真正做到无论在何时何地,都能一律用符合一定社会的道德规范来自觉地严格约束自己,这个人就必能自觉地把他人的行为作为自己的人生行为的借鉴,就能注重扬善避恶,就能始终守身如玉、洁身自好、身正而令行、言行一致。

7.不患得患失，才能真正有所得

也许一个人可以做到虚怀若谷、大智若愚，但若事事吃亏，总会觉得自己在遭受损失，渐渐地就会心理不平衡，于是就会计较自己的得失，再也不肯忍气吞声地吃亏，一定要分辨个明明白白，结果朋友之间，同事之间是非不断，自己也惹得一身闲气，而所想到的也没有得到，这是失得多还是得的多呢？

春秋战国时期的宓子贱，是孔子的弟子，鲁国人。有一次齐国进攻鲁国，战火迅速向鲁国单父地区推进，而此时宓子贱正在做单父宰。当时也正值麦收季节，大片的麦子已经成熟了，不久就能够收割入库了，可是战争一来，这眼看到手的粮食就会让齐国抢走。当地一些父老向宓子贱提出建议，说："麦子马上就熟了，应该赶在齐国军队到来之前，让咱们这里的老百姓去抢收，不管是谁种的，谁抢收了就归谁所有，肥水不流外人田。"另一个也认为："是啊，这样把粮食打下来，可以增加我们鲁国的粮食，而齐国的军队也抢不走麦子作军粮，他们没有粮食，自然也坚持不了多久。"尽管乡中父老再三请求，宓子贱仍然坚决不同意这种做法。过了一些日子，齐军一来，把单父地区的小麦一抢而空。

为了这件事，许多父老埋怨宓子贱，鲁国的大贵族季孙氏也非常愤怒，派使臣来找宓子贱兴师问罪。宓子贱说："今天没有麦子，明年我们可以再种。如果官府这次发布告令，让人们去抢收麦子，那些不种麦子的人则可能不劳而获，得到不少好处，单父的百姓也许能抢回来一些麦子，但是那些趁火打劫的人以后便会年年期盼故国的入侵，民风也会变得越来越坏，不是吗？其实单父一年的小麦产量，对于鲁国的强弱影响微乎其微，鲁国不会因为得到单父的麦子就强大起来，也不会因为失去单父这一年的小麦而衰弱下去。但是如果让单父的老百姓，以至于鲁国的老百姓都存了这种借敌国入侵而获取意外财物的心理,这是危害我们鲁国的大敌,这种侥幸获利的心理难以整治,那才是我们几代人的大损失呀!"

宓子贱自有他的得失观,他之所以拒绝父老的劝谏,让入侵鲁国的齐军抢走了麦子,是认为失掉的是有形的、有限的那一点点粮食,而让民众存有侥幸得财得利的心理才是无形的、无限的、长久的损失。得与失应该如何舍取,宓子贱作出了正确的选择。要忍一时的失,才能有长久的得,要能忍小失,才能有大的收获。

中国历史上很多先哲都明白得失之间的关系,他们看重的是自身的修养,而非一时一事的得与失。春秋战国时期的子文,担任楚国的令尹。这个人三次做官,任令尹之职,却从不喜形于色,三次被免职,也怒不形于色。这是因为他心里平静,认为得失和他没有关系了。子文心胸宽广,明白争一时得失毫无用处。该失的,争也不一定能够得到,越得不到,心理越不平衡,对自己毫无益处,不如不去计较这一点点损失。

患得患失的人是把个人的得失看得过重。其实人生百年,贪欲再多,官位权势再大,钱财再多,也一样是生不带来死不带走,处心积虑、挖空心思地巧取豪夺,会使一个人变得心胸狭隘,斤斤计较,目光短浅。而一旦将个人利益的得失置于脑后,便能够轻松对待身边所发生的事,遇事从大局着眼,从长远利益考虑问题。

南朝梁人张,12岁时就能做文章,天监年间,担任司徒的职务。他喜欢喝酒,在新安的时候,他曾派家中的仆人运3000石米回家,等运到家里,米已经耗去了大半。张率问其原因,仆人们回答说:"米被老鼠和鸟雀损耗掉了。"张率笑着说:"好大的鼠雀!"后来始终不再追究。张率不把财产的损失放在心上,是他的为人有气度,同时也看出来他的作风。粮食不可能被鼠雀吞掉那么多,只能是仆人所为,但追究起来,主仆之间关系僵化,粮食还能收得回来吗?粮食已难收回,又造成主仆关系的恶化,这不是失得更多、更大吗?

同样,唐朝柳公权在唐文宗时任翰林学士。他家里的东西总是被奴婢们偷走,他曾经收藏了一筐银杯,虽然筐子外面的印封依然如故,可其中的杯子却不见了,那些奴婢反而说不知道。柳公权笑着说:"银杯都化成油了。"便从此不再追问。

《老子》中说:"祸往往与福同在,福中往往就潜伏着祸。"得到了不一定就是好事,失去了也不见得是件坏事。正确地看待个人的得失,不患得患失,才能真正有所得。人不应该为表面的得到而沾沾自喜,认识人,认识事物,都应该是认识根本。得也应得到真的东西,不要为虚假的东西所迷惑。失去固然可惜,但也要看失去的是什么,如果是自身的缺点、问题,那么这样的失又有什么值得惋惜的呢?

8.匹夫之勇是一种盲动冒进,英雄之忍是一种战术迂回

办事要量力而行,对于自己做不到的事,要说明情况,不要勉为其难。乱逞英雄、匹夫之勇都是修为不够的行为,这样做和一个没有理智的莽夫没有区别。

匹夫之勇这个成语,最早出现在《孟子》一书中。"匹夫"这个词,在中国古代社会中专指普通平民男子,而匹夫之勇这个成语带有贬义的色彩,意思是逞强斗狠、不计后果地蛮干。据《孟子·梁惠王下》记载,有一次齐宣王对孟子说:"我有个毛病就是喜欢'勇'。"孟子听了这话后心想:"人君不可无勇。""勇"并不是坏毛病,问题在于如何正确地看待"勇",于是便回答说:"勇,有小勇、大勇之别,希望大王不要好小勇,而要养大勇。"

那么,什么是小勇,什么是大勇呢?孟子说,像一个人手握利剑,瞪大眼睛,高声吼道:"谁敢抵挡我!"这就是匹夫之勇,是只能对付一人的小勇。而当国家面临强敌和霸权时,像周文王周武王那样敢于一怒而率众奋起抵抗,救民于水火之中,所谓"文王一怒而安天下之民",这就是大勇。

第三章
有一种处世叫隐忍——放下身架,把事做成

从孟子的这段话中可以看出,匹夫之勇,是无原则的冲动,是只凭拳头和武力的血气之勇。而大勇则是孔子所说的义理之勇,也就是基于正义的勇敢;只要正义存于我方,对方即使有千军万马,也会勇往直前,大义凛然,无所畏惧。

北宋著名文学家苏轼,在他的《留侯论》一文中,进一步发挥了孟子的这个观点。文中写道:"匹夫见辱,拔剑而起,挺身而斗,此不足为勇也。天下有大勇者,卒然临之而不惊,无故加之而不怒。此其所挟持者甚大,而其志甚远也。"

这段话的意思是说,在面临侮辱和冒犯时,一般人往往会一怒之下,便拔剑相斗,这其实谈不上是勇敢。真正勇敢的人,在突然面临侵犯时,总是镇定不惊。而且即使是遇到无端的侮辱,也能够控制自己的愤怒,这是因为他的胸怀博大,修养深厚。

匹夫之勇,既是血气之勇,表现出来的就是无容人之量,易怒。易怒,也容易造成不良后果。

怒,对于同学、同事、朋友来说,是割断友谊纽带的利刃;对家庭亲人来说,是毒化亲情血缘的砒霜。

怒,对于手握军政大权的官员来说,往往是"小不忍则乱大谋",甚至有时就意味着战争和动乱。

春秋时,越王勾践被吴王夫差打败,在吴国囚禁三年,受尽了耻辱。回国后,他决心自励图强,立志复国。

十年过去了,越国国富民强,兵马强壮,将士们又一次向勾践来请战:"君王,越国的四方民众,敬爱您就像敬爱自己的父母一样。现在,儿子要替父母报仇,臣子要替君主报仇。请您再下命令,与吴国决一死战。"

勾践答应了将士们的请战要求,把军士们召集在一起,说:"我听说古代的贤君不为士兵少而忧愁,只是忧愁士兵们缺乏自强的精神。我不希望你们不用智谋,单凭个人的勇敢,而希望你们步调一致,同进同退。前进的时候要想到会得到奖赏,后退的时候要想到会受到处罚。这样,就会得到应有的赏赐。进不听令,退不知耻,会受到应有的惩罚。"

到了出征的时候,越国的人都互相勉励。大家都说,这样的国君,谁能不为他效劳呢?由于全体将士斗志十分高涨,终于打败了吴王夫差,灭掉了吴国。

我们知道,项羽虽然是一个失败的英雄,但是司马迁却称赞他说:"当年秦国政治腐败,百姓纷纷起来反抗,项羽在陈涉这个地方领军对抗,前后只花了三年时间,就把秦国灭掉,然后将得来的天下分封给各王侯贵族,成为称雄一方的霸主,虽然最后他失去了霸主的地位,但是他的功绩伟业,近古以来却没有人能做到。"

而刘邦做了皇帝以后,在洛阳宫摆设筵席宴请群臣的时候说:"我之所以能成功,顺利取得天下,是因为能够知道每个人的特长,并且也懂得如何让他发挥长处。"然后他问韩信对自己的看法。韩信回答说:"大王您很清楚自己各方面的才能与长处,因此您其实心里明白,说到机智与才华,其实是不如项王。不过我曾经当过他的部下一段时间,对于他的性情、作风、才能,了解得比较清楚。项王虽然勇猛善战,一人可以压倒几千人,但是却不知道如何用人,因此一些优秀杰出的贤臣良将虽然在他手下,可惜都没能好好发挥各自的专长。所以项王虽然很勇猛,却只是匹夫之勇,做事不懂得深谋远虑、三思而行。而大王任用贤人勇将,把天下分封给有功劳的将士,使人人心悦诚服,所以天下终将成为大王您的。"

所以,无论做什么事,都不要逞匹夫之勇,也只有这样才能更好地保护自己。革命导师列宁在上班途中碰到劫匪,不假思索地便把钱交给了匪徒,全身而走。伟人们遇到"屋檐",还知道暂时低头,我们这些俗人何必为逞匹夫之勇而遭罪呢?

水往低处流,那是一种迂回和策略,正因为水肯于在大山的阻隔下改道,最终才会赢得"青山遮不住,毕竟东流去"的胜利。先发制人固然快意,后发制人则更加有力。"小不忍则乱大谋",为了大谋,就要忍得眼前的羞辱,"留得青山在,不怕没柴烧"。

看过电视剧《汉武大帝》的人都知道,匈奴之患一直是古代中国的梦魇。西汉初期国弱民贫,面对匈奴步步进逼和挑衅,只能暂且忍气吞声,以和亲等安抚政策与之周旋,同时加紧富国强兵,直到汉武帝时期,西汉王朝的强盛已是如日中天,终于到了出兵时机,卫青、霍去病率大军穿草原、跨沙漠,万里征战十余年,将匈奴剿杀得元气尽丧,至此,匈奴之患基本从中国历史上消失。如果汉初就与匈奴硬拼,恐怕被灭掉的不是匈奴而是大汉了。

匹夫之勇是一种盲动冒进,英雄之忍是一种战术迂回。避其锋芒,韬光养晦,才能积蓄力量,把握战机,后发制人。英雄之忍可以铸成大事,匹夫之勇只可以贻笑大方。面对无端的责难,面对百般的嘲讽,面对不平的待遇,面对一切我们难以忍受的苦楚,发扬流水不争先之隐忍精神,多一些理智,少一些鲁莽,走好人生的每一步,走稳人生的每一招,步步为营,招招制胜!

9.谎言只要说得恰当,一样可以为你增分

谎言在今天已经不再是单纯的贬义词了,只要说得恰当,一样可以为你增分。

说谎会不会遭人白眼,要看你的理由能不能令人听得舒服。从某种程度上讲,谎言和理由密不可分,就如同论点和论据。谎言也是一种必要的社交手段,只要你能找到佐证谎言的理由。

举个例子。某天,办公室里的小柳请你下班后顺便从你家附近的商场里帮她捎橄榄霜。可是偏偏那天你因为家里有事给忘掉了,但那又是小柳千叮万嘱交代的事情,你不好意思说"忘记了",于是第二天就跟她扯谎说"你要的橄榄霜卖光了"。

小柳会说"没关系"。只是,在心里头,她大概不会相信真的这么巧。如

果你不懂得如何把她心里的疙瘩解开，那么，从此后，办公室里，便多了一个对你持保留意见的同事。

这时候你该怎么办呢？不用承认错误，只需要在原有谎言的基础上稍加重复即可。

你对小柳扯谎，从她的眼神里，你也能看出来她意识到了你在扯谎。这种情况下，切记，不可再多说什么了。因为这不是好时机，要有耐性，等过一两周之后，再想法子找话题牵出上次的事件。可以这样对小柳说："我们家附近那家商场这个月一直在搞促销，什么东西都疯抢，就上次你让我帮你带的橄榄霜，早给抢空了，其实折扣力度也不算太大，可现在的人购物心理太盲目了！"

不要专门针对这个话题，要在似是而非间略带引出来，相信，经过了这一次的描补，小柳不仅不会对你再有成见，相反，还会对你的好感加分。

扯谎，也是个连续性的工作，今天，你扯一个谎，不要指望别人会信，过一段时间后再温习一遍，只要你的技术不过分低劣，别人十有八九会信。

人始终有这样的心理：负面的东西，不敢时常拿出来讲，敢时常拿出来讲的，都是光明磊落的。

最基本的：赞美要出其不意

夸一个人，要讲究技巧。若能把一件事夸得出人意料又在情理之中，这就算是最高超的恭维了。

夸赞一个女人，是有技巧的。女人不爱条件好的异性，女人都爱会夸赞她的异性。这说明：女人可以不信命，但女人都信夸。

多年来，人们常说这样一句话："对一个刚穿了新衣的女人，不能夸她衣服漂亮，要夸她人漂亮。"这仅仅只是相对的真理。正确的做法应该是：美女穿了新裙子，要夸她衣服美。因为美女本来就对自己的容貌有自信，夸的人太多，不需你再锦上添花，只需要你用赞美之词稍事点缀下她的品位即可。而丑女穿了新裙子，则要夸她人美。因为丑女对自己的容貌缺乏信心，穿新衣就是为了让自己的相貌加分，丑女最爱的永远是别人对

第三章
有一种处世叫隐忍——放下身架,把事做成

她相貌上的肯定。

最完美的赞美,要出其不意,唯有出其不意,才能出奇制胜。

赞美一个女人身上原本就广为人知的大众优点,对她而言,无足轻重。但发现一个女人身上那些鲜为人知的小众优势,对她而言,则是一份惊喜的重视。就比如,面对一位大眼美女,要夸她柔润的红唇。也许她的嘴唇真的美不过眼睛,但你的夸赞会令她眼前一亮,从而对你记忆犹新。

假如你善于发现美,能从她身上找到连她本人也未找到的亮点,那绝对可以获得她的好感。

所以,要让女人喜欢上一个人,就要让她时时处在惊喜的包围中,让她感觉下一秒永远不可预知,才会真的对你记忆犹新。

最常见的:有些谎言,识破但可不点破

某种程度上来说,一部分人的习惯性撒谎可能正是从保护性隐瞒开始。只不过,习惯性撒谎是保护性隐瞒发展的更高级别,久而久之,在自己也没有意识到的时候,就成了下意识反应。其实如果仔细辨别,生活周围都是这样细小的,可能并非需要达到什么目的的习惯性谎言。

拥挤的地铁上,常常会有人对着手机:"我坐地铁马上到了,现在已经到徐家汇了。"可是说话人当时还没到常熟路。地铁准时有效,一般情况下不存在时间不可控因素,常熟路到徐家汇不过两站路,完全可以回答"再要5分钟就到徐家汇了"。说话人声音虽然不算响,但也足以让半径3米之内的人听见。这样一个当着这么多人的面的小谎,他并未觉得有什么不妥,周围的人也完全没有因为这个与己无关的谎言有任何异样。

走在大街上,身边时不时有人对着手机大吼大叫地穿梭而过。就在上海最标志性的淮海路,身边忽然一个声音飞入耳膜:"我现在在成都!"理直气壮。在浦东陆家嘴的一个会所更衣室里,一个浙江人对着手机大声解释着:"我在浦西,至少要两个小时才能到浦东。"并且由于手机信号不佳,他不得不喊叫着重复六遍谎话。办公室更是这样小谎言的滋生之地。"我的上司,一个女科长,可以一边拿着电话以心力交瘁的语气和对方形容自己'忙啊,实在忙死了,一刻不停',同时一边右手飞快地点鼠标,打祖玛。"一个职业白领对我细数身边的细小谎言。

心理专家分析指出,习惯性说谎并不是心理疾病,只是人们潜意识里自我保护的一种行为而已,不必要有太多的心理负担。说谎是一种人类最普遍的行为,其目的是使某人免受损失或伤害,又或者能更多地得到一些物质或非物质上的财富而产生的行为。

通常人们因为某些事受到过伤害或损失时,下次再遇到类似的事就会进行掩饰,从而制造一些谎言——这也是最常见的撒谎原因。

而当这类谎言遇到被质疑的可能时,人们又会制造一些"不存在"或"有差异"的"事件"来支撑这类谎言,就是人们常说的"一个谎话需要一百个谎话来掩饰"。

所以,当遇到问题时,不要回避,要去主动解决,要告诉自己,谎言总是会被拆穿的,那样对你的伤害或损失更大,这样,可能会将你习惯性说谎话的习惯改掉——至少会逐步缓解。

10.藏与露的转换——在知己知彼的情况下,获得竞争中的主动权

如果你过早地卷入竞争,就会过早地暴露了自己的实力,也同时显出了自己的缺陷,以至于在竞争中往往处于不利的被动境地。

在一般的情况下,人们在竞争初期总是十分谨慎地保护自己,尽可能地做到不露声色。这样,就可以在知己知彼的情况下,获得竞争中的主动权。

林肯年轻的时候,在家乡当一名律师。

有一次,因为一个重要的案件,林肯来到芝加哥。在芝加哥,那些年长有名的律师,都一致认为同一个外来的后生律师在一起合作,将有损尊严。

第三章

/ 有一种处世叫隐忍——放下身架,把事做成 /

于是,他们将林肯抛在一边,无论去什么地方都不请他一同前往,更不和他一块吃饭。林肯受到了冷遇,几乎无人问津。

林肯怎样面对这种情形呢?是否针锋相对来一番理直气壮的争论呢?不,他根本没有。林肯说:"我到芝加哥才晓得自己所懂的是多么的浅薄,而我要学习的又多么的多。"

林肯用行动来促进自己改进,后来他升到了很高的地位,那些轻视他的人还是一无长进。他成了举世公认的美国最伟大的总统之一,那些律师还在为生计奔波。林肯用行动证明了自己的价值,这比任何言语都掷地有声,并且具有最重的分量和最强的说服力。

弱者的生存空间,往往比强者更广阔也更有弹性。所以,我们有必要跟那些古今中外的韬晦高手们学习一下,争取让自己不论处在人生的哪个阶段,都不至于无故翻船。

三国时,河东的卫固、范先很有实权。河东太守王邑被调走后,卫固、范先就以请王邑回河东为名,与并州高干暗中往来,欲举兵反叛曹操。

曹操便委任杜畿为河东太守,前去执政。

杜畿上路了,但未等他到河东境界,卫固等人便已得到消息,并派几千人守住关口,不让杜畿入境。有人对杜畿说:"应带大兵前来征讨。"但杜畿却另有考虑。

他说:"河东有3万百姓,并非都是叛乱之人。如果以大军进攻,高压之下原来一心向善之人也会因为恐惧而听从卫固。卫固控制了百姓,必然拼命死战。在这种情况下进攻征讨,如果不能取胜,则会引起附近各地的叛乱,天下便永无宁日;如能侥幸获胜,也会对河东之民杀戮甚多,同样不是什么好事。现在,卫固等人并没有公开叛乱,他既然以请回王邑为名,对曹操派去的新官暂时必然不敢加害。卫固虽然足智多谋,但优柔寡断。如果我单身前往,出其不意,他必然假意接受我为太守。我到了河东,只要有1个月的时间,设法算计他就已足够了。"

杜畿于是秘密绕道,渡河进入了河东境内。

杜畿到任后，范先想要杀杜畿立威。为了观察杜畿的内心去向，便先杀了主簿以下30多人，而杜畿不为所动，举动自如。

卫固于是说："杀了他没有什么好处，只会给我们招来滥杀的恶名，而且他已经被我们所控制，不如就留下他来做太守吧。"

这样，正如杜畿所预料的那样，被卫范等人奉为太守，暂时没有了性命之忧。

被保性命后，杜畿开始设计了。他对卫固、范先等人说："你们是河东的希望所在，我只有仰仗你们才能办成大事，所以，以后如有什么事情大家一起商量、出谋划策。"于是任卫固为都督，处理一般行政事务，范先则率领士兵，共有3000多人。卫固等人心中高兴至极，表面上侍奉杜畿，心里却认为杜畿没什么了不起，不以为意，于是放松了对他的防范。

后来，卫固要公开起兵反叛了，杜畿心中非常担心。便劝卫固说："要想做成大事，首先是应该不让老百姓心乱。你现在要起兵，老百姓担心你要征兵役，必然民心大乱。所以，不如现在用钱招兵买马，等兵马足够了，再起兵不迟。"

卫固不知杜畿的真意，还认为他说的很对，便依计而行。这一迁延，几十天过去了。而卫固的部将们贪婪财物，私吞了招兵买马的钱。因而，卫固钱花了不少，但招来的兵却不多。

后来，杜畿又假作好意对卫固说："每个人都恋家，诸位将军兵士久在外地，恋家之心必然更大。现在郡中无事，可以让他们轮流回家探亲休息，有事再召回来就行了。"

卫固思量一番也是，于是便又听从了杜畿的意见。这时，杜畿暗中联络知己，私下准备。结果，杜畿的朋友们已散至各地，等待时机；而卫固的心腹们却都回家安乐，被离散了。

这时，反叛的高干攻入护泽，白骑进攻东垣、上党诸县，弘农郡也都发生叛乱，卫固认为时机已到，便召集家中的将士起兵反叛，但却没有多少人回来。

第三章
有一种处世叫隐忍——放下身架,把事做成

杜畿看到各县已经归附了自己,民心已定,便率领几十人离开郡府,至张县据守。吏民多拥城自守,以助杜畿。在几十天内,杜畿便得到了4000多人的兵马。

高干、卫固等人合兵围攻杜畿。但由于杜畿得民心,他们终于没能攻下张县。后来,曹操的大兵到了,高干败走,卫固被杀,河东郡轻易地便平定了下来。

相对于掌有实权的卫固、范先,由于杜畿初上任,没有实权,因此,他只有采取退让、隐忍的办法,然而,他却在有计划地一步一步实践着自己的计谋。他让卫固等人松于防懈、减少顾虑,等待时机,终于完成了镇抚河东的使命。

藏而不露的根本目的,不是让你藏,而是你必须看准时机,在该露的时候毫不犹豫,立刻脱颖而出。当然,在藏的时候,并非被动地四处躲藏而是藏中有露、时而藏时而露,神龙见首不见尾,这样才能保证只要时机一到,你才能一出必成。

1808年秋,拿破仑决定邀请亚历山大在埃尔富特举行第二次会晤。这次会晤,是拿破仑为了避免两线作战,以法俄两国的伟大友谊来威慑奥地利。消息传到俄国宫廷,激起一片抗议声。但亚历山大却认为,目前俄国的力量还不够强大,必须伪装同意拿破仑的建议,应该造成联盟的假象以麻痹之,我们要争取时间妥善做好准备,时机一到,就从容不迫地促使拿破仑垮台。

来到埃尔富特后,亚历山大恭言卑词,在两个星期的会晤中,与拿破仑形影不离。有一次看戏,当女演员念伏尔泰《俄狄浦斯》剧中的一句台词:"和大人物结交,真是上帝恩赐的幸福"时,亚历山大居然装模作样地说:"我在此每天都深深感到这一点。"

又一次,亚历山大有意去解腰间的佩剑,发现自己忘了佩带,而拿破仑则把自己刚刚解下的宝剑,赐赠给亚历山大,亚历山大装作很感动,热泪盈眶地说:"我把它视作您的友好象征予以接受,陛下可以相信,我将永不举剑反对您。"

1812年，俄法之间的利益冲突已经十分尖锐，这时亚历山大认为俄国已积蓄好力量，于是借故挑起战争，并且一举打败了拿破仑。

事后亚历山大总结经验时说："波拿巴认为我不过是个傻瓜，可是谁笑到最后，谁才是胜利者。"

亚历山大以一国之尊，在对手面前几近卑躬屈膝，这个弯儿不是一般人能转过来的。他之所以能做得极为到位，是因为心存一种"笑到最后"的念头。

我们的人生，不可能总是处于顺境，每一个愿意向上攀越的人，不要光想着自己的感受，还要看到比这更重要的东西，比如事业、职责、使命等。有了这种思想，对隐忍就有了控制力，即使受到刺激，也不至于脸红心跳，甚至可以不急不恼，照样与对手周旋。

第四章

有一个职场叫隐忍

——总把自己当最聪明的人，一定是跑龙套的命

隐忍，可以说是职场人常用的处世之道，在职场上，总把自己当最聪明的人，一定是跑龙套的命。真正聪明的高手，是大智若愚的，该精明时精明，不该精明时装傻。

1. 出色的精英未必能得到上司的青睐，有许多空白需要填补的员工反而会赢得更多的机会

杨超在某IT企业工作了10年，在公司面临金融危机冲击的时候，杨超隐约听说有一次裁员风波，他思前想后，决定"先发制人"，于是他大显身手，一鼓作气地写了很多策划案，推出了很多新的活动，公司里人人都看到他忙得不可开交，可是后来，他却被老板委婉地"劝退"了——理由是经济危机时期，公司要节源开流。"你这样出色的人，我相信到哪里都会被重用的。"老板的话让杨超哑巴吃黄莲，有苦说不出。

程立，在一家私人公司工作了8年，觉得公司的制度越来越混乱，上司任人唯亲，他几次向上面反映都不见效果，于是决定跳槽到大型企业去求发展。在面试的时候，对方的HR问他为什么离开原来的公司，他实情相告，结果对方的HR认为程立过于个人主义，过于强势，于是没有录用他。

孙璐，在某杂志社工作了10年，杂志社主编和她同是单亲妈妈，一来二去两个女人距离越走越近，孙璐总觉得大家都是女人，都不容易，渐渐地把上司当成好姐妹看待，还热心地给上司参考身边的追求者等，最近却感觉上司离她越来越远，约她吃饭逛街都被拒绝了，不仅如此，自己的策划案还屡次遭到了否决。

这是三个不懂"隐忍术"的典型例子。

第一个例子告诉我们：被"裁"掉的是大都不是人们想象中的那些平庸的员工，而是那种表现得"非常出色"，甚至公司里很多人都唯他"马首是瞻"的人——唯恐不能精明到极点，这才是真正的愚蠢。

第二个例子告诉我们：职场根本没有"真正"的公平可言，这是"最基本"的游戏规则，不懂的人就得出局。

第三个例子告诉我们：把上司当朋友是职场最危险的雷区——尤其对

第四章
有一个职场叫隐忍——总把自己当最聪明的人,一定是跑龙套的命

于女人而言。

你一定知道水泊梁山的晁盖,他名义上是第一把交椅,但是却远不如二把手宋江在兄弟们心中的地位——这样的"老大"心里能乐意吗?

在此,想告诉职场精英们一个道理:有时候在上司面前装傻充愣才是真正的聪明。

知道了这个道理,我们就明白了办公室斗争的险恶——出色的精英未必能得到上司的青睐,而本身还有许多空白需要填补的员工反而会赢得更多的机会。

这不是让你消极怠工,而是告诉80后一条职场最基本的攻心术——你千万别让人觉得你是"今天最好"的那一个,因为"今天最好"就意味着被打入了"瓶颈时期"——老板看不到你的潜能,那么,不请你走路请谁?所以,一定要给人一种"明天会更好"的感觉!

那么,怎么给人造成"明天会更好"的印象呢?

首先,要对上司忠心。

人有旦夕祸福,哪个上司也不希望下属在自己落难的时候做出"墙倒众人推"的事来,因而,如果你认为现任上司还不错,那么就不要"朝秦暮楚"。最起码,不要随便发泄对上司的不满,一传十,十传百,说不准就传到了上司的耳朵里。

其次,千万不要让上司觉得你对他而言是一种危险的存在——成为上司升迁路上的绊脚石。

也许你会觉得很冤枉,我只是展示了我自己的才华,我内心并无要取代上司的意思,为什么上司这么没有安全感呢?

要回答这个问题,我先来问你一个问题,为什么开国皇帝都喜欢杀大臣?

纵观中国古代帝王,似乎每一个开国皇帝都喜欢在高坐龙椅后大开杀戒,将那些有功之臣一个个赐死。比如说汉高祖和明太祖,一统江山后都成了"刀俎"。而且这种"习俗"似乎从古代的政治斗争延续到了现代的商场博

弈,皇帝杀功臣,老板开功臣……反正功臣就得功成身退。难道说"卸磨杀驴"已经成了一种流行？

这里不得不提到一个心理学名词——投射效应。

"投射效应"是指人们很容易以己度人,认为自己具有某种特性,他人也一定会有与自己相同的特性,这是一种把自己的感情、意志、特性投射到他人身上并强加于人的认知障碍。简单地说就是:"我是这么想的,想必你也是这么想的。"这就解释了为什么开国皇帝喜欢杀大臣了——"你帮我打下江山,难保心里没存着和我一样坐江山的想法"。同样的道理也可以用到职场上——"你这么优秀,难保心里没想过要坐我的位置"。

那么如何化解上司的这种心理效应呢？除了前面说过的,能力方面不要表现得"风头太盛"外,还要注意几个雷区:

1)不要掌握上司的秘密,不要参与上司的"阴谋"。你这样做的结局无外乎两个:一,东窗事发,你和上司一起滚蛋;二,在东窗事发之前,你成了上司的炮灰。

2)自己要懂得激流勇退,见好就收。如果与上司的关系渐渐向伴君如伴虎方向发展了,那么干脆主动请辞,别给上司这只老虎拿你开刀的机会。

最后,在上司面前一定要表现得谦逊好学。

主动请上司指出自己工作中的不足,对上司的指点表现出一种如饮甘霖醍醐灌顶的态度,上司就会认为你"孺子可教也"。

有的人认为上司对自己工作中的指点是找麻烦、刁难,更有甚者认为上司的工作能力还不如自己,干脆"退位让贤"算了,这些都是职场心理的陷阱,是挖个坑自己往里面跳的愚蠢举动。

相关链接:五种不同类型的上司

1.魅力型:容易被新想法或概念吸引,可以快速吸收大量信息,同时也

第四章
有一个职场叫隐忍——总把自己当最聪明的人,一定是跑龙套的命

相当务实,非常重视执行的层面。缺点是通常比较没有耐性。

2.思考型:对于风险的接受度偏低,对控制的重视远超过创新的需求。决策前会阅读各种专业报告,能参考不同角度的分析与观点。缺点是需要较长的时间去思考。

3.怀疑型:对于任何的信息都持有怀疑的态度,喜欢与人争辩,会毫不掩饰地大声说出自己的意见。比较信任与他们有相似背景的人,例如同一所大学毕业的,或是曾经共事过的工作伙伴。

4.追随型:倾向于根据过去的经验或是其他人的做法来作决定,态度较为谨慎,但并不多疑猜忌,倾向于有人帮助他了解自己所不熟悉的事情。

5.控制型:厌恶不确定性以及模糊性,他们是理性的、精确的、客观的,绝不感情用事。缺点是通常只从自己的角度出发,认为自己才是最优秀的专家。

2.职场不是大同社会,老板不会说"我错了"

美国心理学家亚当斯提出一个"公平理论",认为职工的工作动机不仅受自己所得的绝对报酬的影响,而且还受相对报酬的影响——人们会自觉或不自觉地把自己付出的劳动与所得报酬同他人相比较,如果觉得不合理,就会产生不公平感,导致心理不平衡。

很多员工想要的相对报酬,就是老板能够在公正面前向自己低头。但是,请记住一条隐忍学的基本原则——在职场,公正公平是不会存在于上下级之间的!

虽然职场的上下级之间的关系没有"军人的天职就是服从命令"那么苛刻,但是哪个上司不喜欢听话的员工呢?

大家都知道"史上最牛的女秘书"吧?她与自己的老板,EMC大中华区

总裁陆纯初的"邮件门"事件,一时间闹得满城风雨、沸沸扬扬。

当日EMC大中华区总裁陆纯初回公司取东西,发现公司已经被锁上门了,而自己又没有带钥匙,于是打电话给自己的女秘书瑞贝卡,可是打了几次电话后都没有联系上。这下上司可怒发冲冠了,回到家中在凌晨的时候通过内部电子邮件系统给瑞贝卡发了一封措辞严厉且语气生硬的"谴责信"。

结果,瑞贝卡不仅没有向老板低头认错,而且还有条不紊地为自己写了一封"辩护信",将责任全都推到了陆纯初的身上。她在信中写道:"虽然咱们是上下级的关系,也请你注意一下你说话的语气,这是做人最基本的礼貌问题。""首先,我做这件事是完全正确的,我锁门是从安全角度上考虑的,如果一旦丢了东西,我无法承担这个责任。其次,你有钥匙,你自己忘了带,还要说别人不对。造成这件事的主要原因都是你自己,不要把自己的错误转移到别人的身上"此类的话,告诉老板应该公正地对待自己。

更绝的是,瑞贝卡把这封"辩护信"发给了各个分公司,几乎所有的EMC人都收到了这封信。这一下可惹恼了顶头上司,陆纯初干脆大笔一挥,直接让瑞贝卡"被迫离职"。

其实瑞贝卡之所以回给老板这样一封"史上最牛的信",无非是觉得老板对自己太不公正了,但是,老板真的会认为自己错了吗?瑞贝卡被辞掉后,求职屡屡碰壁,可见想从老板那里得到"公正公平"这种相对报酬,实在是可笑之极。

瑞贝卡的故事告诉我们,只有明白了职场不是"大同社会"的道理,摆正心态,你才能跨出成功的第一步。

每个职场人都明白,与上司冲突不断,最后损害的是自己的利益。因为频繁更换上司,也只是破坏了个人的职业发展计划。"为什么受伤的总是我?"在问这样的问题前,不妨先审视一下自己面对上司的态度以及一些处理问题的方法是否妥善?

我们做了个读者调查,本章所有调查,共有1918位白领人士参与,其中

第四章

有一个职场叫隐忍——总把自己当最聪明的人,一定是跑龙套的命

65%为男性,35%为女性;北京、上海和江苏省参与调查的人数最多,分别为20.8%、18.3%和12.5%;28.1%的被调查者拥有本科学位,20.6%的调查者大专毕业;52.6%的被调查者服务于外资(欧美)企业。

先来看,当自己和上司的意见冲突时——

47%(901人)的职场人会选择先将自己的想法缓一缓,另找时机和上司解释。"撞上枪口不是说明你没有脑子,而是你不懂看眼色";

25.6%(491人)的白领只能接受上司的意见。"他是老大他说了算";

23.1%(443人)的人会据理力争,充分说明自己的理由。"在上司说服我之前,我决不退步"。

这是一个和上司相处的标志性问题,"向上管理"是个热门词,如果用直白的语言来说明,其实我们要学习的就是:如何让上司听我的。

既然我们不能改变上司,那就只能调整自己。

细心:如果可以面对面交谈当然最好,但工作繁忙,你和上司不太可能抽出时间坐下谈心。这个时候就需要你细心观察,上司什么时候进公司?怎样开始工作?和别的同事交流时是怎样的?还有最重要的,上司他到底需要什么?

主动:如果有一天,上司突然对你说:"对不起,我以前对你太苛刻了。"那么恭喜你,你简直比那些中了六合彩的人还要幸运。可事实上,这样的事情发生的几率用上超倍放大镜都未必能找到。既然如此,不如由你去敲上司的门,对他说:"对不起,我以前做得不够好,不知道您对我有什么建议?"

自信:你要相信,其实上司非常需要你的意见,帮助他理清思考的盲点,作出正确的判断。有人时常抱怨上司甚至不多看自己一眼,可部门那么多人,凭什么上司就要对你另眼相看?希望上司留意你,那你得勇敢地站到他面前表现;如果你有话想要让上司听到,那么你得先讲给他听。

信任:罗塞娜·博得斯基在《向上,向上,做副手的学问》中提到:"要获得信任,你必须给予信任。这听起来饱含深情——像汩汩作响的枫叶糖浆桶——而这是所有职业关系成功的基础。"想要上司信任你,你必须先信任

他,相信他所作的决定,并为之付出努力。

坦诚:别总是对你的上司撒谎,如果你是因为睡过头而迟到,那就别说是因为塞车。别以为你可以瞒天过海,当你觉得自己语气诚恳的时候,其实你的眼神却出卖了你。是人都会犯错,上司并不怕你犯错,他怕你找诸多借口。

勤奋:你不能指望上司会给一个懒懒散散的员工好脸色看,如果你每天进公司的时间比上司还要晚,走得却比他还早,你还指望上司能给你一个全勤奖?如果你本身是一个行为举止欠妥、对工作不负责任的人,你还有什么资格挑剔上司?

人在职场,身不由己。在我们自己做老板之前,一定会有一个顶头上司。也许他帮助你成长,也许你被他压迫得疲惫不堪,但只要想一想,任何一种上司都可以带给你一份宝贵的职场经历,你就应该由衷地感谢他们。

3.无论是新人还是老人,都要默念低调再低调

如果高调做事是一种成功的出击,那么低调做人就是胜利的防守。在职场中低调做人很重要,把自己的定位放低了,才能看见更多的东西;把姿态放低了,他人才能更容易走近你;把锋芒掩藏了,他人才愿意帮助你。能让他人主动地走近自己,这不仅是和谐人际的开始,更是良好人际的保鲜剂。可以说,低调做人是职场人生中永远不能丢掉的功课。

郑重读大学时是一个各方面能力都很突出的学生,毕业后顺利地进入一家很不错的公司。郑重认为,只要认认真真地工作,肯定会得到同事的认可和老板的栽培。进入这家公司的几年时间里,他兢兢业业地工作,每天第一个来到公司,最后一个离开。凭借自身的能力和对工作的极大热情,他很快就取得了良好的业绩,领导也多次在开会时极力赞扬他。

第四章

有一个职场叫隐忍——总把自己当最聪明的人,一定是跑龙套的命

事业上顺利的成长让他渐渐有点骄傲自满了。对一些稍有难度的工作,他故意在同事面前把它说得很轻松,好显示自己多有能力。

他经常对同事的工作指指点点:"你怎么能这么做呢?你都不会……"看他人做得不好,他甚至半路"拦截"下他人的事情,也不管同事是否拜托他。慢慢地,大家对他有些微词,可是他浑然不觉,一直沉浸在自己的小成就里。

有一次,公司全体员工开例会,领导把近期的业绩做了一个总结,并下达了下一阶段的工作任务。作为会议的结束语,领导问大家还有没有要说的,郑重听后觉得有一个很重要的事情领导说得不是太全面。于是,他说他有问题要补充,接着就开始宏篇大论,甚至在言辞上还驳斥了领导的观点。在听取了郑重长达十几分钟的"演讲"之后,领导面有难色地表示郑重补充得很好,值得大家学习。

从那次以后,郑重发现领导在有意地冷落他,很多决策不再找他商量。进而又发现同事开始跟他说话只是客气,后来干脆跟他保持着距离。

站在创造业绩的角度上说,郑重是一名优秀的员工;但是在人际关系上,他是一名典型的失败者。他的失败之处就是不会遮掩自己的锋芒,给同事和领导造成了很大的压力和不满。

办公室靠的是种种微妙的关系保持着人与人之间的平衡。每个人都有自己的生存空间,当我们想舒展一下四肢的时候就要注意不要碰到他人。

职场是一个忌讳锋芒的地方,在我们还是职场新人的时候,首先要做的就是审视自己,摆正好自己的社会角色,把心态调整好。

凡事要勤奋,要尊重一起工作的领导和同事,多交流,以谦虚谨慎的态度面对工作。工作中遇到不懂的地方要虚心请教他人,出现了错误不要推卸责任,应该主动坦白并承担。每天要微笑着上班,微笑着下班,时时调整状态,给人一种精神饱满、充满活力的积极印象。

所以说,不管是职场新人还是意气风发的职场达人,都要时刻谨记下面几点:

(1)定位好自己为人处世的态度,那就是:低调,低调,再低调!

(2)谦虚的态度要落实到每个人、每件小事上。

(3)讲求团队合作。在工作中要善于合作,形成合力。

(4)遇到误解和委屈的时候不要大声辩解,要学会冷处理这些"热"情绪。

(5)遇到恶意的攻击时要告诉自己,人无完人,没有哪个人能被所有的人接受,在职场上遇到他人不友善的目光和言行时,不必报之以恶言,还之以颜色,要做一个不战而胜的聪明人,用沉默、低调和善意的姿态回敬他,练就不亢不卑的人格力量来征服他人。

4.若你的上司被你超过,这对你来说不仅是蠢事,甚至于会产生致命后果

火车跑得快,全靠车头带。一个部门就是一个团队,荣辱与共。如果你的上司显得出类拔萃,那么你也会显得出色;如果你的上司混得很惨,你也脸上无光;如果你的上司"成仙",你也会平步青云;如果你的顶头上司原地踏步,你也大致升迁无望。所以一个有智慧的职场人士应该随时随地想办法让自己糊涂,让上司显得出色。

职场中,如果你的能力确实超过上司,那么有必要装装糊涂。上司多半是有疑心病的——在他们漫长的职业生涯中,难免有一些人会背叛他,或是得了他的好处却不知报答,久而久之,他们对别人都不太敢推心置腹了。这种人觉得属下就应该永远比自己差一截,这样他们才会有成就感。因此,他们只会提拔能力比自己低的属下。一旦发现属下的能力可能高于自己时,立刻会显得坐立不安,还会对属下施加压力。因此,当你的才能高于上司时,不可过于锋芒毕露,以免引发上司的猜忌之心。

张强应聘到公司任职时,部门经理对他有戒心,因为张强各方面能力

第四章
/有一个职场叫隐忍——总把自己当最聪明的人,一定是跑龙套的命/

明显比他强,部门经理是自学成才的"土八路",张强是海外归来的"洋博士"。

张强一上班,部门经理就拍拍他的肩膀说:"老弟,我随时准备交班。"眉宇间透露出一丝悲凉。

可张强知道自己的身份,部门经理是上司,他是经理的助理,他们之间是上下级的关系,而且张强也没有想"抢班夺权"的歹念。

于是张强想做点文章,以消除上司对他的戒心,因为如果张强稍有张扬,他的才气就会喷涌勃发,立刻会反衬出上司捉襟见肘的尴尬。在业务会上,张强对自己的真知灼见、远见卓识有意打下埋伏,留下思维的空间给经理作总结。

平常张强尽量表现得"俗"一点,收起他的锋芒,经常向经理请示汇报,不擅自作主,特别是一些决策性的工作,张强都等经理表态。有一次,经理出差不在家,有一笔生意其实张强看得很准,肯定能赚大钱的,但他还是向远在千里之外的经理请示,说自己吃不准,请经理定夺,把"功劳"让给经理。经过一段时间的相处,经理对张强消除了戒心,他把好多重大的决策权都主动下放给张强,使张强能纵横驰骋地发挥自己的才华,没有后顾之忧。

一般说来,大多数的人对于在运气、性格和气质方面被超过并不太介意,但是却没有一个人喜欢在智力上被别人超过。因为智力是人格特征之最,冒犯了它无异于犯下弥天大罪。

当领导的总是希望显示出比其他人高明,处处为上。因此,有时作为下属的你取得了上司得不到的某种利益及好处时,会使上司受到冷落,面子挂不住。这时就需要你有舍得分享功劳的勇气,给上司某种心理补偿,让他得到平衡,如听得最多的莫过于"在您的指导下,我取得了成功"云云,来点谦虚和韬晦。

也许,你会觉得尽藏锋芒很痛苦,但我们应清楚,上司提拔你可能要费点力,可消灭你却是举手之劳。因此要懂得先保护自己,收敛锐气,待时机成熟再露锋芒,一鸣惊人,减少中途夭折的危险。

被别人比下去是很令人恼恨的事情,所以你的上司被你超过,这对你来说不仅是蠢事,甚至于会产生致命后果。上司在作决策时,往往是经过深思熟虑的,因此当他作出决策后,很需要别人特别是下属的认可和尊重。作为一个下属,如果希望获得上司的欣赏,学会尊重上司的决定是第一要诀。不管你职位多高,你都不能忘记一点:你的工作是协助上司完成经营决策,而不是制定决策。因此,上司的决定,即使不尽如你意,甚至和你的意见完全相悖时,你也得低头顺从。

大多数上司都希望自己的下属充满活力与冲劲,而不会希望下属暮气沉沉,成为机器人。执行上司的决策,并不表示你是一个毫无主见的下属,也不表示你将失去工作中的活力。但你应该知道,表现在工作上的活力与冲劲,一定要符合上司的理想与要求。否则上司会认为你不够成熟,做事不用大脑,自然也不敢把重要的工作交给你。

下面这个例子中的下属就做了一件出力不讨好的事情。

"糟了!糟了!"王经理放下电话,就叫了起来:"那家便宜的东西,根本不合规格,还是原来的好。"接着,王经理狠狠地捶了一下桌子:"可是,我怎么那么糊涂,竟写信把他臭骂一顿,还骂他是骗子,这下麻烦了!"

"是啊!"秘书张小姐转身站起来:"我那时候不是说吗?要您先冷静冷静,再写信,可您不听啊!"

"都怪我在气头上,想这小子过去一定骗了我,要不然别人怎么那样便宜。"王经理来回踱着步子,指了指电话:"把电话告诉我,我亲自打过去道歉!"

秘书一笑,走到王经理桌前:"不用了!告诉您,那封信我根本没寄。"

"没寄?"

"对!"张小姐笑吟吟地说。

"嗯……"王经理坐了下来,如释重负,停了半晌,又突然抬头:"可是我当时不是叫你立刻发出的吗?"

"是啊!但我猜到您会后悔,所以压下了。"张小姐转过身,歪着头笑

第四章
有一个职场叫隐忍——总把自己当最聪明的人,一定是跑龙套的命

"压了三个礼拜?"

"对!您没想到吧?"

"我是没想到。"王经理低下头去,翻记事本:"可是,我叫你发,你怎么能压?那么最近发往美国的那几封信,你也压了?"

"我没压。"张小姐脸上更亮丽了:"我知道什么该发,什么不该发……"

"你做主,还是我做主?"没想到王经理居然霍地站起来,沉声地问。

张小姐呆住了,眼眶一下湿了,两行泪水滚落,颤抖着、哭着喊:"我,我做错了吗?"

"你做错了!"王经理斩钉截铁地说。

张小姐被记了一个小过,是偷偷记的,公司里没人知道。但是好心没好报,一肚子委屈的张小姐,再也不愿意伺候这位"是非不分"的王经理了。

她跑到孙经理的办公室诉苦,希望调到孙经理的部门。

"不急!不急!"孙经理笑笑:"我来处理。"隔了两天,果然做了处理,张小姐一大早就接到一份解雇通知。

为什么明明张秘书救了公司,他们非但不感谢,还恩将仇报?

可是,假使一个秘书,可以不听命令,自作主张地把经理要她立刻发的信,压下三个礼拜不发,她岂不成了经理?如果有这样的"黑箱作业",以后交代她做事,谁能放心?

再进一步说,自己部门的事,跑去跟别的部门经理抱怨,这样工作的忠诚又在哪里?

如果孙经理收留了她,能不跟王经理"对上"?而且哪位经理不会想:"今天她背着经理,来向我告状,改天她会不会倒戈,又跟别人告我一状?"

所以张小姐不但错,而且错大了,她非但错在不懂人情,更错在不懂工作伦理。他毕竟还是你的上司,也毕竟还是他做主。出了错,他最先承担,有面子,也该由他来卖。此外,你必须知道,上司永远是向着上司,就算在工作上对立,在立场上也是一致的。

办公室是一个团体,作为领导,一定有其管理原则,有他的经营目的。

下属的责任，就是要在这一管理原则下，让自己的工作做得更好，这样才能协助上司完成经营目标。

如果每个人都认为听从上司的话，顺着上司的意思去工作，就是逢迎、拍马屁，而只按自己的想法去做，那么这个办公室将会成什么样子？没有统一的经营观念，没有制度的约束，做什么事情都是各人随心所欲，不用想也知道，用不了多长时间这个公司就会垮掉。下属一定要把这个问题搞清楚，这样你才能跟上司和谐相处。

5.学会查漏补缺，揣着明白装糊涂

这天，领导拿着一份文件，让小贾传真到市委宣传部。可谁知，第二天，领导怒气冲冲地走进了小贾的办公室，当着众多同事的面，大声斥责小贾："你怎么做事的？让你发份传真到组织部，你却给我发到了宣传部！"

小贾一下子懵了，他回忆了一下，确定领导昨天向他交代的确实是宣传部而非组织部，他想领导一定是在情急之中记错了。可是看到领导愤怒的样子，小贾二话没说，主动承担了责任："对不起，实在对不起！都怪我办事毛躁，本想抓紧时间办好，没想到犯了个大错。我一定会吸取教训的，保证不会有第二次了！"

说完，他赶紧又给组织部发了份传真。又过了一天，小贾被叫到了领导的办公室，领导真诚地向他道了歉，说自己那天因为着急，错怪了小贾。自此，小贾在领导心目中的地位大大提升了。

一般来说，领导者随着自己职位的升高，每天所要应酬与处理的事情也就会大量地增加。因此，难免会在一些工作上有疏忽和遗漏。作为下级，此时一定不要闹情绪，要恰当地采取措施，为上司打圆场，以弥补他的疏忽和遗漏，使工作顺利开展下去。

第四章

有一个职场叫隐忍——总把自己当最聪明的人,一定是跑龙套的命

当领导的过度谦虚产生负面效应时,应适时强调领导的能力与才干,帮助领导树立威信。

领导在员工面前显示谦虚,对于表现自己平易近人的态度和作风确实有一定的好处,但是一些领导(特别是传统观念比较浓厚的领导)习惯于在员工面前表现得过分地谦虚,这反而容易给部下们留下怯弱无能、缺乏经验的不良印象,不利于领导威信的树立。此时,聪明的属下应及时站出来展示领导的业绩与才干,同时提醒领导不要再过分自谦。员工们听到了有关领导业绩与才干的描述,自然会重新树立对领导的信心,从而满怀希望地为企业勤奋工作。

电视连续剧《北京人在纽约》中有这样一段情节:格陵兰时装公司开业时,老板王起明讲话,他讲了一通典型的中国式的客套话:"各位师傅,辛苦了!今天是我们公司开业的第一天,你们是行家,我是新手,请各位多多帮助。说实话,这活是紧了点,工作条件是差了点,这样一个小房子要安这么多机器……"

聪明机智的阿春见他这开场白说得太脱离美国实际,既不能鼓舞士气,又不能安定军心,同时还授人以柄,说了不如不说,立即接过他的话头,说了一段恩威并重、字字攻心的话:"刚才王老板说话太客气了,其实他哪是什么新手呀!他的设计在纽约甚至巴黎都拿过大奖。"这几句话令工人们看到了前途,鼓舞了士气。

诠释领导讲话中不好懂的地方,使领导的意图更完整、更明确。

有时候领导讲话会出现难懂的地方,要知道发表讲话是领导工作内容中的重要部分。为了协调好各方面的关系,领导常常要在不同时间、不同地点、面对不同的听众发表讲话,这就使领导有时会忽略了对听众接受能力的判断,从而使讲话听起来晦涩难懂、不易接受。

这时候,作为领导的部下,我们应当在适当的时刻站出来,帮助领导解释其讲话中不太好懂的地方,使领导的意图能够得到更完整、更明确的表达。

而有时候领导交代别人办事情时也往往会出现一些口误,只是别人不一定知道这是口误,按吩咐去做,结果又会被领导批评说你做错了,所以明明知道这是领导的错误,可有时候你也不能说这是他的错,虽然心里明白,可是仍然要维护领导的脸面。

6.别说"不":用柔和的态度去拒绝

"小杨,请你今晚把这一叠讲稿抄一遍。"经理指着厚厚一叠至少有三四十页稿纸对秘书小杨说。小杨听此,面露难色,说:"这么多,抄得完吗?""抄不完吗?那请你另觅轻松的去处吧!"也许经理正在气头上,于是小杨被炒了鱿鱼。

小杨被"炒"实在令人惋惜。然而,这是可以预见的,因为像她这样生硬直接地拒绝上司的要求,给上司的感觉是她在对抗,不服从指示,被"炒"也就难免了。

在英剧Hotel Babylon里面有这么一段情节:一位为酒店服务了30年的门卫,因为一些原因不得不被辞退。总经理Rebecca把这件事情交给了副经理Charlie,后者婉转地表示自己不愿意扮演这样一个角色,于是Rebecca对他说:"你知道我为什么要聘用一个副经理吗?就是为了让他来替我处理这样的问题。"

很多时候,我们发现自己的上司都是同样的不近情理,下属存在的意义似乎就像Rebecca说的那样,是为了解决那些上司不愿意做的事情。唐僧好歹会唱:"背黑锅我来,送死你去。"可上司的做法更是无情:"功劳钞票进我口袋,脏活累活全部你来。"

事实上,我们听说过很多关于理想上司的故事——他们能力强却不张扬,他们能够授权并在你需要的时候伸出援手,他们对下属一视同仁,他们对别人的意见虚心接受,他们明智、完美、充满个人魅力,可最重要的是,他们都是别人的。反观自己的上司,他总是有这样那样那么多的缺点:不够大度,不够灵活,不够体恤下属,我们总是碰不到能够完全令我们折服的上司,为什么?是因为现实如此,还是因为我们永远都只"看着锅里的"?

当我们对上司提出诸多要求的时候,当我们希望他能够集"睿智、善良、风趣、稳重、大度"于一体的时候,却忘记了上司也只是普通人,他们有优点,当然也有缺点。

理智的职场人能够在规避上司缺点的同时学习上司的长处,取长补短,提升自己的竞争力。毕竟我们每一个人都不是为了上司工作,而是为自己。

链接:情绪管理三底线

能安之若素最好,否则,也决不能逾越下面所列举的三条底线:

1.不失态

当逆耳之言向你袭来的时候,在某种意义上正是考验你做人态度和处世修养的时候。一般来说,逆耳之言会在我们的内心激起强烈的反应,这种反应又会表现在面部表情上。应该说这种内心和外表的变化都是正常的,但是这种变化应该有个限度,如果超出了这个范围,就是失态。

2.不失言

感情一冲动,一失态,紧跟而来的就是失言。失言只能引起激烈的争论,使矛盾升级,这样很容易伤害对方的感情,同时也造成自伤。建立相互信任难,破坏这种信任则很容易,而一旦要重新建立就更难了。在人为地造成尴尬的局面时,应以一种相互谅解和理解的方式进行沟通。听到逆耳之言时,应冷静地多想想对方的话是否有根据,应采取一种得体的方式作答。

3.不失礼

失态、失言必然会带来失礼。平心而论,对你提出意见和看法的人,本身就是对你的一种尊重,你应该对他表示感谢。至于对你有某些误解的人,你可以通过努力去改变和消除他的看法,如此方显大度,不失礼于人。

7. "办公室政治"暗藏玄机——躲开派系斗争

当你必须和一群要求高、反应敏锐、主观意识强烈的人在一起工作时,办公室政治是绝对无法避免的。而你的挑战,便是找出能让你应付自如、乐在其中的办法,这样才能让自己游刃于职场中。

回避办公室政治,拒绝参加公司活动,只会让人感觉你性格孤僻。在办公室中,有政治活动是常态,没有政治活动才奇怪。如果你闭上眼睛漠视"办公室政治"的存在,那将是十分不明智的。因为你迟早会被卷入其中,有所准备,才有存活的机会。

弗亚在某跨国传媒公司下属的一个办事处工作,和其他四名员工一起,在频道主编的带领下,努力地工作。他们负责的频道眼看着日长夜大,可谁也没想到,一场因为值班而引发的派系争斗悄悄降临……

一个周末,轮到弗亚这一组值班。一位同事因为头天加班,早晨晚到了一会儿,弗亚因为生病,也是下午才过去。不料这些都被"顺带路过"的分站总编看在眼里。

第二天,公司里外开始盛传"频道的员工不肯值班",好在频道主编挺身而出,替他们作了澄清……事情很快平息,但总编和他们的关系从此急转直下。

当别的频道还在建设中时,弗亚这一组已完成了所有的准备。可在例会上,总编却要求他们加班,说是"权当做给上面看样子卖力点,也好加工资",却遭到了频道主编的反驳——效率出工作,没必要作"秀"。看得出来,总编脸上有点挂不住。

第四章
有一个职场叫隐忍——总把自己当最聪明的人,一定是跑龙套的命

两个月后,总编总算钻到了"空子":频道主编怀孕开始休假。

第二天,总编立马就给频道"穿小鞋"——每天召开三刻钟会议,一开就是一星期,会议的主题只有一个:反复强调剩下的四个人要对他直接负责,频道的内容需要全面调整。

以后,总编的小动作不断:试用期过了,弗亚的工资却明增暗减,公司里更在盛传,频道已经被判了"死刑"。

谣言很快变成了现实,一个月后,总编直截了当地对弗亚说:"公司里要调整职位,你的文笔不错,应该可以找到新的工作。"

很快,另外三个人也遭厄运:一个被辞退,总编找人传个话,就把他打发了。一个调到市场部。最后一个"独木难成林",请了长病假。人事经理事后悄悄告诉弗亚:"你们的上司不在,谁也保不住你们。"

莫名其妙地被卷入派系斗争,又莫名其妙地成了斗争的牺牲品,这就是弗亚这样的"无辜的羔羊"最冤枉的结局。一旦不小心滑进"派系"中去,就会像树那样,很自然就分出了枝杈,最后你就像枝丫上的一片树叶一样被无情地扫掉。

职场斗争风起云涌,暗藏玄机,因为别人连累无辜的自己,白白成为办公室政治的牺牲品,岂不是太冤?

那么,怎样才能避免被卷入派系之争呢?

学会弹性沟通,保持交往距离

人和人之间适当地保持距离,为彼此的心灵留下一点空间,这是平衡人际关系的重要法则。

中国人讲究回报,"滴水之恩,涌泉相报",这也是为了使关系平衡的一种做法。如果好事一次做尽,使人感到无法回报或没有机会回报的时候,愧疚感就会让受惠的一方选择疏远。

人际交往要有所保留的道理人人都懂,但是,如何做以及其中包含的心理学道理未必人人都知道。留有余地,好事不应一次做尽,这是避免卷入派系斗争的唯一出路。

在农村,乡亲们对于给过他们帮助的人总是好酒好肉地招待,好酒好肉是他们能拿出的最好的东西,只有拿最好的东西才能回报别人的帮助,也只有这样,在下一次有求于人时他们才会觉得自己不欠别人的,才不会心有愧疚。假如别人不接受他们的招待,那么乡亲们也许再也不会求助于他。这是淳朴的本性,但也的确是正确的交往之道。

所以,如果你想帮助别人,而且想和别人维持长久的关系,那么不妨适当地给别人一些机会,让别人有所回报,不至于因为对方的压力而疏远了双方的关系。

留有余地,适当地保持距离,因为彼此心灵都需要一点空间。而"过度投资",不给对方喘息的机会,就会让对方的心灵窒息。留有余地,彼此才能自由畅快地呼吸。

距离感不仅会给人带来心理上的安全感受,而且还为你处理人际关系提供了一个回旋的余地。如果你和某位同事过于亲近,结果可能影响你和旁人的交往。因此在能力可及的情况下,应当尽量扩展你和同事的交往范围,采取平等往来的原则。这样才不至于为自己招来"一荣俱荣,一损俱损"的后果。

学会投身其中,懂得抽身离去

办公室是最容易滋生派系斗争的温床,无论对老板还是员工来说,办公室的派系之争都是一种挑战。许多职员认为,能否成为帮派中的一员,对其职业生涯有着不可低估的影响。

这种看法在一定程度上是正确的。的确,如果因为被一个帮派排除在外而无法得到最好的工作任务,这无疑是很挫伤积极性的。反之,因为一些你并不认为特别值得的朋友而被否定同样也令人感到难堪。

加入一个早已形成的小圈子是很困难的,但并非完全不可能。

首先,你应该建立并且流露出自信。你可以邀请帮派的主要成员吃午餐,偶尔和他们一起去酒吧或咖啡馆。然后,去找你的老板,要求与帮派中的成员从事一个项目。但是请务必记住,不要表现得太急不可耐,太爱出风

第四章
有一个职场叫隐忍——总把自己当最聪明的人,一定是跑龙套的命

头,否则你会一无所得。

而如果这个帮派欺负作为局外人的你确实成为症结所在,你就要尽可能地用平缓的语气把这个问题反映到老板那里。详细阐述帮派对工作造成的不利影响是你最好的赌注,但千万不要以一种受害人的姿态来描绘你的职业和工作,如果你提到自己在感情上受到的伤害,那么,你在老板心目中的地位将受到削弱。

如果你已经身为帮派的一员,并感受到自己的工作表现因此而受到了影响,那么与之保持距离将是十分重要的。工作之余,限制自己的社交活动,例如与其他同事共进午餐,为帮派之外的人提供帮助。切忌在办公室里高谈阔论你的周末是如何与他们共度的。

只要你成为群体的一分子,派系斗争就往往是一种常态,如果你闭上眼睛漠视这种存在,就如同关上电视拒看台风来袭动态般的不理智,因为你迟早会被卷入其中。所以你面临的挑战是找到一个方法,游刃有余地控制并且试着享受。

学会加入,懂得离去是最有效的存活办法。

应该说明的是,远离隐患,学会适时地抽身离去,不是让人逃避人生,谨小慎微到胆小怕事的程度,而是让人增加对环境的了解,对周围的人和事有更清醒的认识,从而减少盲目,争取主动。

在必须面对风险时,人还是要挺起胸膛,显出直面人生的英雄本色。只是人一生更多的时候不能意气用事,而是要使用智慧,通过谋算和韬略来减低风险、灾难和敌害的程度,让自己的人生无伤而全。尤其在没有必要硬碰的时候,更要多用智谋,少用意气。

加入与离去是一种选择,也是一种判断力,适时地加入,又能清醒地抽身不仅是明哲保身之道,更是对社会的一种领悟与洞察。

8.顺应客观,"无为而治"——隐忍的领导策略

《庄子》中有一段阳子居与老子的问答。

有一次阳子居问老子:"假如有一个人,同时具有果敢敏捷的行动与深入透彻的洞察力,并且勤于学道,这样就可以称为理想的领导者了吧?"

老子摇摇头,回答说:"这样的人只不过像个小官吏罢了!拥有无限的才能却反被才能所累,结果使自己身心俱乏;如同虎豹因为身上美丽的斑纹才招致猎人的捕杀;猴子因为身体活泼,猎狗因为擅长猎物,所以才被人抓去,用绳子给捆起来。有了优点反而招致灾祸,这样的人能说是理想的领导者吗?"

阳子居又问:"那么,请问理想的领导者是怎样的呢?"

老子回答:"一个理想的领导者应功德普及天下,但在一般人眼中一切功德都和他无关;其教化惠及万物,但人们却丝毫感觉不出他的教化。当他治理天下时不会留下任何施政的痕迹,但万物各具有潜移默化的影响力,这就是理想的领导者形象。"

俗话说,此时无声胜有声。有时候,人在许多场合并不需要太多的言行表现,只要默默无言,就足以使对方慑服。就像诸葛亮布下空城计,这是在为人处世和企业经营或谈判技巧中都可运用的高招,也是一种智慧人生。

顺应客观,无为而治,并非完全听天由命,任人摆布,而是在顺应客观的同时,主动地、策略地、乐观地、自觉地去驾驭现实环境中所遇到的矛盾,并制定合理的方针、策略。其实是指大有为而小无为,貌似无为,实则有为,眼下无为,长远有为的一种为政策略。

那么,这是不是说领导者对一切都不管,要无所事事呢?

事实绝非如此。聪明的领导者要随时留心下属的动向,但是若因此而

第四章
有一个职场叫隐忍——总把自己当最聪明的人,一定是跑龙套的命

口出怨言或是发牢骚、自叹倒霉,那么这样的领导者并不称职。因为无论工作多么辛苦,都是自己应负的责任,所以表面上不应显现出痛苦的样子,而要以悠闲自在的精神状态面对下属。

汉朝时的曹参原本是汉高祖刘邦的一员大将,天下统一后被任命为齐国的宰相,在此之前,曹参在战场上骁勇善战,叱咤风云,但是在政治上却是个门外汉。

所以,他刚到齐国,就聚集了国中所有的学者,就政治的要领问题请教他们。然而,大家各抒己见,莫衷一是,并且都持之有理,论之有据,这一切令曹参十分为难。

正值此时,他忽然听说国中有一位精通"黄老之术"的人,于是马上派人请他来。老人教给他一个十分具体的为政要诀,即政治的要领是以清静为宗旨,如此一来,人民自然能够过上安定的生活。

曹参听完这一席话,茅塞顿开,并遵从了老人的指示。此后齐国在曹参的治理下社会安定,百姓安居乐业。他很快受到赞扬,堪称一代治国名相。

那么,曹参究竟是怎样治理齐国的呢?他在不久后以卓越的政绩被擢升为中央政府的丞相,在即将离任时,他叮嘱接任的官员要慎重处理人民的诉讼与市场的纠纷。

接任者奇怪地问他为什么要特别注意这两项,因为政治之中不是还有很多其他项目比这两者更重要的吗?"曹参提醒他:"不然。在裁决与市场中善与恶是并存的。若加以严厉取缔,使得恶人没有容身之地,那么他们就会产生坏念头,从而破坏了社会的安定,因此你要特别注意这两个地方才是。"

由曹参的这番话,我们可以看出他的为政方针是容许善恶的存在,只要能够掌握要点即可。

现代企业的组织管理也适用此理。如果董事长或总经理事必躬亲,不但会打击下属士气,而且自己也会累得挺不住。

身为主要领导,为员工创造一个舒适的工作环境是他的责任。日常的工作要交给各部门的主管去办,将职权分担出去。如此一来,自己才会腾出精力构想经营大计。大权独揽、事必躬亲的领导者,其公司或企业绝不会有光明前程。

柔为上,刚为下

春秋末期,郑国有一位叫子产的宰相。他执政的特点是刚柔并济,即在高压和怀柔这两种政策中采取最适当的作法,把国家治理得国富民强。

郑国是一个小国,想要在大国的觊觎之下生存,强化国力是当务之急。子产一方面提倡振兴农业,另一方面要确保军事费用,于是决定征收新税。因此民怨沸腾,有人甚至扬言要杀死他。朝中大臣们也有不少人出来反对,而子产却不让步,力排众议,实施既定政策。

他说:"为了国家利益,即使牺牲个人利益也在所不惜。我听说为善必须有始有终,如果虎头蛇尾,那么千辛万苦所做的一切都会付诸流水。我决心贯彻始终,绝不会因为百姓的责难而改变初衷。"过了几年,农村的振兴计划初见成效,农民的生活水平日益提高,这时连那些当年责备子产的国民,也转而歌颂他的政绩。

不因百姓和大臣的非难而低头,能够对自己的政策贯彻到底,这就是子产"刚"的一面。身为领导,有时就是要能够力排众议,坚持己见,方能获得成功。那些处事优柔寡断,毫无主见的人,永远不会成为强者。

子产"柔"的一面体现在其教育政策上。当时各地普遍设有称之为"乡校"的学校,以此培养知识分子。但是乡校往往为那些对政治不满的人利用,当作政治活动的场所,若任其发展下去,可能会对统治造成威胁。有一些人提出关闭乡校的意见。

子产反驳说:"其实不需要关闭乡校,众人在结束了一天的工作之后,聚集在那里批评政治,我可以把他们的意见当作为政的参考,有好的评话便继续实行,若得到批评则加以改良,他们可以说是我们的老师啊。如果加以弹压,也许会暂时抑止他们的言论,但那正如堵塞河川一样,暂时虽然堵

第四章

/有一个职场叫隐忍——总把自己当最聪明的人,一定是跑龙套的命/

住了,但不久更大的洪水一定会滚滚而来,冲坏堤堰。若到了这步田地,那就真的无法挽救了。与其如此,反不如在平时慢慢疏通洪水,引导出一条水道,不是更合适吗?"

由此可见,子产"软"的政策就是宽容政策。允许别人发表不同意见,作为自己的借鉴,有则改之,无则加勉,这才是胸怀宽广的处世之道。

常可看到这样的领导——勤勤恳恳,早来晚走,无论大事小情,样样亲力亲为。这样的确十分辛苦,但所负责的工作却常常杂乱无章,眉毛胡子乱成一团。你问他在忙什么,看到的情景很可能是张口结舌。事事都管、都抓,结果必然是什么也管不好。

高明的领导者应该怎样处理公务呢?

下面讲两个事例。

汉宣帝时有一位宰相名叫丙吉,有一年春天,丙吉乘车经过繁华的都城街市中,碰见有人群斗,死伤极多,但是他若无其事地通过现场,什么话都没说,继续往前走。不久又看到一头拉车的牛吐出舌头气喘吁吁,丙吉马上派人去问牛的主人到底怎么一回事。旁边的随从看见这一切觉得很奇怪,为什么宰相对群殴事件不闻不问,却担心牛的气喘,如此岂不是轻重不分,人畜颠倒了吗?

于是有人鼓起勇气请教丙吉。丙吉回答他:"取缔群殴事件是长安令或京兆尹的职责,身为宰相只要每年一次评定他们的勤务,再将其赏罚上奉给皇上就行了。宰相对于所有琐碎小事不必一一参与,在路上取缔群众围斗更不需要。而我之所以看见牛气喘吁吁要停车问明原因,是因为现在正值初春时节,而牛却吐着舌头气喘不停,我担心是不是阴阳不调。宰相的职责之一就是要顺调阴阳,因此我才特地停下车询问原因何在。"

众随从听后恍然大悟,纷纷称赞宰相英明。

陈平年轻时就协助刘邦打天下,可以说是刘邦的作战参谋,对刘邦的成功贡献颇大。陈平晚年被汉文帝任命为宰相。

有一天,文帝召见陈平和另一位宰相周勃。在古代原则上宰相大多是双数。文帝首先问周勃:"你经手裁决的事件,一年约有多少件?"

周勃回答:"臣无能,对这件事不甚清楚。"

文帝又问:"那么,国库一年的收支大概多少呢?"周勃仍然回答不出,以至于汗流满面。

接下来文帝又问陈平同样的问题。陈平回答:"关于这些问题,我必须询问负责人才能知道。"文帝又问:"谁是负责人呢?"

陈平回答:"裁判事件的负责人是司法大臣,国库收支的负责人是财政大臣。"

文帝步步紧逼:"倘若所有职务都各有所司,那么宰相又负责什么呢?"

陈平冷静地回答:"宰相要使百姓各得其所;对外须镇抚四方的蛮族与诸侯;对内则要督促所有官吏作好分内工作。"文帝听完这番话,不由得点头称是。

不久周勃引咎辞职,此后便由陈平一人独承宰相大任。而其一向的作风,正如他自己告诉文帝的那样,是针对每个人的才能赋予其应做的工作,自己则加以督导,这不也是一件更重要的工作吗?

陈平因指挥得宜,被誉为名相。

从陈平的行为可以看出,领导者不必事必躬亲,事无巨细地过问,该放手的就要放手。而要运筹帷幄之中,决胜千里之外,充分调动每个下属的积极性,使其各尽所能,各安其职,这样整个机构就会像一台机器一样不停地运转。

从这个故事可以看出,领导者应下功夫做的事情有:

第一是对大局的判断和掌握。

第二是调整团体的能力。

第三是让部下各尽所能,充分发挥其积极性。

不露情感

《三国演义》中刘备阵中掷阿斗的故事,讲的就是刘备因爱惜大将赵云,不惜将自己的亲生儿子摔在地下。赵子龙百万军中救出阿斗,刘备却当

第四章
有一个职场叫隐忍——总把自己当最聪明的人,一定是跑龙套的命

众把爱子掷在地上,无非是做了样子给大家看而已。

刘备不疼爱阿斗吗?非也!他几十岁单身,此时才得一根嫡苗,捧在手心疼犹恐未及。但其时形势险峻,需要上下一心,冲出曹操的大包围,他不能因一个小孩而让军心涣散,故作出了如此举动。

后人有诗曰:"曹操军中飞虎出,赵云怀内小龙眠。无由抚慰忠臣意,故把亲儿掷马前。"说的就是刘备此刻的心态。

为人处世,有时做出的举动,是做给人家看的。做了,明知心不是这样想,却也能温暖人心;不做,虽然表里一致,做人坦然,却冷落了众人心。

假如那时的刘备,只惦记着夫人和阿斗的安全,好不容易盼到赵云飞驰而至,如果他撇开惶惶不安、同样是儿女失散、家破人亡的部下而不顾,冲上前去抱着阿斗吻个不停,众人看了能不心灰意冷吗?他这是叫大家为他刘家父子卖命!众人心冷后,刘备这支军队能不溃散吗?他刘备欲求父子全命结果不是适得其反吗?

刘备做了这出戏,这就使得赵云更死心塌地报答刘备的知遇之恩。得人心者得天下,做领导的必须以大局为重,为收买人心,必要时应把自己的真情实感掩藏起来,做些忍痛割爱之举。看似损害了自己的利益,实际则得到了更大的实惠。

汉朝伐匈奴的名将李广,是位匈奴人闻之丧胆的虎将,有"汉代飞将军"的美名。然而,他却是一个木讷刚直的人。遇到皇帝恩赐犒赏时,他总是毫不吝惜地与士兵们分享。吃饭的时候,等全体士兵到齐都吃上饭,他才开始用餐。行军途中,到泉水井垣处,待全体部下都解渴后,他才饮用。总之,一切以部下为先。因此,他的部下都能效忠他。

司马迁评价李广:"桃李不言,下自成蹊。"即桃树李树虽然默默不语,但是它会开出芬芳的花朵,结成甜美的果实,所以人们自然而然地会聚集在它们周围,开出一条道路。这与孔子所说的"德不孤,必有邻"意思相似。一个人要想有良好的人缘,也要像李广那样,处处以人为先、以己为后。领导者更应如此。

淡然适然,并不是听天由命,而是敢于正视矛盾,认识现实,但又对现实生存环境和理想之间的冲突和矛盾持乐观豁达态度,看深、看透、不急不躁。所以也是糊涂学的精髓。

9."冷冻"和"搁置"——隐忍的管理艺术

在时机不成熟的情况下,采取暂且"冷冻"、"搁置"的手段往往与热处理一样,冷处理也是精明的管理者经常运用的一种高超的管理艺术。冷处理的要旨不是不处理,而是视情而用、视情而变、择机而动、适可而止。

巧妙运用沉默

俗话说,沉默是金。狭义的沉默就是"徐庶进曹营———一言不发",即缄口不语。广义的沉默则是冷处理艺术中最常见的手段,主要是综合运用目光、神态、表情、动作来或明或暗地表达自己的思想感情。

在管理活动中,沉默具有丰富的内涵与特殊的价值。沉默运用得当,可以避免冲突升级。管理者与下属在具体工作中难免产生不同看法,甚至出现某些激烈冲突。如果管理者主观武断地批评下属,火气旺盛的下属就可能当面顶撞、反唇相讥。如果你言辞尖刻地予以驳斥,就可能招致下属更大的逆反心理。一旦产生更激烈的争吵,你必然会因面子丢失殆尽而下不了台。在这种情况下,管理者应该保持必要的沉默。这不仅可以避免矛盾激化、保全自身面子,而且也能显示出管理者的豁达大度。

当下属之间发生激烈的矛盾冲突时,管理者不适宜明确表态。如果一方误认为管理者偏袒另一方,那么即使理亏也不肯轻易认输。如果保持沉默并伴以严厉的目光、严肃的神情,就能产生一种自然而然的威慑作用。双方一旦警醒、冷静下来,就有助于缓和彼此的矛盾冲突。

此外,沉默还可以用来进行暗示性表态。在特定的背景下,不置可否的

第四章
有一个职场叫隐忍——总把自己当最聪明的人,一定是跑龙套的命

模糊语言就是一种明确的表态。有时候,下属提出的意见正中管理者下怀。但出于全面平衡关系的考虑,管理者又不能明确地表示支持。这时的沉默看似不偏不倚,其实就是同意、支持。聪明的下属自然意会神通,知道自己的请示获得了管理者的默认。

有时候,管理者并不赞成下属提出的意见。但往往不便直接驳回,更不宜解释相关的理由。在这种情况下,保持沉默其实就是一种否定。这种明确的态度也能使下属心照不宣,从而不再坚持自己原来的要求。

灵活进行推托

在管理活动中进行冷处理时,管理者常常采取推托这样一种重要的管理技巧。对工作实践中出现的许多问题,有时不宜采取直接的处理措施。运用时空的自然跨度与情境的发展变化,就比较容易促使这类问题的自行解决。

推托不是优柔寡断,更不是无力控制。它是管理者统揽全局、科学运作的高超策略,集中体现了管理者的谋断能力。推托的实质并不是简单地回避矛盾,而是为了更有效地解决矛盾。为了实现管理者的每一个预定目标,必须实事求是、灵活多变地运用推托艺术。

首先,要以推待时。

任何事物的发展都有一个产生、发展、终结的过程,主客观条件的成熟正是实行推托的基本依据。推一下,实际上就是在观察、等待、选择最佳的时机。对需要解决的问题不知底细时,推一下就是要调查研究、搞清原委。当双方争执不下、矛盾异常尖锐时,管理者往往不便拍板决断。这时候,推一下就能留下化解纷争、求取一致的缓冲时间。

其次,要以推待变。

事实上,人们对事物的认识有一个认识、实践、再认识、再实践的过程。在这种循环往复中,人们就可能逐渐改变原来的看法。而事物的发展过程或结局,也会用铁的事实促使人们提高认识。

最后,要以推代否。

有的矛盾、有的问题无足轻重、无关全局,完全可以不予理会。如果对此认真、较劲,就必然损害团结、影响大局。在这种情况下,就可以一推到底,让它自生自灭。管理者在运用推托艺术时必须视事而定,决不能不分轻重缓急地一概推托。要切实掌握好相应的火候,真正做到适可而止、恰到好处。

机智假装糊涂

由糊涂变聪明难,由聪明变糊涂更难。特殊时刻的糊涂有时并不是真糊涂,而是真智慧。这种糊涂是聪明的一种高境界,是冷处理艺术中的巧妙手段。

管理者的难得糊涂不是不闻不问、麻木不仁,而是大智若愚、宽容大度。学会在特殊情况下装糊涂,从而促使自己管理的团体具有更强的亲和力。

首先,要藏锋芒。

管理者事业有成,难免会得意忘形、锋芒毕露。若不知收敛、肆意妄为,就可能卖弄技巧、逞强斗勇。这就很容易招致诋毁诽谤,最终落得聪明反被聪明误的下场。如果糊涂一点,就可以藏巧于拙。装疯卖傻的孙膑、司马懿不仅保全了身家性命,而且也取得了最终的胜利。倘若世人皆醉而我独醒、世人皆蠢而我独能,则我必成出头之鸟、众矢之的。因此,韬光养晦未尝不是一种明哲保身之道。

其次,要知进退。

那些深谙糊涂之大智者,也必然登临做人之高境界:宠辱皆忘之中进退无心,顺乎自然之中无为而治。

再次,要淡名利。

金钱名利皆为身外之物,不必刻意强求。如果不择手段地巧取豪夺,必定会自取其咎。如果能淡泊一点、糊涂一点,定会受到下属的衷心拥护。

最后,要容人短。

人各有长,亦各有短。管理者一定要重人所长、容人所短,切莫眼里揉不得沙子。时时处处洞若观火，势必造成人人自危的局面。因此，太过精明的管理者往往会成为孤家寡人。对于那些无关大局的非原则性的错误，管理者最好睁一只眼闭一只眼。这种糊涂其实是一种大智慧，是管理者应当具备的高超的处事技巧与用人手段。这种技巧与手段并不是一朝一夕就能学会的，而应当在管理工作实践中反复揣摩、长期培养、丰厚积淀、逐步形成。

10.学会运用策略向上司提供信息

但凡有见识的下属都一定知道向领导"灌输思想"的重要性。领导一旦接受了你的某种观点，你的种种想法便可得以实现，这时你有可能已经成为领导不可或缺的"宠幸"之人，你将发挥着巨大的甚至是无可替代的影响力。

西方葡萄酒业巨头——卡尔森公司前行政副总经理罗伯特·加里说："我发现，下级使自己受到重用和被赏识的最好办法是挖掘信息，即那些与正在被考虑的建议有关的资料和事实，以及对上司欣赏的观点表示出兴趣和赞赏，还有就是要提出新的方案。"他补充说："没有什么比有助于上司作出更好决策的信息更令人欣赏的了。"

你提供的信息只有尽可能地客观才会有用，这并不意味着信息来源只能局限在计算机的打印结果和其它种类的数字数据上，从报纸和商业杂志中抄下来的数据当然也包括在内，甚至在小饭店中听到的轶事和闲谈有时对你上司来说也会有价值。

你提供的信息也应该是全面的，这并不意味着所提供的信息必须包含每一个细节，而是要包括或考虑到有关问题所有方面，否则就难以准确地把握问题的实质，反过来又将导致错误的行动。如果你缺少一些重要的数据，但又感到应该提供你已经掌握的数据，这时就应该告诉上司你还缺少什么信息和你正在采取什么步骤来获得它们。

正如加里所指出的那样,信息为提建议提供了最好的基础。事实上,信息经常能代替建议。你常常会发现让上司做一件事情的最好途径是向他提供足够的正确的信息,这种信息可能会很好地引导他给自己提出建议,不要担心这种方法会失去在你自己建议的情况下可能会受到的称赞。如果有什么区别,那就是他很可能更加赏识你,因为,他成了一个自己能作决策的上司,而你又证实了他对自己的关怀。

在整个二次大战期间,斯大林在军事上最倚重的人有两个,一个是军事天才朱可夫,一个则是苏军大本营的总参谋长华西里也夫斯基。

众所周知,斯大林在晚年逐渐变得独裁,"唯我独尊"的个性使他不能允许世界上有人比他更高明,更难以接受下属的不同意见。在二战期间,斯大林的这种过分的"自我尊严"感曾使红军大吃苦头,遭到本可避免的巨大损失和重创。一度提出正确建议的朱可夫曾被斯大林一怒之下赶出了大本营,但有一人例外,他就是华西里也夫斯基,他往往能使斯大林在不知不觉中采纳他的正确的作战计划,从而发挥着杰出的作用。

华西里也夫斯基的进言妙招之一便是潜移默化地在休息中施加影响。在斯大林的办公室里,华西里也夫斯基喜欢同斯大林谈天说地地"闲聊",并且往往还会"不经意"地"顺便"说说军事问题,既非郑重其事地大谈特谈,讲的内容也不是头头是道。但奇妙的是,等华西里也夫斯基走后,斯大林往往会想到一个好计划。过不了多久,斯大林就会在军事会议上宣布这一计划。于是大家都纷纷称赞斯大林的深谋远虑,但只有斯大林和华西里也夫斯基心里最清楚,谁是真正的发起者。

正是在这些闲聊中,华西里也夫斯基用自己的思想启发了斯大林的思想,以致于斯大林本人也认为这些好主意是他自己想出来的。但不管怎样,从效果上看,华西里也夫斯基达到了他的目的,使他的建议能够被斯大林所采纳,并成为斯大林最为倚重的人之一。

当然,有些问题是应该由上司来处理的。事实上,如果这些问题不让他来处理的话,他会很恼火。因为,这些涉及权力或会产生纠葛的事情是与你不相干的。当然,也有些问题在你的职责范围之内,而你又非常希望得到他的帮助,当你真的要向上司提出这种问题时,你最好向他征求建议,而不要恳求解决方法。

与其说:"某某公司不愿付最后一笔贷款。"然后等他说应该怎么办,你还不如说:"我没有办法让某某公司支付最后一笔贷款。如果您有什么建议的话,我将十分感谢。"这种方法更能诱使上司做出积极的反应,因为你不是要他承担责任,只是想获得他的知识和专长罢了。但是,这种方法也有其局限性,因为,如果你连续不断地向上司提出建议,他很快会感到厌倦,而且,很可能他对你也会感到不耐烦。

所以,如果问题确实是你自己的,那么,最好的办法是将它留给你自己,并且你自己去解决它。

第五章

有一类沟通叫隐忍

——沉默的确是金,帮你征服所有人的心

> 有时候争辩、抢话会让别人觉得自己得不到尊重,觉得你不喜欢倾听他。这并不能给你带来什么好处,即使你有再多的意见,也要学会"隐忍",学会"沉默",因为适当的沉默是一种倾听智慧,它在帮你赢得人缘的同时,也征服所有人的心。

第五章
/有一类沟通叫隐忍——沉默的确是金,帮你征服所有人的心/

1.收起沾沾自喜的感觉,少说"我"多说"你"

说话好像驾驶汽车,应随时注意交通标志,也就是要随时注意听者的态度与反应。如果红灯已经亮了仍然向前开,闯祸就是必然的了。

人们最感兴趣的就是谈论自己的事情,而对于那些与自己毫不相关的事情,大多数人觉得索然无味。对于你自己有浓厚兴趣的事情,不仅常常很难引起别人的兴趣,而且还会令人觉得好笑。年轻的母亲会热情地对人说:"我们的宝宝会叫'妈妈'了。"她这时的心情是高兴的,可是旁人听了会和她一样高兴吗?不一定。谁家的孩子不会叫妈妈呢?你可不要为此而大惊小怪!这是正常的事情,如果不会叫妈妈的孩子才是怪事呢。所以,在你看来是充满喜悦的事情,别人不一定有同感,这是人之常情。

放学回家的路上,吴欢遇到了王老师,她气鼓鼓地说:"王老师,你说江珊多可恨,我和她吵起来了。""为什么?"王老师一脸不解。"她非说张学友是最好的歌星,张学友鼻子那么大,丑死了。我就和她吵起来了。"吴欢接着说,"江珊太不够朋友,本来在班里我和她是最要好的朋友,可是她有什么心里话都不告诉我!"王老师问:"你从来都是把任何心里话都告诉江珊的吗?你想一想是不是每个人的喜好都一样呢?"一句话使吴欢顿时像泄了气的皮球,不好意思地说:"其实我也没把什么话都告诉她。"

自己喜欢的要求别人也要喜欢,自己没有把什么心里话都告诉好朋友,却要求别人对自己毫无秘密,全部公开,世界的丰富多彩就是因为每个人都不同,每个人都有自己的隐私,怎么能要求别人公开自己的隐私呢?即使是好朋友也没有这个权利。

竭力忘记你自己,不要总是谈你个人的事情,人人喜欢的是自己最熟知的事情,那么,在交际时你就可以明白别人的弱点,从而尽量去引导别人说他自己的事情,这是使对方高兴最好的方法。你以充满同情和热诚的心去听他叙述，你一定会给对方以最佳的印象，并且对方会热情欢迎你、热情接待你。

说话时，把"我的"变为"我们的"，可以巧妙拉近双方距离，使对方更容易接受你和你的话。

如果你在说话中，不管听者的情绪或反应如何，只是一个劲地提到我如何如何，那么必然会引起对方的反感。如果改变一下，把"我的"改为"我们的"，这对你并不会有任何损失，只会获得对方的好感，使你同别人的友谊进一步地加深。

我们经常看到记者这样采访："请问我们这项工作……"或者："请问我们厂……"经常发现演讲者使用"我们是否应该这样？"、"让我们……"等表达方式。这样说话能使你觉得和对方的距离拉近，听起来缓和亲切。因为"我们"这个词，也就是要表现"你也参与其中"的意思，所以会令对方心中产生一种参与意识。

比如说"你们必须深入了解这个问题"，便拉开了听众与演讲者的距离，使听众无法与你产生共鸣。如果改为"我们最好再做更深一层地讨论"就会缩短与听众之间的距离，使气氛立刻活跃起来。

2.一对会倾听的耳朵胜过一张能言善辩的嘴

在一个久远的年代和一个不知道名字的国度里，有个整日坐在王座上的国王。一天，他收到邻国王子送来的三个一模一样的金人，使者说他的王子要请教国王一个问题：三个金人哪个最有价值？回答正确的话，这三个金人将全部归国王所有，回答错误的话只可获得一个金人。这可有点难住国王了，因为无论是称重量还是看做工，它们都是一模一样的。

最后，一位智慧的老臣拿着三根稻草，他把第一根稻草插入第一个金

第五章
有一类沟通叫隐忍——沉默的确是金，帮你征服所有人的心

人耳朵里，稻草从另一边耳朵出来。然后他又将一根稻草插入第二个金人的耳朵里，结果稻草从嘴巴里出来。最后他把第三根稻草插入第三个金人耳朵里，稻草掉进肚子里。

老臣说："最有价值的是第三个金人！第一个金人是前耳朵进，后耳朵出。第二个金人是用耳朵听了，用嘴巴说出来。第三个金人是用心去倾听。"使者默默无语，答案正确。

一对会倾听的耳朵胜过一张能言善辩的嘴。事实上，倾听是获得他人好感的关键，用心地倾听他人话语胜过在众人面前口若悬河、滔滔不绝。

那些整日在他人面前喋喋不休的人，总显得锋芒毕露、夸夸其谈、油嘴滑舌。话说多了，还有可能祸从嘴出。而静心倾听就没有这些弊病，而且益处颇多。用心倾听别人说话，别人就会觉得你谦虚好学，诚实可靠，善解人意。善于倾听的人常常会有意想不到的收获：蒲松龄因为虚心听取路人的述说，写下了《聊斋志异》；唐太宗因为能够倾听魏征等人直谏，成就了大唐盛世；刘玄德因为恭听诸葛亮之言，而问鼎三国。

一个不懂得用心倾听的人，通常也是不尊重别人观点和立场、孤傲自大的人。这种人无可避免地会成为他人反感的对象。而用心倾听则是对说话者的尊重，它不仅是维系人际关系、保持友谊最有效的方法，更是解决矛盾冲突和处理抱怨的最好方法。

这日，刚工作不久的兰兰在一个小店里买了一件连衣裙，但不久她发现衣服起褶的厉害，于是，她拿着裙子来小店退换。她想跟售货员说说事情的经过，但没做到，售货员总是打断她说话："我们卖了几十件这样的裙子了，您是第一个找上门来抱怨衣服起褶的人。"兰兰听了很生气，二人因此吵了起来。

正在此时，老板娘来了。她很内行，她向兰兰询问事情经过。兰兰说话的时候，她一句话没讲，很安静地听兰兰把话讲完。之后，她也听了听自家售货员的观点。听完后，她就开始反驳售货员，并帮兰兰说话。她不仅指出了裙子起褶的问题，还强调说店里不应当出售使顾客不满意的货品，应该

立即退回厂家。当然,她也承认她不知道裙子为什么出现问题,"您想怎么处理?我尊重您的意见。"她对兰兰说。

兰兰仍旧要求退货,她爽快地答应了。兰兰觉得心里有一丝愧疚,就换买另一条裙子了。之后,兰兰完全信任了这家小店,她也成为小店的常客。

只有很好地倾听别人,才能构建稳定的人际关系。凡是高明的谈话者,都有着很好的倾听素质。他们在听别人说话的过程中,能够体察别人的感情,体谅别人的难处,宽恕别人的错误,容忍别人的缺点;他们有耐心,能够长时间地听取别人零乱、不成熟,甚至是语无伦次的谈话;他们还拥有一颗谦虚的心,一颗吸收性强的学习心,他们能够从别人的谈话中找到要害,能够用别人的思想来提升自己;他们又都是有趣的人,偶尔听到别人说出有趣的话,就会心的笑。当别人讲出一些经典话语时,就连连点头。由于具备这种素质,高明的谈话者往往能深刻洞察别人的心思,他说出口的话也就能深入对方内心。

想做一个高明的谈话者,还是想做一个滔滔不绝但令人反感的人,由你自己决定。

3.不当话痨,把话语权分给别人一些

希腊斯多噶派哲人芝诺说:"我们之所以长着两只耳朵一张嘴,是为了多听少说。"当一个青年向他滔滔不绝地说话时,他打断说:"你的耳朵掉下来变成舌头了。"

确实有许多能言会道的人,他们的嘴是身上最发达的器官,无论走到哪里,嘴巴是身上最锋利的武器。他们只想表达自己,却很少有心情倾听他人。虽然他们算得上一等一的话痨,和别人交流的机会也非常多,但他们并不了解别人。他们说得越多,了解别人的机会就越少。只有让对方多说,了

第五章

有一类沟通叫隐忍——沉默的确是金,帮你征服所有人的心

解他的机会才会越多。而越了解一个人,你就越能赢得他的好感,他就越愿意与你打交道。

纽约大学的社会学专家达尼尔格兰做过这样一个实验:他把每三个女大学生分成一组,每一组由两名同校女大学生和另外一名外校女大学生组成,让她们进行十分钟的交谈。在这个谈话过程中,因为三人中有两人是同一所大学的,所以大家谈话的时候就会忽视另外一人。结果,正常对话的同校女大学生在交流中使用的重音占谈话的11%,而被忽视的那名外校女大学生的对话重音达到了41%。而且在这些被忽视的外校女大学生中,也就是重音使用频繁41%的女大学生中,有一半人感到自己性格内向。

这个试验说明,当两个同校女生毫不顾忌地说话时,会夺走另一个外校女生的发言权,导致她因内心不舒服而出现说话声音增大的现象,这表明她产生了一种消极的情绪。因此,从今以后,与人聊天的时候,别只顾着自己说话,也要问问别人:"你是怎么认为的?"多听别人说,引导别人多说,才是有效的沟通之道。

具体来说,我们应该掌握如下原则:

1)谈话中的20:80法则。

意大利著名学者帕累托指出,在任何特定群体中,重要的因素通常只占20%,其余80%是次要因素。因此,掌握20%的重点,就能操纵局面。谈话中,这个原则同样奏效。也就说,用80%的时间倾听,20%的时间说话,是最好的时间分配方案。这样,你能从对方的言谈中了解到更多,你能够冷静分析对方的谈话内容,抓住关键之处。

同时,在倾听对方说话时,不要只是简单地发出"嗯""是"这样的声音,而是要安静下来,多注视对方,时机恰当时,通过有意义的语言和肢体动作来回应对方,这样便能形成一个较好的人际互动。

2)多用"设问",引导别人多说。

在谈话过程中,你可以采用设问的形式引导对方多说。设问用得好,能够诱人思考,使谈话更加有吸引力。但设问并不是什么都可以问,你最好问

能够引发对方感兴趣的,让对方感到骄傲的事情。比如他事业成功的经验,他目前最关心的话题以及他的兴趣爱好等。

当年日本著名的销售员原一平做销售的时候,拜访一个建筑企业的董事长渡边先生。渡边一见到原一平就下了逐客令。原一平并没有就此退却,他诚恳地问渡边先生:"渡边先生,咱俩年龄差不多,为什么你如此成功呢?能告诉我原因吗?"

渡边先生见原一平求知若渴,想学习自己的成功经验,就不好意思再回绝他,接着,他就讲述了自己的成功历程。没想到一聊就是半天,而原一平始终在认真地听着,并在适当的时候提了一些问题,以示请教。最后的结果可想而知,原一平拿下了渡边建筑公司的所有保单。

所以,征服人心其实很简单——不当话痨,把话语权多分给别人一些,你就拥有了更多成功的可能。

3)拿出诚意听,适时重复对方话语中的关键词。

有些人在听他人说话时,听不到十分钟,就开始走神,眼睛不由自主地飘向对方的嘴巴、手、腿,抑或像一尊雕像般凝望着窗外。还有些更敷衍的,眼睛不舍得离开电视机,对方虽然嘴里不说,但心里多半会发火。

一个好的倾听者,即便对对方的话题不感兴趣,也会不时地重复对方话中的关键词,这样对方就会觉得面前的人是在认真地听,并且对自己的谈话感兴趣。

心理学上,把这种行之有效的重复关键词技巧称之为"反射"。宾夕法尼亚州立大学的心理学家罗帕多埃里克做过这样一个实验。

他让90多名女大学生与事先雇用并商量好的工作人员进行对话。有一半女大学生在发言时的"感情用语"或"关键词"被这些工作人员重复,而另一半女大学生在和工作人员说话时,工作人员并没有重复这些富有情感色彩的"关键词"。结果显示,和后半部分的女大学生相比,前半部分女大学生的谈话时间要长,谈话次数也多,她们对工作人员的好感度要比另一半学生高出11个百分点,她们还非常乐意同工作人员谈话。显然,注重重复对方的感情用语或关键词,不仅能够让对方更愿意交谈,还会让对方对你产生兴趣,引发好感。

当然,找到对方谈话中的关键词和带有感情的词语,是需要用心的。比如有朋友高兴地说"我升职当科长了",你这时候,需要重复"升职"这个词。若是你搞错了,说成"你吗?"等类似的话,你们之间谈话的气氛就会一下子变了,对方还以为你是有意讽刺他。找到对方谈话中带有感情色彩的关键词,关键是要把对方谈话时的情绪与他所说的话结合起来,这样,你只需要略分一点听力,就可以让对方认为你对他的话题感兴趣。

通常情况下,你重复对方话语中的关键词后,对方都会很乐意让话题继续下去,当他说得尽兴的时候,也别忘了时不时给他来几句附和。附和他人有两个法则:第一个法则是"尽可能多说,并且附和的声音要大点",用自己的热情来引发对方的谈话兴趣。第二个法则是"对谈话的前半部分附和要少,对谈话的后半部分附和要多"。若能如此,谈话的氛围将会比较活跃。

至于附和用语,最具有魔法效力的是"是啊"这句话。它含有"你所说的非常合理"以及"我非常认同你"这两种微妙的语感。这能让你和谈话者建立起互信关系,交谈会变得更加顺利。

你也可以用一些问句来附和,诸如"为什么?""怎么会?""真的吗?""后来呢?"等。这些附和性的问句也能激发对方的交谈兴致。

其实,每个说话的人,都想从听众那里获得些许赞同的声音或表情,这样他才能更放得开地往下说。只要你的反应是一种鼓励式的,不管对方是谁,他都能在愉快交谈的同时,对你这个人有个好印象。

4.说"我懂你的委屈",不如静静地听

卡卡总是觉得自己是一个很会安慰别人的人,每次朋友向他倾诉内心

的委屈时,他都会说"我明白你的难处""我知道你很倒霉""我晓得",然后他也开始说自己的事,告诉朋友自己最近工作不太顺利,追女孩还没有追上等。到了最后,他们之间是各说各的,各有各自的心事。事实上,朋友并不认为卡卡了解自己,而卡卡也不觉得朋友能听得进他的话。而且,朋友会认为卡卡"根本不可能了解我的委屈,他是站着说话不腰疼,只不过在敷衍罢了"!

一个人要想了解另一个人是很难的一件事,这就像我们在为自己的未来奋斗,在憧憬着今年能拿到多少钱,过两年投资点什么一样,但我们很难分心去想遥远的第三世界有人因缺水而皮包骨头,也很难了解那些刚刚遭遇地震、台风的人们,他们的心被怎样的痛苦侵蚀。

不了解就不要这样说。因为当事人向你倾诉的时候,需要的是你听,也许他也很希望你能给他指出一条好的路子,但他并不需要一个人只是嘴上说懂他的痛苦,但实际上并没有用心倾听。

还有"我懂你的痛苦"这句话,并不是每次别人向你抱怨时都能应付得过去,有时候甚至显得不合时宜。比如有人向你抱怨:"我本来去理发店是要烫梨花头的,可是店主却给我烫了个大妈头,丑死了。""我都有眼尾纹了,老了。"这时,你最好立即说"哪有,很好看"或者"没有你想得那么糟糕"之类的话,如果此时你说"我懂你受的苦""我了解岁月的无情",恐怕会让对方心情更差。

不痛不痒地说"我懂你的委屈",不如感同身受地去倾听对方,做一个好的听众。

规则一:在听对方说话的过程中,要始终保护一种积极的态度,这样做会营造良好的交谈气氛。对方越能感受到你的倾听兴趣,他就越能准确表达自己的想法。相反,如果你在听话的时候表现出消极态度,总是动不动就说"我知道""我懂了"之类不耐烦的话,对方就会很伤心,进而也不想和你交谈了。

规则二:全身心注意倾听。别人同你说话的时候,你要面向说话者,同

第五章
有一类沟通叫隐忍——沉默的确是金，帮你征服所有人的心

他保持目光的亲密接触，同时注意姿态和手势，无论你是坐着还是站着，都要与对方要保持最适宜的距离。

规则三：以相应的行动回答对方的问题。对方与你交谈是想得到某种可感的信息，或者迫使你做某件事情使你改变观点，或者渴望得到你的安慰理解等。这时，你要采取适当的行动，比如对方和你聊到他遇到工作瓶颈，如果有好的建议尽管告诉他，如果有能帮他的书籍或者工具也可以提供给他，这本身就是对对方最好的回答方式。

规则四：倾听的时候，感同身受的对对方表示理解。这包括理解对方的语言和情感，把自己假设为对方，站在对方的角度体会他的内心感情。

规则五：不要不懂装懂，没听见装作听见，也别逃避交谈的责任。作为一个倾听者，不管在什么情况下，如果你不明白对方说的是什么意思，你就应该让他知道你没听明白。永远别不懂装懂，那样早晚会被人识破。

规则六：要观察对方的表情。交谈很多时候是通过非语言方式进行的，那么，你不仅要认真听，还要注意对方的表情变化。比如看对方的眼神、听对方说话的语气及音调和语速的变化等，同时还要注意对方站着或坐着时与你的距离，这有助于你更好地倾听对方。

在倾听对方说话的同时，还有几个方面需要提醒你：

首先，别提太多的问题。问题提得太多，容易造成对方思维混乱，说话时注意力不集中。

其次，不要在别人说话的时候神游。有的人听别人说话时，习惯考虑与谈话无关的事情，对方问他话的时候，他会不知所云，想不起对方刚才说了些什么，这样彼此交流就变得困难。

最后，别匆忙下结论。别人说话的时候，不管你是表示赞许还是反对，都不要急着说出来，不经过认真思考的判断和评价，容易让对方陷入防御状态，造成彼此间交际的隔阂。

5.适度沉默,使沟通更加顺畅

现在,沉默是金这种理论逐渐被颠覆。从开始的赞同到后来的反对再到大加批驳,如今,沉默似乎是一件消极的事情,是谈话的大忌。人们每每聚在一起,都会想方设法得发出点声音。比如说你去亲戚朋友家作客,一般情况下,大家会第一时间打开电视,或边聊天边看,或干脆沉浸电视之中,倾听电视"说话",被电视节目控制着。电视上的某个节目大骂演艺圈,大家也跟着骂两句;电视上某个热门剩女栏目闹点笑话,大家就跟着笑几声。几个小时下来,看似气氛不沉闷,可是大家真正交流的时间却没多少。再亲近的朋友与亲戚,都不可能每分每秒喋喋不休地讲个不停。不讲话时,会有一段时间很沉默。但沉默未必是坏事,适度的沉默,不但不会令谈话降温,还能使彼此的交流更顺畅。

沉默是一种无声的语言,并不是所有的对话都必须是持续状态才有意义。一般来说,一个人如果重复并且长时间听一个话题,注意力就会逐渐分散,厌烦对方的谈话,可能导致"你说你的,我走神你也不知道"的局面产生。这样的对话看似在进行,实际上却在受阻。因此,一旦遇到这种情况,突然的沉默就能发挥作用了。谈话者可以突然沉默不语,这样听话者自然就会把注意力转移到你身上。

听话者也可以利用突然沉默这一策略打断对方的谈话,引出自己想谈的话题。这样既能使谈话的人反省,又不伤害他的自尊。比如在办公室,你的一位同事已经告诉你好几次他的一件事,你已经听得耳朵起茧了。但作为同事,遇到这种情况,你又不能直接对他说"你已经说了好多遍这件事了",这样做会伤害他的自尊。如果继续听下去,你的心情真的不太好。因此,当他滔滔不绝时,你不妨突然沉默不作任何回应,让他自觉停止谈话,然后你再趁机巧妙转移话题。

第五章

有一类沟通叫隐忍——沉默的确是金,帮你征服所有人的心

突然沉默之所以能终止那些让你感到厌烦的话题,是因为你的沉默让对方感到意外,他会在心里嘀咕:"为什么这人一点反应都没有?是在想别的,还是不想听我的?"带着这样的疑问,对方不得不停下他喋喋不休的说辞,想办法找些你喜欢的话题来说。

有时候沉默的确是金,更是一种倾听的技巧与智慧。沉默在一定程度上甚至具有恭维效果。

张磊与孙谦同是一家大型文化传播公司的策划,两人的项目设计均思维缜密、创意十足。按理说他们的水平旗鼓相当,在公司也应是平分秋色,但偏偏是张磊被提拔为策划经理。

孙谦不能接受的是,每次讨论他的策划方案时,大伙都提不出什么意见来。偶尔有人说点什么,孙谦都据理力争,直到让对方哑口无言,虽然大家都认为他说得有理,但感觉他有点清高。特别是有时总监极有风度地点拨他策划案中的某些缺陷时,孙谦显得欠沉稳,每次都要把总监辩倒才罢休,总监觉得孙谦不给他面子。

相比之下,张磊就特别平易近人,讨论他的策划案时,他通常不辩解什么,大部分时间都在沉默。无论是领导还是同事,不管是水平高的还是水平低的,都可以畅所欲言。张磊谦虚豁达,从善如流,他对每个人的意见都详细记录。即使有时候觉得别人是错的,他也会时不时保持沉默,洗耳恭听。最后,修改过的策划书必定是融汇百川,但又能以最高层的意见为主线。为此,公司里的领导和同事都愿意为他的策划案提出自己的看法。

等张磊和孙谦都想竞聘策划经理的时候,大家几乎是不约而同地投了张磊的票,而孙谦则愤然跳槽。过了两年,听说孙谦再次跳槽,而张磊则春风得意马蹄疾,据说要担任策划总监一职了。

有时候争辩、抢话让别人觉得自己得不到尊重,觉得你不喜欢倾听他。这并不能给你带来什么好处,而适当的沉默则是一种倾听智慧,它在帮你赢得人缘的同时,也征服所有人的心。

6.最好不插嘴,即便插嘴也要讲艺术

每个人都会有情不自禁地表达自己内心想法的冲动。当你看到你的朋友和另外不认识的人聊得起劲时,可能有参与进去的想法。但是如果在他人说话的时候,不顾当事人的感受,不分场合与时机,随便插嘴抢话,这不仅扰乱了谈话人的思路,还会引起对方的不满,有时甚至会产生不必要的误会。更糟的是,也许他们正商议某件非常重要的事情,因为你的加入,使他们无法集中思想谈下去。或许他们正在热烈讨论,苦苦思索解决一个难题,由于你的插话,他们思维卡壳,忘了刚才的话,导致一场失败的讨论。

这天,刚开贸易公司不久的江涛和几个客户在办公室里谈生意,谈得差不多的时候,江涛的一位朋友来了。这位朋友平时就是大大咧咧,他以为这几个客户是来找江涛闲谈的人,于是他不问缘由,就开始插话:"哇,我刚才坐地铁的时候,看见一个老头和一个年轻人因为座位发生争执……"江涛给他使了个眼色,示意他不要说,但他却说得津津有味。江涛告诉他:"这几个是我的新客户,我们正在谈生意。"这位朋友顿感尴尬,借口去洗手间,悻悻地离开办公室。

"刚才说到哪里了?"几个人想继续刚才的话题,可刚出去的这个朋友觉得的挺失礼的,又回来向人家道歉。于是再次走进江涛的办公室,左一个"对不起",右一个"对不起",然后又开始啰唆自己刚才的话。

客户见谈生意的事被打乱,就对江涛说:"你今天先和朋友聊吧,我们改天再来拜访。"客户说完就走了。不多久,江涛再次邀请这几位客户时,人家已经把订单给了别的厂家了。

如果没有这个朋友过来插话,江涛可能早就做成一笔大生意了。这件事后,江涛很长一段时间都不想理会这个朋友。

随便打断别人说话或中途插话,不仅有失礼貌,而且往往在不经意之

第五章
有一类沟通叫隐忍——沉默的确是金,帮你征服所有人的心

间就破坏了自己的关系网。要获得好人缘,要想让别人喜欢你,万万不可在别人说话时随便插嘴。

1)当你想插话时,请提醒自己耐心再耐心,至少听完对方的话再发表观点。

心理学上有个名词叫做"心理定势"。即当一个人心里有事或有想表达的话题时,他就会启动其心理定势准备讲话,直到他把事情全部说完,他的心理定势才会转而倾听别人的话语。所以,你要想让别人倾听你,首先必须做到不随便打断别人说话,也不随便插话,学会耐心听对方讲话。这么一来,对方会有一种你很注意听他说话的感觉,认为你尊重他的意见,等他说完之后,他理所当然想听听你的想法。

如果你要发表观点,最好能做到即便话语遭到反对,或某人要发牢骚时,也能耐心地听对方把话讲完,并询问对方是否还有别的什么事情要说。这样做就消除了对方的抵触情绪,使他意识到你对他观点的兴趣。

2)如果实在是想插话,最好这样做。

当对方担心你对他的话题不感兴趣,显露出犹豫、为难的神情时,你可以趁机插入一两句话,让对方知道你在听,并且喜欢他的谈话。你可以说诸如:"我对你说的话题十分感兴趣""你能谈谈那件事吗?我想多了解一些。""请你继续说,很有意思。"一旦你向对方传达一种"我愿意听你说话"的意思后,对方会更喜欢和你交谈。

当对方在叙述中加入过多的主观情感,甚至不能控制自己的情绪时,你可以用一两句话来疏导,诸如"你一定很生气""你心情看起来很烦躁""你心里很难受吧"。对方听到你说这些话后可能会发泄一番,因为,这些话的目的就是鼓励对方把心中那些不良情感"诱导"出来,当对方发泄一番后,会感到轻松、解脱,也更想继续聊下去。

7.交友贵在真诚,但逢人要学会只说三分话

诚实是做人的准则,违背这一准则自然会受到惩罚。《围炉夜话》里说:"世风之狡诈多端,到底忠厚人颠扑不破,末俗以繁华相尚,终觉冷淡处趣味弥长。"意思是说尽管社会上盛行尔虞我诈的风气,但说到底还是忠厚老实人能永远立于不败之地。腐朽的社会习俗争相以奢靡浮华为时尚,但毕竟还是只有在清净平淡之中体会到的淡泊趣味更为持久绵长。

尽管社会上"假"字风行,但我们绝不能因此而丢弃诚实这一做人的准则,这对于整个社会的良性发展有利,也能更好地完善我们的品行,使我们能正确地与人交往。

但是真诚交友,并不代表你要把一肚子话"和盘托出",很多人有这样的毛病:肚子里搁不住心事,有一点点喜怒哀乐之事,就总想找个人谈谈;更有甚者,不分时间、对象、场合,见什么人都把心事往外掏。

按常理来说,这也没有什么不对,好的东西要与人分享,坏的东西当然不能让它沉积在心里,要说可以,但不能"随便"说,因为你每个倾诉对象都是不一样的,说心里话的时候一定要有"心机",该说则说,不该说千万别说。

俗话说:"病从口入,祸从口出。"你也许以为大丈夫光明磊落,事无不可对人言,何必只说三分话呢?老于世故的人,的确只说三分话,你一定认为这样很狡猾、不诚实。

其实,说话需看对方是什么人,对方不是可以尽言的人,你说三分真话,已经不少。孔子曰:"不得其人言,谓之失言。"对方尚不是深度相知的人,你也畅所欲言,以图一时之快,对方的反应如何呢?你说的话是属于你自己的事,对方愿意听你吗?彼此关系浅薄,你与之深谈,显出你没有修养;你说的话,是属于对方的,你不是他的挚友,不配与他深谈,忠言逆耳,显出

第五章
有一类沟通叫隐忍——沉默的确是金,帮你征服所有人的心

你的冒昧;你说的话是属于国家的,对方的立场如何,你没有明白,对方的主张如何,你也没有明白,你高谈论阔、轻言更容易招祸!

森林里,狐狸垂涎刺猬的美味很久了,但一直苦于刺猬的一身硬刺,狐狸一点办法都没有。

刺猬和乌鸦是好朋友,一天,刺猬和乌鸦聊天,乌鸦说很羡慕刺猬有这么好的铠甲,刺猬经不起乌鸦的吹捧,忍不住对乌鸦说:"我的铠甲也不是没有弱点。当我全身蜷起时,腹部还有个小眼不能完全蜷起。如果朝那个小眼吹气,我受不了痒,就会打开身体。这个秘密我只跟你说,千万要替我保密,要传出去被狐狸知道了,那我就死定了。"

乌鸦信誓旦旦地说:"放心好了,你是我的好朋友,我怎么会出卖你呢?"

不久,乌鸦落在了狐狸的爪下。就在狐狸要吃乌鸦时,乌鸦想到刺猬的秘密,对狐狸说:"你放了我,我就告诉你刺猬的死穴。"

于是狐狸放了乌鸦,后果可想而知。

其实,真正出卖刺猬的是它自己。它生活在一个充满危险、弱肉强食的森林里,能保护它的只有一身硬刺。它却为逞一时口舌之快,把自己的破绽告诉了乌鸦。

所以,逢人只说三分话,不是不可说,而是不必说、不该说,与交朋友是否真诚,并没有冲突。

下面的故事是小强的亲身经历,也许可以让你明白这个道理。

小强曾经放弃了原本发展不错的外资公司,与上司一起跳槽。因为他是老上司极力推荐的人选,新公司老总还算器重和信任他,把一些较为复杂的工作放心地交给他去做,这让他较欣慰。尤其让他高兴的是,只要他一从老总办公室出来,大伙就对他亲热起来,问长问短。

时间一长他发现,原来,大家总是想从他口里套到公司的有关机密。为了和大家打成一片,他就把一些事告诉了大家。可后来他发现,如此的"牺牲"并没换来同事的真心。一天同事在背后说:"一个连老板都敢出卖

的人,估计不是什么好人,谁敢和他走得近!"听到这种话,他欲哭无泪,也很心寒。

让他更没有想到的是,有同事将他所说的秘密告诉了老总。老总知道后非常愤怒——一个自己如此信任的人却可以随便将公司未公布的机密透露出去!一怒之下,只能将小强开除了事。

逢人只说三分话,并没有丝毫让人学狡猾的意思,因为有时你只说三分话,正是你的服务道德。做保密工作的自不必说;做人事工作的人,掌握工作单位所有人的档案,某某何时可升迁,何时受处分,自然了如指掌,但是决不可随便透露,如果口风不严,就可能授人以柄,陷入麻烦;做银行业务的人,业务大概情形,或者可以对人提及,对于存款人的姓名,你是绝对不该对人提及,这是银行人员的服务道德,依此类推,只可说三分话的例子还多着呢。

8.坦然地说"我不知道",会受到意想不到的欢迎

我国先哲孔子曾经说过:"知之为知之,不知为不知,是知也。"他的话告诉我们这样一个哲理:在现实生活中,许多人不愿意说出"不知道"这三个字,认为那样做会让别人轻视自己,使自己很没面子,结果却适得其反。

古希腊著名哲学家苏格拉底也曾说过:"就我来说,我所知道的一切,就是我什么也不知道。"苏格拉底以最通俗的语言表达了进一步开阔视野的强烈愿望。

如果一个人对自己不明白的问题加以隐瞒,不去向别人请教,在别人面前仍然不懂装懂,那他就是太无知、太虚伪了。人不懂并不可怕,可怕的是不懂装懂。在这个世界上没有一生下来就上通天文、下知地理、晓古通今的人,人们都是在不断地学习探索中充实自己的。只有虚心向别人学习,不

第五章
有一类沟通叫隐忍——沉默的确是金,帮你征服所有人的心

耻下问,才能不断进步。否则我们若像南郭先生那样"滥竽充数",那只能是被后人贻笑大方,最终被社会淘汰。其实,对自己不知道的事情,坦率地说不知道,反而更容易赢得别人的尊重。

心理学家邦雅曼·埃维特曾指出,平时动不动就说"我知道"的人,不善于同他人交往,也不受人喜欢,而敢于说"我不知道"的人,则显示的是一种富有想像力和创造性的精神。埃维特还说,如果我们承认对某个问题需要思索或老实地承认自己的无知,那么我们自己的生活方式就会大大的改善。这就是他竭力倡导的态度,人们可以从中受到教益。

凡是聪明的人,都有勇气承认"没有人知道一切事情"的这个事实。他们面对不了解的事情能够坦然地说自己不知道,随后就去寻找他们所欠缺的知识。承认自己不知道无损于他们的自尊,对于他们来说,"不知道"是一种动力,促使他们积极采取行动,进一步了解情况,求得更多的知识。

正因为人的心理通常是隐恶扬善的,所以人们会想尽办法来掩饰自己不知道的事情,宣扬自己所知道的事情。有时候,为了隐藏自己的弱点和无知,人们喜欢摆出一副不懂装懂的姿态,殊不知这样反倒给人一种浅薄的感觉。

有一次,一位外国人去旁听一位美国加州大学著名教授的演讲。课上他提出他做的老鼠实验的结果。此时,有一位学生突然举手发问,提出了他的看法,并问这位教授假如用另一种方法来做,实验结果将会怎样?所有的听众全都看着这位教授,等着看他如何回答这个他根本就不可能做过的实验。结果,这位教授却不慌不忙、直截了当地说:"我没做过这个实验,我不知道。"

当教授说完"我不知道"时,台下响起了经久不息的掌声。

同样的情况假如发生在另一位教授身上,情形恐怕就会完全不同。他一定会绞尽脑汁,说出"我想结果是……"的话来。

一般人都有不想让别人看出自己弱点的心理,因此很难开口说"不知道"。殊不知,有时对自己不知道的事情坦率地说不知道,反而可以增加人

们对你的信任和亲近。因为直截了当地说不知道,会给人留下非常诚实的印象,并且敢于当众说不知道,其勇气足以让人佩服。这样,对你所说的其他观点,人们会认为一定是千真万确的,因此对你也就会更加信任。

几乎每个人的知识面都是有限的,学问上的精通是相对的,认知上的缺陷是绝对的。世上没有无所不知、无所不能的"全才",尽管人们都在朝着这个方向努力。"知而好问然后能才"。聪明而不自以为是,并且善于向别人请教的,才能成才。敢于承认对有些事情、道理"不知道",正是求得"知道"的基础;"不知道"的强说"知道",自作聪明,自欺欺人,最终只会贻笑大方。

有个美术评论家总是大吹大擂,凡事不懂装懂。

有一天,那个评论家受一位知名人士邀请。这位名人家里来了许多美术界的权威,他们畅所欲言,谈笑风生。

一会儿,主人拿来一幅画像说:"这是我刚买来的毕加索的画,请诸位评论一下。"

于是,那个不懂装懂的评论家马上站起来说:"色彩华丽,线条鲜明,果然是毕加索的画。你刚拿来的时候,我就看出是毕加索的画了。"

主人听完,再仔细看了一下画说:"真抱歉,刚才我介绍错了,这不是毕加索的画,而是米开朗基罗的作品。"

"什么?米开朗基罗的?"

顿时,在座的各位看着那位评论家捧腹大笑。评论家满脸通红,不好意思地低下了头。

不要不懂装懂,所以孔子才告诉子由:"懂了就是懂了,没有懂就是没有懂,这才是真懂。"

求知最忌自欺欺人、不懂装懂。人们时常讽刺那种只会说"Yes!"的"假洋鬼子",这是不懂装懂的典型形象。而实际上,生活中这样的"假洋鬼子"到处都是,充斥于各行各业。如果只是读书求知,这种"假洋鬼子"还不过是害己而已,没有什么大的危害。但如果让这种人从政治国,那可就不是害己的问题了,小则害己害人,大则亡党亡国。所以,我们绝不要低估了不懂装懂的危害。因为它完全可能由一种个人品质而发展成为一种社会公害,后患无穷。

9.善用体态语言——它比有声语言更真实

体态语言与有声语言相比,它最大的特点,就是真实性更强。它们常常能够表达有声语言所不能够表达的情感,又往往比有声语言更简洁、更生动。一个具有修养的人,一个体态语言把握得十分到位者,给人的感觉一定很好。

亲切的表情

心理学家认为表情是感情或情绪的外在表现形式,表情是人的第二容貌。

人的表情千变万化:喜、怒、哀、乐、羞愧、惊讶、藐视、厌恶、傲慢、谦卑等,无时不刻传递着人的各种信息。

生活中,行动有时往往比语言更具有力量。比如微笑,是缩短人与人之间距离最快捷的方法。

无论在何处,只要你不吝啬微笑,往往就能够左右逢源,顺心如意。因为微笑表现着友善、谦恭、渴望友谊的美好情感因素,是向他人发射出理解、宽容、信任的信号。

罗杰·E·艾克斯泰尔说:"有一个世界通用的动作,一种表示,一种交流形式,它存在于所有的文化与国家中,人们不分国别、不分种族地使用它,并理解它的含义。它可以帮助你与各种关系的人交往,不论是业务伙伴还是朋友,它是人们交流中唯一最有用的形式,那就是微笑。"

微笑,是我们与身俱来的一种能力。如何自然、自如、自觉地使用它、表达它,需要经过有意识、反复地训练和培养。

怎样笑得真诚、让人接纳并感到温暖？怎样学会由衷而真诚地微笑？这就要求我们注意以下一些要领：

1)真诚的笑容源于内心；

2)由衷的微笑关键在眼；

3)理想的微笑还包括眼、嘴、唇的角度，笑要适度；

4)美仪的微笑要注意声和形；

5)每天在完全放松的情况下，练习10分钟的幸福感；

6)每天在镜前微笑两分钟。

儒雅的手势

手势是通过手和手指来传递信息，它包括握手、招手、摇手和手指动作等。手势作为信息传递方式，是先于有声语言的。所以，手势语在日常交流中使用的频率很高，范围也很广。手势是仪态的重要组成部分，正因如此，手势的运用决不能等闲视之。

手势语言动作灵活多变，表达的信息也极为丰富：

五指紧握拳并摇动手臂，向上或向前摇动，可以用来表示强烈的要求。

掌心向下，并猛烈下压，是一种表示抑制或压制的手势，能给人一种强制性和权威性的感觉。

两手掌心向着自己的前胸，好像是在拥抱，可以用来抒发希望得到对方肯定和认可的心情。

伸直手掌像刀一样上下斩切，可以在作决定时表示自己的果断和坚决。

掌心向外，用力推出，用来表示拒绝之意。

在与对方的交谈处于僵持状态时，五指成尖，仿佛在拿一件小东西，表示心情还比较平静，为了实现与对方的沟通和合作，乐于听取对方的意见。

右手或左手伸出大拇指，通常表示对对方的称赞和肯定，是"很棒"、"极好"的意思。

两手十指指尖交叉并拢，放在胸前或桌子上，能让对方感受到自己充分的自信心。

第五章
有一类沟通叫隐忍——沉默的确是金,帮你征服所有人的心

……

恰当地运用手势,可以使你的形象更加生动鲜明,但是,手势的使用应该以帮助自己表达思想为准绳,不能过于单调重复,也不能做得过多。反复做一种手势会让人感觉到你的修养不够,有些神经质;不住地做手势,胡乱做手势,更会影响别人对你说话内容的理解。所以,手势要用得恰到好处,有所节制,否则,就会产生适得其反的作用。

仪态万千,手势领先。优雅地运用手势,可以从以下几个方面去理解并训练:

1)手势因人而异。

不同的人有自己独特的手势。

男女手势有着本质的区别。手势的性别有明显的特质,男性刚毅有力,威武雄壮;女性轻柔、温婉、妩媚。千万不能互相混淆。

青年人血气方刚,朝气蓬勃,情感外露;成年人老成持重,沉着镇静,感情含蓄。手势在不同年龄段会有不同的表现方式。

2)手势力求简约、自然、适度、和谐。

男性的手势一般简练明快,女性会比较琐碎繁杂。从美仪的角度来讲,女性的手势应该着眼于简约,手势的繁杂会影响女性的妩媚。

手势是语言的辅助手段,不能过多过滥,哗众取宠,也不能随意发挥,宁少毋多,必须恰如其分,寓意深刻而动作精练。

手势的运用贵在自然、适度、情之所至;动作必须端庄、高雅。自然适度的手势语言,应符合要表达的内容、符合生活的美学情趣,是理、情、仪三者的和谐统一。

3)手势要训练,让其成为人体语言最和谐、最完美的组成部分。

手势的形成不是与生俱来,是受生活环境、语言习惯、个性修养、情感表达等多种因素的影响,有着浓厚的个人特质,清晰地反映着个人的内在修养。

10.即使压制自己的意见,也要在场面上迎合对方

如果事先通过调查了解了对方的看法或主张,那么在谈话时,你就可以将其作为自己的意见主动提出来,而对方肯定会赞同你的说法:"是的,是的,我也这样想。"从而对你产生奇妙的认同感,或者说是同感。

比如,假设对方坚决反对公司裁员。

你就可以在他面前大肆宣扬裁员的坏处:"裁员只会降低员工的积极性,产生反作用。"因为对方也是这么认为的,肯定会同意你的说法。这样一来,就加深了他对你的信任,在你面前放松警惕。

如果对方崇尚独身主义,你可以说:"结婚后麻烦的事多着呢,真羡慕你们独身的人。"相反,如果对方婚姻生活幸福美满,你就应该说:"还是结婚好。"也许有人认为这样毫无原则地转变意见就像变色龙一样,但我并不觉得这有什么不好,因为对方喜欢。

美国得克萨斯大学的教授经过研究证实,如果对方的意见与自己一致,人们一般就会认为对方的意见是正确的,并将这种现象命名为"一致效果"。

如果你能事先看透对方的想法,然后把它当成自己的意见提出来,那么在一致效果的作用下,就能增强他对你的信赖感。

人们对于和自己的主张不一致的说法以及意见,都相当敏感,比如类似下面这样的说法:

"是这样吗?"

"我不这么认为。"

"我感觉不太对。"

不管是谁,如果遭到了这样的反驳,感觉肯定好不了,还有可能破坏他的情绪。如果一个人的情绪变坏了,他的嘴巴就会像贝壳一样闭得严严实

第五章
有一类沟通叫隐忍——沉默的确是金，帮你征服所有人的心

实，再也不会说真话了。

因此，直接地反驳有很大的负面作用。要想让对方说出真心话，适度地"迎合"是必要的。

即便我们拥有明确的信念，有时也要根据对方的实际情况，隐藏自己的想法，或者说些和自己的想法不同的观点来迎合对方。

如果对方不喜欢你，就不可能对你敞开心扉。如果你认为让对方敞开心扉是最重要的，那么适当压制一下自己的意见也无可厚非。

战国时期的思想家韩非子认为，在看透对方心意之前，不能轻易说出自己的意见。假如你不合时宜地表达出了自己的意见，就有可能破坏对方的心情，导致谈话无法进行下去。

本书的目的是告诉你如何探究对方的真实想法，而不是如何和对方争论。为了达到这个目的，我们一定要有这样的心理准备——只要有需要就必须压制自己的意见。

自尊心过强的人，对于压制自己的意见多少会有些抵触。但是，最好不要为了自己的面子和自尊心而去与对方争论，一定要有能够接受任何观点的胸襟。

对于相反的意见，要暂且表示同意

人和人的意见不可能在所有方面都保持一致。比如爱不爱吃肉，喜不喜欢工作等，人们的意见多少会有些偏差，这才是人际关系的有趣之处。如果所有人都像克隆人一样没有自己的想法，反而很无聊。

话虽如此，我们不管是在闲聊还是进行谈判时，最好将"意见不一致"控制在最小范围内。即便不同意对方的意见，也要将这些否定性的语言咽到肚子里，至少要在表面上表示自己有"同感"。

"您不喜欢吃炸土豆饼？说实话，我也不喜欢吃。"

"我也读了那本书，开头真是引人入胜，让我印象深刻。"

"正如先生所说，这个方案无法获得顾客的认可。"

就像这样，通过发表相同意见，就能拉近自己和对方的心理距离。

不论出于什么样的理由，反对都意味着扫了对方的兴。因此，尽量不要提出相反的意见，特别是在初次见面的情况下，或者在想讨好对方的时候，如果能表示认同，说一些"的确如您所说"之类的话，会让对方感觉你是个不错的人。

"表示赞同"可以说是防止人际关系恶化的"预防针"。只要能在一开始发表一些相同的意见，即使后来在某些方面跟对方意见相左，彼此的关系也不会出现太大的问题。

我们不可能对反驳自己的人敞开心扉，甚至会反感或憎恨对方。相反，如果自己的意见能很快被对方接受，就愿意敞开心扉了。因此，最初一定要"容纳"对方的任何观点，而且这样做也可以迅速化解我们内心的紧张感。

"不是这样的。"

"你的说法中有很大的漏洞。"

"你的想法有些落伍了。"

如果总是遭到这样的反驳，估计不论是谁都会很恼火。特别是在刚见面不到10分钟的情况下，如果你凡事都唱反调，对方肯定会想"没有办法再和这种人交往了"。

总之，在开始的时候一定要表示同意。表示同意，其实是向对方发送了一种信号——我已经完全接受了你，对方肯定会很高兴。

擅长提问题的人，比如心理专家、律师、咨询师、补习班的老师等，毫无例外都擅长接受对方的观点，他们很少提反对意见。因此，他们容易得到对方的信任，从而能探听出别人无法问出的信息，甚至包括对方的隐私。

第六章

有一笔财富叫隐忍

——成功往往是"熬"出来的

　　天下没有免费的午餐,事业的成功、智慧的积累,都需要血汗地付出和不断地磨练。没有地基的空中楼阁难以矗立晴空,世上根本就没有一蹴而就的事业。

1. 看准了，绝不放弃，越"熬"就会越有希望

想做一番大生意不是一件很容易的事情，每一个富翁的财富都是在商海中经历了一番不同寻常地搏杀得来的。生意的圆满如同人生的圆满一样，意味着必须走完全程，意味着必须历经千难万险，意味着就算身临绝境也要咬紧牙关继续向前奔跑，战斗到最后一刻。

"不要惧怕失败，即使被踩到泥土中，我们也不能甘心变成泥土，而要成为破土而出的鲜花，从绝望中寻找希望，人生终将辉煌。"说这番话的人叫俞敏洪，是新东方的一校之长。在从一个北大教师到一个"个体户"的过程中，俞敏洪可算是经历了一番折腾，用他的话说，好像他把以前从来没有经历过的事情都经历了，把一生中的挫折都尝过了。

当年，在北大教了4年书的俞敏洪看到他昔日的同学、朋友都相继出国了，他的心里也蠢蠢欲动起来，他开始紧锣密鼓地张罗着出国的事情。遗憾的是，在努力了3年半后，他的留学梦仍然被无情地告吹了。为了生计，也为赚点钱继续他的出国梦，俞敏洪在校外办起了托福班，为自己的出国学费快乐地忙碌着，他逐渐地感觉自己离那个出国梦一天一天地近了。

1990年一个飘落着细雨的秋夜，正当俞敏洪和他的朋友高兴地喝着小酒，聊着家常，描绘着他渐渐清晰的出国梦时，北大的高音喇叭响了，宣布了学校对他的处分决定。

学校这个处分决定被大喇叭连播3天，北大有线电视台连播半个月，处分布告在北大著名的三角地橱窗里锁了1个半月。北大的这种"礼遇"，让俞敏洪没有面子在北大再待下去，颜面扫地，只得选择离开。被赶出家门的北大教师"逼上梁山"，选择了做一个"个体户"，一介书生，就此迈进江湖。

提起自己的成功，和自己往日为了生存而苦苦挣扎的经历，俞敏洪说："当一个人在绝境中为生存而奋斗时，他做什么都不会感到有心理障碍。"

第六章
有一笔财富叫隐忍——成功往往是"熬"出来的

这就是俞敏洪成功的理由。从最粗糙、最低级、最简单的事情开始,点点滴滴地做起,不在乎世人的眼光与评价,即使身处绝境也毅然前行,不抛弃,不放弃,坚持到底。

漫漫创业路,如同在茫茫海上航行,有一帆风顺的时候,也有风浪袭头的时候。所以,创业中,总是伴随着困难和挫折,那些能够正确面对困难和挫折的人,财富的大门永远向他敞开;相反,那些面对挫折一蹶不振的人,永远也无法到达胜利的彼岸。

生活中的挫折是考验我们的创业意志是否坚强的一个重要标准,成功历来只青睐那些即使面对绝境也绝不屈服绝不放弃的人。

雅诗·兰黛就是这样一个坚强执著的女人。

这个从贫民窟中走出来的传奇美丽女性,凭着自己的努力,成为世界上最富有的女性之一。《时代周刊》将这位化妆品女王评为20世纪最富有影响力的20位商业天才之一。但没有几个人知道在她创业的过程中充满了怎样的曲折和艰辛。在向化妆品王国进军的时候,她已经是两个孩子的妈妈,她创办的化妆品公司当时只有她一个人,生产、销售、运输、策划等都是她一肩挑,有时候接电话,她不得不经常变化嗓音,一会儿装经理、一会儿装财务部的总监、一会儿装运输部的负责人。但是,即使这样,她也没有一刻放弃自己的梦想与追求,以一种常人难以想象和理解的毅力坚持了下来。

不仅仅是雅诗·兰黛,很多超级富豪的创业史都充满了辛酸,都经历过创业的危机,都遭遇过生意和生活破灭的绝境。

松下幸之助决定创业时,所有的钱加起来只有100元,连买一台机器都不够,加上又不懂技术,艰难可想而知。为了渡过难关,他不得不先后十几次将妻子的首饰衣服送进当铺,我们可以想象他在绝境中的迷茫、困惑和痛苦,这样的压力和苦难不是常人所能忍受的。但是,松下幸之助挺过来了,并且最终实现了他的财富梦。

正如巴尔扎克所说:"世界上的事情永远不是绝对的,结果完全因人而异。苦难对于天才是一块垫脚石,对于能干的人是一笔财富,对于弱者是一个万丈深渊。绝境能造就强者,也能吞噬弱者。"

阳光总在风雨后,梅花香自苦寒来。面对困境,创业者必须心态平和,理智应对,不仅要勇于面对,奋力拼搏,更要沉着冷静,能屈能伸,学会微笑和坦然面对人生。如此才能从困境中走出来,使你在事业上获得胜利、创出辉煌。

在创业致富的路上,当我们久久奋斗而不见成效时,一定要坚持住,因为那时或许距成功只有一步之遥了,只要我们把这一步跨过去,成功便唾手可得。无论多么难,都要坚信,只要坚持就会有希望、有转机,这世界上,从来没有真正的绝境,有的只是绝望的思维,只要心灵不曾干涸,再荒凉的土地,也会变成生机勃勃的绿洲。

财富往往是"熬"出来的,很多首富之所以能够白手起家,并不在于他们比我们更聪明,而在于他们比我们更能"熬",看准了,绝不放弃,越"熬"就会越有希望。对于很多创业的人来说,起点都是一样,谁胜谁负,比的就是"熬"的韧性和耐力。

2.用压力逼自己一把,在隐忍中爆发潜能

忍耐的确是枯燥的。在漫长的等待中,压力在所难免,但是,换个角度想,有句话说得好,顶级的进步常常来自顶级的压力。

我们要想在社会的舞台上崭露头角,你必须学会在隐忍中与压力共存,化压力为前进的动力。只要我们相信能在面对压力时爆发自己的潜能,我们就会产生超凡的智慧和强大的精神动力。

如果说需要是发明之母,那么,压力可以称为潜能之母。因为,压力有时会把人的潜能发挥到极致。

第六章
有一笔财富叫隐忍——成功往往是"熬"出来的

有两个人,各自在一片荒漠上栽了一片胡杨树苗。树苗成活后,其中一个人每隔三天就挑起水桶,到荒漠中来,一棵一棵地给那些树苗浇水。不管是烈日炎炎,还是飞沙走石,那人都会雷打不动地挑来一捅一捅的水浇他的树苗。有时刚刚下过雨,他也会来,给他的那些树苗再浇一瓢。一位老人说,沙漠里的水漏得快,别看这么三天浇一次,树根其实没吸收到多少水,都从厚厚的沙层中漏掉了。

而另一个人相比之下就悠闲多了。树苗刚栽下去的时候,他来浇过几次水,等到那些树苗成活后,他就来得很少了,即使来了,也不过是到他栽的那片幼林中去看看,发现有被风吹倒的树苗就顺手扶一把,没事的时候,他就在那片树苗中背着手悠闲地走走。不浇一点儿水,也不培一把土。人们都说,这人栽下的树,肯定成不了林。

过了两年,两片胡杨树苗都长得有茶杯粗了。忽然有一夜,狂风从大漠深处卷着沙尘飞来,飞沙走石,电闪雷鸣,狂风撕卷着滂沱大雨肆虐了一夜。第二天风停的时候,人们到那两片树林里一看,不禁十分惊讶。原来,辛勤浇水的那个人的树几乎全被刮倒了,有许多树几乎被暴风连根拔了出来,林子里一片狼藉。摔折的树枝,倒地的树干,被拔出的一蓬蓬黝黑的根须,惨不忍睹。而那个悠闲的不怎么给树浇水的人的林子,除了一些被风拉掉的树叶和一些被折断的树枝,几乎没有一棵被风吹倒或吹歪。

大家都疑惑不解,纷纷向这个悠闲的人请教:"这老天有些太不公平了。那个人常给他的树施肥浇水,可他的那片树林,一夜之间彻底被风暴给毁了。而你呢,把这些树苗栽好栽活后,就对它们不理不睬了。昨夜那么大的风暴,竟没有吹倒吹歪你的一棵树,难道这有什么奥妙吗?"

这个人听了,微微一笑说:"奥妙当然有了。他的树这么容易就被风暴给毁了,就是因为他对树浇水浇得太勤,施肥施得太勤。"

人们更迷惑不解了,难道辛勤为树施肥浇水是个错误吗?

这个人解释说:"树跟人是一样的,对它太殷勤了,让它一直处于顺境中,就培养了它的惰性。经常给它浇水施肥,它的根就不往泥土深处扎,只在地表浅处盘来盘去。根扎得那么浅，怎么能经得起风雨呢？把它们栽活后，就不再去理睬它，地表没有水和肥料供它们吸取，就逼得它们不得不拼命地向下扎根，恨不得把自己的根穿过沙土层，一直扎进地底下的泉源中去。有这么深的根，还用担心这些树轻易就被暴风刮倒吗？"

水不加压，上不了高山；人不加压，难以成长。因为，人人都有某种程度的惰性——懒散、拖延、得过且过。许多潜力与才能，常常被这些惰性给毁掉了。

人生如逆水行舟，不进则退。所以，要给自己施加压力。如果没有压力，人们往往会放松对自己的约束或者习惯于迁就自己，对应该做的事情，总是迟迟下不了决心。

牧马人家的三匹小马渐渐长大了。一天，牧马人对小马们说："你们想不想长成驰骋天下的宝马啊？"

"想！"三匹小马异口同声地回答。

牧马人微笑着说："好，那你们现在想要什么？"

"我想要一幅精美的辔头。"一匹小马说。

"我想要一幅漂亮合体的马鞍。"另一匹小马说。

"我想要一根皮鞭。"第三匹小马说。

"皮鞭？"牧马人和其他两匹小马都吃了一惊。"因为我知道，不论是谁都有惰性，有了皮鞭的时时鞭策，我就会克服惰性，从而可以纵横天下的征程。"第三匹小马回答。

最后，第三匹小马果真成了一匹真正的宝马。

现实生活中的众多实例证明：人越是在压力大、处境难、事务多的情况下，越能干出成绩、成就事业。究其原因，鞭策使然。

如果你是一个有上进心、有远大抱负的人，那么无论是工作的高标准，还是领导的严要求，或是形势的紧迫性，对你而言都是一种鞭策，而鞭策既是压力也是动力。正是因为有了这些鞭策，才不断推动你去学习和工作，去完成一个个看起来很难但经过努力却终能完成的任务。在这

第六章
有一笔财富叫隐忍——成功往往是"熬"出来的

个过程中,你便得到了锻炼,得到了升华,得到了超越,从而实现了自己的人生价值。

人一旦无所事事、没有压力、没有鞭策,就会懈怠下来,就会不思进取、得过且过,最终就会一事无成。

当然,人不会时时都处于有压力、有动力的境况下,所以要学会自我加压、自我鞭策。如果我们能时常鞭策自己,努力提高思想和业务素质,就能为自己赢得更加广阔的舞台。

自我施压,能强迫自己改掉不良的习惯,同时也是个自我调整和提升的过程。自我施压,等于给自己安上了一个"驱动器"。借助于这个驱动器,就能促使你冲破层层阻力,闯过道道难关,成就一番事业。

过分的安逸会使人变得懈怠,变得"弱不禁风",经不起生活的击打。只有不断地自我加压,勇敢地挑起生活的重担,人生的步履才会迈得更坚实、更稳健、更有力。

心理学研究证明,人在某种巨大压力的驱使下,能使自己的体力和耐力达到正常情况下决不能达到的程度。一个神经错乱的人,当他发狂时,为什么会有正常情况下所不可能有的体力呢?就是因为人的身体具有潜在的能量。

在一次火灾中,有个年龄很大的妇女居然把一个很沉的大柜子从五楼搬到了楼下,大家都很惊讶,她居然有那么大的力气。事后,让那个妇女再去搬那个柜子,她怎么搬都搬不动了。四个强壮的青年费尽力气才勉强地把柜子搬回到原来的地方。可见,这位妇女在巨大的压力面前,居然突破了自己的身体极限。

医学研究已经证明,人的言谈举止、交际水平和心律、血压、消化器官运动以及脑电波都可以受到精神力量的控制和影响。比如有的人不幸患了不治之症,但一旦心态积极和精神振作起来,决心与病魔斗争,想干什么就专心致志地干什么,最后竟创造出了生命的奇迹。正因为这类事例各国都有,并有据可查,科学家们正在预言:终有一天,我们会发现人体有能力使自身再生。这不是指医学领域的新发展,而是指精神力量的巨大作用。

有这样一个故事:

一天,拿破仑骑着马正穿越一片树林,忽然,他听到一阵呼救声。于是他扬鞭策马,来到湖边,看见一个士兵一边在湖里拼命挣扎,一边却向深水里漂去。岸边的几个士兵慌作一团,因为水性都不好,眼看着这位士兵有溺水的可能,却都不知道该怎么办。

拿破仑问旁边的那几个士兵:"他会游泳吗?"

"只能扑腾几下!"

拿破仑立刻从侍卫手中拿过一支枪,朝落水的士兵大喊:"赶紧给我游回来,不然我就毙了你!"说完,朝那人的前方开了两枪。

落水的士兵听出是拿破仑的声音,又听说拿破仑要枪毙他,便使出浑身的力气,猛地转身,扑通扑通地游了回来。

拿破仑对那位落水的士兵说"毙了你",就是为了让他陷入绝境,从而不得不使出全部力量和智能,最终自救成功。这就是心理学上所说的"急中生智"。

一般来说,人在承受意料之外的重压时,都会产生极度紧张的情绪,心理学上把这叫做应激。当情绪处于高度应激状态时,人的激活水平快速发生变化,表现为心率、血压、肌肉紧张度发生显著的变化,大脑皮层的某些区域高度兴奋。

在这种情况下,人们可能急中生智,表现出平时没有的智力或能力,做出平时不能作出的勇敢行为,发挥出巨大的潜能,促使事情发生意想不到的转变。

现在已经是十几家服装连锁店老板的孙莉便是一个超越压力而发挥潜能的典型。

十几年前,孙莉从单位下岗了。她那时已经离异两年了,独自带着两个孩子生活。她没有其他经济来源,加之,她既未受过正式教育,又没有谋生

第六章
有一笔财富叫隐忍——成功往往是"熬"出来的

技能,危机降临到孙莉的头上。更可怜的是,在下岗决定试着创业后,她却因为上当,被骗走了所有的积蓄。她上街当起了擦鞋女,靠替人擦鞋赚取少得可怜的收入。在所有人看来,她的境遇够悲惨的了。可是孙莉却没有因此放弃希望。

有一天,她去市场选购服装,发现适合中年女性穿着的服装只有少得可怜的几种尺码,同时花色非常呆板,缺少变化。这种服装是由外地一家的服装厂制造的,样式千篇一律,做工粗糙,一点也不能表现出中年女性的美感。危机中的孙莉马上意识到这一发现的价值,她决定改良服装,满足中年女性的多样需求。

虽然当时几乎所有的朋友都对她的想法提出了警告,但孙莉充满自信,以借来的几百元资金开始在家里为有需要的中年女性改缝她设计的衣服。由于她改缝的衣服美观、实用且有特殊的风格,因而立即受到了顾客的欢迎,孙莉的生意也就越做越大。后来,孙莉创办了自己的服装厂,专门为中年女性生产各种样式的服装。孙莉还开起了服装店,并且很快就到省城开了连锁店,公司不断扩大。

孙莉在压力中产生的灵感不但从危机中挽救了她,而且还促成了她的成功。孙莉的例子在生活中并不少见。如果孙莉一直过着养尊处优的生活,她是绝不会想到那一点的,因为她没压力感,根本不会去积极发挥自己全部的潜能,寻求摆脱困境的办法。

古语曾有"置之死地而后生"、"破釜沉舟"等说法,讲的就是事情往往到了压力的关头才有转机,因为此时当事者才不得不冷静下来,绞尽脑汁去思考转危为安的方法。的确,压力在很多时候能激发出强大的精神力量,把人的潜能发挥到极点。因此,我们除了要对压力有正确认识外,还应该感谢压力所赐予的其他东西,即激发人的潜能。

3.在蛰伏的时候,要明白自己的目的

　　一个善于隐忍和积累实力的人,当他缩起脑袋向外观望时,往往表现得像一只弱小的乌龟。对于人们的鄙视和不屑,他们会呈现出一种近乎麻木的姿态,毫不在乎外界的种种非议和诱惑,也不计较一时的输赢。在很长的一段时间里,他都会躲在壳里等待时机。即使有再大的诱惑,他也不会伸出脑袋,因为他期待的时机还未真正到来。只要他的能力还不足以让他一鸣惊人,他就会耐心地做一名等待者。在此时期内,用充足的时间,让自己的内心变得更强大,能力变得更加突出。经过了长时间的观望和潜心修炼,他慢慢地变得成熟了,然后一旦有机会,他就将破壳而出、一鸣惊人。这个过程看起来有些无聊和枯燥,但其实它是一个必不可少的提升内在能力的人生阶段。

　　中国历史上赫赫有名的越王勾践,就是一名著名的蛰伏者。作为一个失败的诸侯国君主,为了复国,他忍辱负重、卧薪尝胆,甚至不惜屈尊去服侍强大的吴王,还进献了美女西施。勾践抵达吴都后,吴王夫差有意羞辱他,将这位一国之主囚禁在一个石室里,更让他住在自己父亲阖闾的坟前,为其守墓喂马。

　　夫差骑马出门时,故意让勾践牵马在国人面前走过,这无疑是更大的羞辱。遇到这样的侮辱,十个国君会有九个选择自杀,但是勾践表现得与众不同,他就像一只恭顺的乌龟那样毫无怨言。他自称贱臣,对吴王执礼极恭,吃粗粮、睡马房、服苦役,表现得甚至超过了夫差手下的仆役。

　　当夫差生病时,勾践毕恭毕敬地前去问候,还俯身去品尝吴王的粪便,以诊断吴王的病情,没有任何的抱怨。凭借着强大的隐忍力,勾践将自己的一切欲望降到了最低点,使得夫差相信他确实已经真心臣服。

　　最后,夫差大发善心,力排众议,释放勾践夫妇和范蠡回国了。

第六章
有一笔财富叫隐忍——成功往往是"熬"出来的

逃出生天,是勾践达到的第一个目的,这是极限的隐忍带给他的第一个回报。回国后,他就发誓复国,报仇雪恨。但第二个问题来了:越国的实力太弱,还不是吴国的对手。为了防止自己再度被安逸的生活消磨了斗志,勾践将干柴草当作被褥,在饭桌上方悬挂了一个苦胆。每次吃饭前,都要先尝尝苦胆的味道,时刻提醒自己莫忘国耻。

过了几年,越国的实力变得空前强大,机会终于来临。勾践果断地发兵伐吴,一举灭掉了吴国,称霸东南。

在漫长的蛰伏过程中,勾践展现出了超强的忍耐力和深远的谋略能力。他的隐忍并不单纯体现在忍辱负重的举动上,而是在极端困苦的情况下,冷静地等待时机,修炼自己的毅力,观察时机,判断形势,客观分析当前的局面。

他知道,现实条件还不允许他有任何作为,当时越国的国力也不容许他采取任何激进和冒险的策略。因此,他唯一的选择就是低下头来,跪在地上,"先做奴隶,再做主人"。

这是蛰伏者最重要的任务,也往往是一个必经的阶段。抵拒外界的诱惑,关注内在的提升,充实心灵,储备潜能。一个现实的"弱者"只有经过了这一个阶段,才有向强者挑战的资格,否则根本没有胜算。

巴菲特就是这样一位经典的蛰伏者和金融世界最终的征服者。他的蛰伏与勾践忍辱负重的蛰伏是有所不同的。他自幼衣食无忧,人生从一开始就并未遇到太多的不如意。他本可以在无数的机遇面前大干一场,却选择了静悄悄地专注于自己的长远目标,不断地积累资本和实力。

因为他更冷静,在无须隐忍的时候仍旧致力于强化自己的意志,努力提升自身实力,尽量把握全局,最终获得了更多。他能够以合理地投入取得最大化的收益。尤其是在他长久持有一只股票时,面对市场的价格波动,依然保持内心的平静,体现出面对短期利益诱惑应有的理性。

那么,在蛰伏的时候,最要紧的事情是什么呢?

首先,不是趴下来躲避那些明枪暗箭,也并非什么都不做,一味地袖手旁观,而是积累你的资历、能力和见识,使自己迅速地得到实际性的成长。

其次,将全部的精力用于资本的积蓄和经验的增加。此时就像身处暗夜森林,前方的路途不明,身边遍布危机。有些自以为勇敢的人这时可能会挺身而出,无畏地向着一个方向冲杀过去,以为这样就能战胜眼前的困难,冲破黑暗,杀出一条血路。殊不知,这样做最可能发生的事情就是,你还没走出两步,就被野兽吃掉或被猎人一枪打死,抑或掉进陷阱。唯一正确的选择就是趴下来,保存体力分析和思考目前的形势和自己所处的环境,继而在冷静的状态下制订下一步的计划。

4.从不喜欢的事情做起,在隐忍中转换负能量

大部分人做事都是从易到难,从喜欢的事情做起,但恰恰做喜欢做的事情一般都阻碍工作进展,是效率最大的杀手。而不愿意做某件事情的借口往往是没什么兴趣,其实真实的原因是自己没有能力在当前把事情做好。这就形成了一种循环,因为不擅长,或者没有自信心,所以拖延着不做,而拖延着不做会让自己处于急于逃避或者应付了事的状态中,并没有从根本上深入理解工作的本身,因此也无法提高自身的能力,最终变得越来越不喜欢应该做的事情。结果使得这一方面的能力愈加弱化,并且在心里形成一种惯性思维——"我没兴趣,也做不好,我并不喜欢做这件事情"。结果越来越不喜欢去做它。

很少有人对分派下来的工作会兴奋得两眼发光,除非他是工作狂,而且恰巧分配下来的工作又是他最擅长且最喜欢做的。这时候就要面对一个问题,如何完成一项枯燥、自己又没有把握的工作呢?譬如说这项工作需要8个小时才能完成,如何在8个小时里不被随时而来的干扰或者欲望

第六章
有一笔财富叫隐忍——成功往往是"熬"出来的

打断,最好的方法就是把时间分段。一般人注意力集中的时间都不长,5~6岁的儿童持续时间为10分钟,7~8岁的儿童是15分钟,上小学的孩子则是20~30分钟,成年人也只有30分钟左右,学校设置每节课的时间也不过45分钟,所以长时间地集中注意力是一个普遍的难题,更何况对自己毫无兴趣的事情。

对于一般人来说,专注某件事情长达一个小时是非常困难的,但15分钟就不会那么艰难了,尝试以15分钟为段,如果做到了,就对自己说:"看起来做得不错,不妨再做15分钟。"趁着自己在状态时再接再厉,半小时就过去了。原本事情是没有喜欢或者不喜欢之分,而是我们对事情的感觉让它有了这一层的定义,任何事情在着手时,想象的感觉就消失了,不管你多害怕它,或者认为它多么讨厌,当沉静下来投入到工作中时,不好的感觉就不存在了,工作就是要找到"我在"的状态。

每天从最不喜欢的事情开始做起,坚持做完它,然后再做第二件事情,一直做到最后一件才开始做你喜欢的事情。从心理上最困难的事情入手,在中途不要跳跃那些你不喜欢做的事情,这是一种强化训练,坚持下去,强化的效果会越来越大,最终你会觉得你有力量完成任何事情。

刚刚晋升为销售部经理的张蓓每天做的第一件事情就是给那些难啃的顾客打电话,或者直接登门拜访,但刚进公司的她可不是这样的。销售菜鸟的她每天都在为给陌生顾客打电话头痛不已,所以总是拖拖拉拉,做一些杂七杂八的事情来逃避,一个月下来,人事部主管找她谈话时委婉地提出了辞退她的想法,张蓓这时候意识到自己在试用期的表现并不好,面临着丢掉工作的厄运。谈话后的第二天,早上刚开始工作她就直接给顾客打电话,因为技巧并不好所以被顾客拒绝的频率很高,一个上午下来,她反而比以前轻松,比起以往整天想着联络顾客而未能付诸行动的恐惧,顾客直接的回绝虽然让人沮丧,但内心并没有那么大的负担。一个星期后,她成功地完成了一个订单,这也是她进入公司后第一笔销售业绩。和顾客打交道愈多,沟通的技巧也愈加成熟,慢慢地形成了一早有预约和拜访顾客的工作习惯,随着业绩突出很快她就荣升为销售部经理。

主动选择面对自己不喜欢的事情——因为把它排除掉后,你就开始做愉快的那一部分工作,这让你更愿意投入到工作中,并且有着快乐的体验,从而有效控制了拖拉。

从不喜欢的事情做起让你工作时更有力量,也更加投入,进而慢慢改变你对工作的看法和态度。对于足球选手来说,日常训练中的仰卧起坐是最无聊、最枯燥的,却是每日必须训练的一项,那些优秀的运动员往往优先做这一项,事实上它很快就会过去,他们也可以享受接下来所有的训练活动,这点小改变会使他们对整个训练的感觉产生了很大的不同,而那些平庸的运动员不得不整天都在担心,因为他们把这一项留到了最后,从而使整个训练都充满了压力和焦虑。

哲学上有个经典故事,天下有两种吃葡萄的人。一串葡萄到手,一种人挑最好的先吃,而另一种人把最好的留在最后吃。第一种人吃得很不开心,因为接下来每吃一颗都要比上一颗味道差,这就像吃惯山珍海味的人是没办法习惯吃粗茶淡饭的,吃了最甜的水果,接下来无论吃多甜的食物,都会觉得是不甜的,做完最喜欢的事情,接下来每件事情都是让人生厌的;第二种人是快乐的,因为他吃了最难吃的葡萄,接下来每一颗葡萄的味道都会比上一颗要好。从最不喜欢的事做起,接下来无论做什么事情,都充满了乐趣,所以接下来他吃每颗葡萄都是欢天喜地的。

5.耐心是隐忍的基石——只有忍到瓜熟之时,蒂才能脱落

有一个小孩,很喜欢研究生物,很想知道蛹是如何破茧成蝶的。有一次,他在草丛中看见一只蛹,便取了回家,日夜观察。几天以后,蛹出现了一条裂痕,里面的蝴蝶开始挣扎,想冲破蛹壳飞出。艰辛的过程达数小时之

第六章
有一笔财富叫隐忍——成功往往是"熬"出来的

久,蝴蝶在蛹里辛苦地挣扎着。小孩看着有些不忍,想要帮帮它,便拿起剪刀将蛹剪开,蝴蝶破蛹而出。但他没想到,蝴蝶挣脱蛹以后,因为翅膀不够有力,根本飞不起来,不久便痛苦地死去。

那只蝴蝶在蛹里要破壳飞出来的时候,在最后的几小时中要不断地挣扎,挣扎的过程实际上是成长的过程,是获得新生的过程。如果它通过努力能将这个蛹打开裂口,飞出来的时候,它便可以轻松自如。但是这个小孩帮了它加速了这个过程,用剪刀剪开蛹壳,蝴蝶虽然轻而易举地出来了,可是它的翅膀却没有经过在撕破蛹的过程中的奋斗,不够强壮。所以这个小孩想帮蝴蝶的忙,结果反害了蝴蝶,正所谓欲速则不达。

我们人也一样,成功需要力量的积聚,急于求成必然会导致最终的失败。破茧成蝶虽然是非常痛苦和艰辛的过程,但只有经过这番磨难才能换来日后的翩翩起舞。所以,在做事情的时候,我们一定要遵循事物的规律发展,千万不能为了一时求快,而违反事物的发展规律。只有瓜熟之时,蒂才能脱落。

《战国策》中有一个故事是这样的:有一个国君愿意出一千两黄金购买一匹千里马,可3年过去了,千里马仍没买到。这时,有个侍臣向国君请求出去寻求千里马。侍臣找了3个月,终于找到了线索,可到地方一看,马已经死了。侍臣拿出了五百两黄金买回了那匹千里马的头骨,返回交给了国君。国君非常生气:"我所要的是活马,怎么能把死马弄回来而且还用了五百两黄金呢?"

侍臣回答说:"您连死马都肯花五百两黄金买下来,何况活马呢?消息传出去后,很快就会有人把千里马给您牵来。"果然,不到一年时间,就有好几匹千里马送到了国君手中。

侍臣很聪明,他明白急于求成得不到千里马,运用一定的方法,做足准备,自然能够达到目的。人也一样,只有注重知识的积累,迎难而上,一步一步地来才能变得坚强有力,成功才会不期而至。

日本近代有两位一流的剑客,一位是宫本武藏,另一位是柳生又寿郎。

当年，柳生拜师宫本。学艺时，向宫本说："师傅，根据我的资质，要练多久才能成为一流的剑客？"

宫本答道："最少也要十年吧！"柳生说："哇，十年太久了，假如我加倍苦练，多久可以成为一流的剑客呢？"

宫本答道："那就要二十年了。"

柳生一脸狐疑，又问："假如我晚上不睡觉，夜以继日地苦练呢？"宫本答道："那你必死无疑，根本不可能成为一流的剑客。"

柳生非常吃惊："为什么？"宫本答道："要当一流剑客的先决条件，就是必须永远保留一只眼睛注视自己，不断反省自己。现在，你两只眼睛都只盯着剑客的招牌，哪里还有眼睛注视自己呢？"柳生听了，满头大汗，当场开悟，终成一代名剑客。

获得成功的人都知道，进步是一点一滴不断地努力得来的；万丈高楼是由一砖一瓦堆砌成的；足球比赛的最后胜利是由一次一次的得分累积而成的；商业的繁荣也是靠着一个一个顾客的购买造成的。大道至简，所谓的成功就是一步一步地往前走，除此之外别无捷径。事业如同耕耘，有人因进展太慢而中途放弃，试图揠苗助长，但急于求成者常常会自毁前程。

春秋末期，齐国国王齐景公非常器重相国晏婴，国中无论大小事情，都要向晏婴请教，然后才可以定夺。一次，齐景公正在海边游玩散心，忽然接到侍者的报告，说："大王，大事不好了，相国晏婴病倒了，十分危险啊！"

齐景公听到这个消息，惊慌失措，下令马上回京。他挑选了最好的驭手驾车。挑选了最好的马匹拉车，急急忙忙地出发了。在车上，齐景公不住地催促驭手："快点，再快点！不然相国就会危险的！"虽然马车跑得已经够快的了，但齐景公仍然觉得太慢，于是就把驭手推到一边，索性自己拿起鞭子赶起车来。这样跑了一阵子，齐景公还觉得不够快，怎么办呢？

这时候，心急如焚的齐国国君做出了一个惊人之举，他干脆跳下马车，徒步奔跑了起来。跑了一会儿，齐景公累得汗流浃背。上气不接下气。齐景公当然没有四条腿的马跑得快了，他一心求快，结果反而更慢了。齐景公见这样不行,只好又回到车上,让驭手重新驾驶马车往京城赶路,这个时候的齐景公才觉得,还是马车走得快,假如自己赶车或者徒步跑回京城,还不知道要到什么时候才能够到达。

耐心,是隐忍的基石,也是成功的根本。没有耐心的人,遇到困难就会灰心丧气,遇到险阻就会中途放弃。有耐心,再艰难的事也能办成功,没有耐心,再容易的事也难办成功。

成功者的步伐永远是从最浅的脚印开始的。因为比较弱小,所以还需要成长,需要耐心的等待、积累。没有量的积累就没有质的飞跃,"欲速"反而"不达"。急功近利一直是成功路上的绊脚石,成大事者不会在意眼前利益得失。

6.不屑于做细微之事的人,永远成就不了任何大的功业

任何人都不可否认的一个事实就是:最伟大的生命往往是由最细小的事物点点滴滴汇集而成的。绝大多数人很少能有机会遇到那种重大的转折,很少有机会能够开创宏伟的事业。而生活的溪流往往是由这些琐屑的事情、无足轻重的事件以及那些过后不留一丝痕迹的细微经验渐渐汇集成的,也正是它们才构成了生命的全部内涵。

科学界的巨匠玄姆霍兹把自己一生的成就归功于他在因伤寒发作而得的狂热症。当时,由于他生病不得不呆在家里,足不出户,他就用很少的一点钱买了一架天文望远镜,而正是这架望远镜把他带入了科学的殿堂,并让他日后在这个领域里名声大噪。

世间最睿智的国王所罗门说过,万事皆因小事起,而摩德纳的水桶这个故事正是这句名言的一个有力例证。

1005年,摩德纳联邦的几个士兵带着这只著名的水桶跑到了隶属于波

罗尼亚国的一个共和国里去了。这原本是一件不值一提的小事,但是却引起了一场纠纷,引发了一场长达十几年的战争。

克里米亚战争造成了巨大的人员伤亡和财产损失。欧洲的四大强国英国、法国、土耳其和俄国都被牵连了进来,而战争最初却是因一把钥匙而起。

土耳其宣称,耶路撒冷圣墓中的一个神龛归土耳其的基督教会所有,于是就把神龛锁了起来,并且拒绝交出钥匙。这一行为使得希腊的教会很恼火。后来,争端不断升级。于是,俄国作为希腊的保护国,法国作为拉丁教会的代表也参加了进来。形势开始变得复杂起来。俄国要求土耳其对希腊的教会进行补偿,但土耳其拒绝这一要求。由于英国传统上就有保护土耳其人的习惯,在这场纠纷中他们理所当然地站在土耳其人的一边,同他们结成联盟共同反对法国和俄国。就是这样芝麻粒大小的事情,引发了这场巨大的纠纷。

法国历史被篡改,一个强大的王朝被推翻,但它的起因却是一碗酒。

奥尔良公爵是国王路易·菲利普的儿子,在同朋友一起喝酒时,奥尔良在朋友们的力劝之下多喝了几杯。后来聚会结束后,大家将要离去时,他叫了一辆马车。可是这时候马有点受惊了,把他掀倒在地上,由于失去了平衡,他脚下踩空,头朝下摔倒在人行道上,不省人事。如果不是那几杯酒,他可能不至于会坐不稳而摔下来;或者,即使摔倒在地,他自己也许还能站起来。但他再也没有起来,几杯酒使得这个王位继承人丢了性命,而他的全家后来也遭到了流放,他们家族的巨额财产也全部被充公。

大约半个世纪以前,一个行人停在苏格兰北部的一家乡村客栈过夜。在他停留期间,信使给老板娘带来了一封信。老板娘接过来,审视了一番,又原封不动地把信还给了信使,说,她付不起信的邮费。

听了这些话,行人坚持要替老板娘付邮费。当信使离开了以后,那老板娘坦白地跟他说,其实信里根本没什么内容。她知道写信的是自己的弟弟。他住得离她比较远,他们姐弟俩约定好,在写信的时候他们只要在信封上做一些特殊的记号,他们就彼此明白对方过得是否很好。

这个行人就是著名国会议员罗兰德·希尔。这件小事启发了他,他马上就意识到人们需要一种价格低廉的邮寄方式。没过几个星期,他就向国会众议院提出了一项议案来降低邮费。正是由于这样一件小事,才有了后来费用低廉的邮政制度。

格兰特将军回忆说,有一次他妈妈让他到邻居家去借点黄油。路上,他听人在念一封信说,西点军校正在招生。于是,他就没去借黄油,而是直接去西点招生处申请去西点的名额。也正是这个机遇,使他有机会接受正规的军事教育,从而为他日后在国家的危机中大显身手奠定了基础。他经常说,就是他妈妈叫他去借黄油这件小事情才使得他成了将军,继而当上了总统。

一艘小船颠覆了,却使华盛顿因此而生在了美国;一个矿工在挖井的偶然事故中发现了赫库兰尼姆古城遗址;航海冒险中的一次大错竟然发现了马德拉群岛……

不要看轻任何细微的小事,那些对自己的本性毫无认识,不屑于做细微之事的人,永远成就不了任何大的功业。

7.在隐忍中,知识的积累比财富更有价值

知识的积累比之财富更有价值,它能使一个人从博学中领悟智慧,能帮助一个人从黑暗中走向光明。犹太人特别重视金钱,但他们认为知识比财富更重要。这则犹太人的传说故事就反映了他们对于知识和财富的看法:

一次,很多富翁乘一艘大船出海旅游,酒足饭饱之后他们各自吹嘘自己如何富有,一个比一个说得离谱。一位读书人在一边听他们的争论却默

不做声。

一位富翁问那个读书人:"年轻人,你有什么财富?快对大家说说!"

读书人微笑着说:"我比你们都富有,只是现在我无法拿给你们看……"

富翁们以为他不过是一个穷光蛋在自吹而已。几天后,游船遇到了一伙海盗,富翁们随身携带的金银财宝全部被洗劫一空,富翁们懊恼极了。

大船继续向前驶抵一个港口后,实在没有资金再向前航行了。富翁们上岸后,困窘得只好靠给人做苦力来填饱肚子;可读书人很快就被聘到学校去教书,生活自然比富翁们好多了。

几年后,读书人有了一定的积蓄又娶了漂亮的妻子,而当年自吹自擂的几个富翁,却沦为了真正的穷光蛋。他们若有所悟地对年轻人说:"小伙子,你这才是真正的财富,把知识藏在肚子里,什么时候需要用都有,也不会遭到海盗的劫持……"

人人都希望拥有财富,很多人去学习知识的目的就是想获取财富。

一开始,人们是用金钱去学习知识,然后再用知识去获得财富。财富可以天生拥有,而知识却要通过艰苦地学习才能获得;知识有可能会转化成财富,而财富却无法买到知识;财富可能一夜之间消失,知识却可以让自己受用一生;财富会贬值,而知识只会越来越有价值。人们常说"知识就是财富",却从未听说有"财富就是知识"的说法。

有人喜欢聚敛钱财,对于他们来说,知识只是获取钱财的一个手段。但这些身外之物,往往会随着时间和境遇而来去空空。唯有知识的积累,才是实在而永久的。

而忙着聚敛财富的人,就很少想过再去收集知识了。因为按照他们的思维模式:读书的目的就是获得更多的财富,既然目的已经达到了,再去积累知识又有何用。近几年的高考,有越来越多的考生弃考,一部分的观点就是,现在大学毕业就业难,读完大学几年,出来跟没上那么多年学的人抢饭碗,好像并不怎么划算。成功的道路千万条,不敢说这样的选择就是错的,只是用财富去衡量知识,未免有些失准。

在这方面,杰出的企业家托马斯·金曾受到加利福尼亚的一棵参天大树的启发:"在它的身体里蕴藏着积蓄力量的精神,这使我久久不能平静。崇山峻岭赐予它丰富的养料,山丘为它提供了肥沃的土壤,云朵给它带来充足的雨水,而无数次的四季轮回在它巨大的根系周围积累了丰富的养分,所有这些都为它的成长提供了能量。"

那些学识渊博、经验丰富的人,比那些庸庸碌碌、不学无术的人,成功的机会更大。许多天赋很高的人,终生处在平庸的职位上,导致这一现状的原因是不思进取,他们宁愿把业余时间消磨在娱乐场所或闲聊中,也不愿意看书学习。其实,随时随处都有知识可以积累。对于一切接触到的事物,都要细心观察、研究,积累知识比积累金钱更要紧。如此,所获得的内在财富要比有限的薪水高出数倍。

8.谋财之道更像一场马拉松赛跑,而不是百米冲刺

谋财之道更像一场马拉松赛跑而不是百米冲刺,前100米领先者不一定就能成为全程的冠军,甚至都不可能跑完全程。在这遥远的征途上,你的准备和积累将会起到决定性的作用。如果你自觉先天不足而又已然踏上征程,那就更要格外注意随时给自己补充营养。牢牢记住,把眼光放得长远一些,准备好到达终点之前的一切。

中国有句古语:凡事预则立,不预则废。意思是说,在做任何事时,事先具有准备和预见是成败的关键。而要具有正确的预见,就必须具备超前的思维。只有想在他人前面,才能做在他人前面。

在充满竞争的当代社会里,只有超前,才能把握时机;只有超前,才能获得发展;只有超前,才能使自己立于不败之地。如果说能预知三天之后发

展变化的人是聪明人,那么能预知三年之后发展变化的人就是伟大的人。很多成功的亿万富翁,就是伟大的人。

美国有一家规模不大的缝纫机厂,在第二次世界大战中生意萧条,工厂老板杰克看到战时百业俱凋,只有军火是个热门,而自己却与它无缘。于是,他把目光转向未来市场,他告诉儿子,缝纫机厂需要转产改行。

儿子问他:"改成什么?"

杰克说:"改成生产残废人用的小轮椅。"

儿子当时大惑不解,不过还是遵照父亲的意思去办。经过一番设备改造后,一批批小轮椅面世了。这时战争刚刚结束,许多在战争中受伤致残的士兵和平民,纷纷购买小轮椅。杰克工厂的订货者繁多,该产品不仅畅销美国,还远销国外。

儿子看到工厂的生产规模不断扩大,财源滚滚,在满心欢喜之余,不禁又向父亲请教:"小轮椅不能继续大量生产,因为需求市场快要饱和了。未来的几十年里,市场又会有什么新需要呢?"

老杰克早已成竹在胸,反问儿子:"战争结束了,人们的想法是什么呢?"

"人们对战争已经厌恶透了,希望战后能过上安定美好的生活。"

"那么,美好的生活靠什么呢?要靠健康的身体,将来人们会把身体健康作为重要的追求目标。所以,我们要为生产健身器做好准备。"他进一步指点儿子。

于是,生产小轮椅的机械流水线,又被改造为生产健身器。最初几年,销售情况并不太好。这时老杰克已经去世,但是他的儿子坚信父亲的超前思维,仍然继续生产健身器。结果就在战后十多年左右,健身器开始走俏,不久便成为热门货。当时杰克健身器在美国只此一家,独领风骚。老杰克之子根据市场需求,不断增加产品的品种和产量,扩大企业规模,终于使杰克家庭进入到亿万富翁的行列。

老杰克每次都准确地预见了未来的市场变化,为了抓住一闪而过的机

第六章
有一笔财富叫隐忍——成功往往是"熬"出来的

会,他早早地做好了充分的准备,"财富之神"果然也一次没有让他失望。

一个真正想成功的人,只求抓住机遇还是不够的,还应当学会创造机遇。能够主动创造机遇的人,是这个世界的强者。能够主动发现机遇,抓住机遇,创造机遇的人,往往都具有敏锐的洞察力和预测能力。

甘布士在令人担忧的经济萧条时期,似乎胸有成竹。他把自己全部的积蓄用来收购一个个倒闭的工厂和被抛售的低价货物,并租了一个很大的货仓用来贮货。

人们见到他这股邪劲,都嘲笑他是个大笨蛋,就连他的妻子也劝他,如果此举血本无归,那么后果将不堪设想。对于妻子的忧心忡忡,甘布士笑着安慰她:"3个月以后,我们就可以靠这些廉价货物和厂子发大财了。"

甘布士的话似乎根本无法兑现,因为经济形势已经越来越糟。当贱价抛售也找不到买主时,很多存货厂便把所有存货用车运走烧掉。他妻子见状不由得焦急万分,抱怨起甘布士来。对于妻子的抱怨,他一言不发。

终于美国政府采取了紧急行动,稳定了物价。由于大量被抛弃的货物烧毁,货物开始短缺,物价直线上升。在甘布士决定抛售货物时,妻子劝他再等一等,他却平静地说:"是抛售的时候了,再拖延一段时间,就会后悔莫及。"

果然,甘布士的存货刚刚售完,物价便跌了下来。妻子对他的远见钦佩不已。后来,甘布士用这笔赚来的钱,开设了5家百货商店。最终,经过自己不懈的艰辛努力,他成了全美举足轻重的商业巨子。

从上面两个财富的经典佳话,我们可以看出,要想及时准确地把握机会,你必须具备两个必要的条件:其一,你应该具有长远的目光,即超前思维,不要鼠目寸光;其二,你必须锲而不舍,持之以恒的毅力和百折不挠的信心是必不可少的。

假如你具备这两个要素,看准时机并把握它,紧接着付诸行动,那么终有一天它将变成现实的财富。

9.坚持下去,上帝会在最后一秒让你成功

　　机会是一种稍纵即逝的东西,而且机会的产生也并非易事,因此不可能每个人什么时候都有机会可抓。机会还没有来临时,最好的办法就是:等待、等待、再等待。在等待中为机会的到来做好准备,耐心等待机会,你就能在意想不到中获得成功。

　　传说,有两个人偶然与酒仙邂逅,一起获得了神仙传授的酿酒之法:米要端阳那天饱满起来的,水要冰雪初融时的高山流泉,把二者调和了,注入深幽无人处千年紫砂土铸成的陶瓷,再用初夏第一张看见朝阳的新荷覆紧,密闭七七四十九天,直到鸡叫三遍后方可启封。

　　就像每一个传说里的英雄一样,他们历尽千辛万苦,找齐了所有的材料,把梦想一起调和密封,然后潜心等待那个时刻,这是多么漫长的等待啊!

　　第四十九天到了,两人整夜都不能寐,等着鸡鸣的声音。远远地,传来了第一声鸡鸣,过了很久,依稀响起了第二声。然而,该死的第三遍鸡鸣迟迟没有来。其中一个再也忍不住了,他打开了他的陶瓷,迫不及待地尝了一口,就惊呆了:天哪!像醋一样酸。大错已经铸成不可挽回,他失望地把它洒在了地上。

　　而另外一个,虽然也是按捺不住想要伸手,却还是咬着牙,坚持到了第三遍响亮的鸡鸣。舀出来一抿,大叫一声:多么甘甜清醇的酒啊!

　　只差那么一刻,"醋水"没有变成佳酿。许多富人,他们与穷人的区别,往往不是拥有机遇或是更聪明的头脑,只在于前者多坚持了一刻——有时是一年,有时是一天,有时,仅仅只是几分钟。

　　创富者若缺了"坚持"二字,随时都会有打退堂鼓的可能。因为在创富的过程中,要遭遇到的挫折和困难绝不会少,若一遇则退,则很有可能在跳

第六章
有一笔财富叫隐忍——成功往往是"熬"出来的

换几个行业后,便偃旗息鼓,改换门庭了,一股创富热情亦付之东流了。

有一位商人,他最早是子承父业做珠宝生意的,可是他缺乏对珠宝行业的明察秋毫,没几年,就把父亲交给他的珠宝店赔光了。

商场失意的他认为自己不是缺乏经商的才干,而是珠宝行业投资大,技术性太强,风险太大。而服装行业周期短,而且不需要太大的专业学问,他决定改行做服装生意,并相信肯定能成功。于是,他变卖了仅有的一些家产,开了一家服装店。

过了三年,他的服装店已经再也没有资金进新款衣服,已有的衣服也因价格高于相邻商家而无人问津,他又一次失败了。他意识到服装市场更新太快了,自己总是跟随流行的尾巴。当他以为一种新款刚开始流行自己马上组织资金进货时,同行们的这种款式已经开始淘汰了。

他变卖了服装店,用剩余的不多的资金,开了一家饭店。他想,这种简单的生意总不会再赔了。雇几个人做菜,客人吃饭拿钱,又不用多么大的流动资金。可是,他又错了。他眼睁睁地看着相邻的饭店里宾客盈门,而自己却门可罗雀。最后,连雇来的几个人也跑到别的饭店去了,只剩下他孤零零的一个人。

后来,他又尝试做了化妆品生意、钟表生意、印染生意,都无一例外地失败了。

当他60多岁时,灰白的双鬓使他相信,他没有丝毫经商的才能,一生的宝贵年华被失败消磨殆尽。他盘算了自己的家底,所有的钱仅够买一块离城很远的墓地。

彻底绝望的他心想,既然自己没有能力创造财富了,就买块墓地给自己留着,等到哪一天一命归西,也算有个归宿。

这是一块极其荒僻的土地,有钱的人,甚至一些穷人也不会买这样的墓地。

可是奇迹发生了,就在他办完这块墓地产权手续的第15天,这座城市公布了一项建设环城高速路的规划,他的墓地恰恰处在环城路内侧,紧靠一个十字路口。道路两旁的土地一夜之间身价倍增,他的这块墓地更是涨了好多倍。他做梦也没想到他靠这块墓地发了财。

他突然顿悟,自己为何不做房地产生意呢?说做就做。他卖了这块墓地,又购买了一些他认为有升值潜力的土地。仅仅过了5年,他成了全城最大的房地产大亨。

这位商人的亲身经历给人的启示是深刻的。无数次地选择,无数次地放弃,却只因一个小小的机遇,才改变一个人的命运。有很多时候,机遇就在财富的前方等待着,关键的是要你耐心地等待和发现。

这样的事我们遇到过很多,一个人为一个目标苦苦守候了许多年,他后来实在坚持不住了,就不再等候了,结果,他刚走,机遇就出现了。有很多人努力了半辈子依然贫穷,就自动放弃了。其实,这个时候,财富距他只有一步之遥。

只要还留有一口气在,就永远不要放弃你的努力,机会就在你的手中,上帝往往就在最后一秒让你胜利了。据说,在日本近千年流传着这样一个故事:

阿呆和阿土是同一村庄的两个老实巴交的渔民,却都梦想着成为大富翁。有一天,阿呆做了一个梦,梦里有人告诉他对岸的岛上有座寺,寺里种有49棵朱槿,其中开红花的一株下便埋有一坛黄金。阿呆便满心欢喜地驾船去了对岸的小岛。岛上果然有座寺,并种有49棵朱槿。此时已是秋天,阿呆便住了下来,等候春天的花开。肃杀的隆冬一过,朱槿花一一盛放了,但都是清一色的淡黄。阿呆没有找到开红花的那一株,庙里的僧人也告诉他从未见过哪棵朱槿开红花。于是,阿呆只能垂头丧气地驾船回到了村庄。

后来,阿土知道了这件事,他就用几文钱向阿呆买下了这个梦。阿土也去了那座岛,并找到了那座寺。又是秋天,阿土也住下来等候花开。第二年春天,朱槿花凌空怒放,寺里一片灿烂。奇迹就在此时发生了:果然有一株朱槿盛开出美丽绝伦的红花,阿土激动地在树下挖出了一坛黄金。后来,阿土成了村庄里最富有的人。

今天的我们为阿呆感到遗憾：他与富翁的梦想只隔一个冬天。他忘了把梦带入第二个灿烂花开的春天，而那足可令他一世激动的红花就在第二个春天盛开了！阿土无疑是个聪明者：他相信梦想，并且等待另一个春天！

每个人的人生都充满着梦想，每个人都拥有自己的野心。然而，我们总是习惯于守候第一个春天，面对第一次的无果，我们往往轻率地将第二个春天弃之于门外。疏不知，梦想之花垂青的总是那些有耐心、执著追求的人。

10.成功，就是赋予自己使命感和成就感

很多人都想得很简单：工作就是为了赚钱，养家糊口，图生存。这没有错，这是工作的本来面目。可是如果工作仅仅是为了赚钱，那么，世界首富为什么还要工作？华人首富李嘉诚为什么还要工作？而他们都一直在很努力地工作。

答案很简单，他们不是为了金钱和财富，而是为了使命。

什么是使命感呢？请看下面这个故事：

三个石匠在雕塑石像，有个人路过，就问他们："你们在做什么呢？"第一个人疲惫地回答："凿石头啊，从早忙到晚，累啊！凿完这块我终于可以回家了。"这种人把工作看作是一种苦役，"累"是他们的口头禅。

第二个人抬头看了看，叹口气说："我正在做雕像。没办法，谁让我有妻子有孩子，他们需要吃饭啊。这活儿我不喜欢，但它酬劳很高。"这种人把工作看作是一种手段，"养家糊口"是他们工作的全部目的。

第三个人却骄傲地指着石像："你看！我正在完成一件伟大的事业，一件完美的艺术品马上要诞生了！"这种人以工作为荣，以工作为乐，"这个工

作很有意义"是他们对工作的赞美,也是对自己的肯定。

如果我们赋予它意义,不论工作大小,都会使我们感到快乐,并从中收获;如果我们只是把它当成一件不得不做的差事,任何简单的工作也会变得困难、无趣,并让我们倍感怠惰,精疲力竭。

松下电器集团的发展就是一个很好的证明。1932年5月5日,松下集团公司第一次确定了创业纪念日。公司的前身"松下电器制作所"于1918年3月开业,经过全体从业人员十几年热心、努力的工作,才逐渐受到社会的认可。"松下电器制作所"在成长过程中,不断回顾过去,展望未来,确立了使命观。

因为他们认清了一种使命观:大家集合在这里一起努力工作,是否真的有意义?不要只是以社会的一般常态来工作,而是要认真思考,提高生产,逐渐改善并发展全人类的生活,如此经营,公司才有意义。不单是要提高公司业绩,还要确保从业人员的薪水,使他们能提高生活质量,也要从更广泛的立场来探讨这个问题。认定事业团体存在的意义和对社会的贡献,这就是公司的使命。因此,松下集团认为必须根据这种使命观来制订经营方针,因而在1932年5月5日,第一次明确意识到这种将来的重大使命时,这一天被定为"松下创业纪念日。"

从1932年到1941年的九年间,松下电器从业人员迅速增长,由原来的四千多名发展到一万多名。这个增长率的确令人惊讶,而他们之间却团结稳定、齐心协力,难怪五万多名家属也深为感动,称赞松下电器公司将来真不知会发展到什么地步。就在创业之初,全体从业人员誓言要为达成公司的使命团结努力,他们以公司的使命为己任,为达成使命凝聚在一起,愿竭尽所能全力以赴地工作。他们的这种精神,一直持续到现在,直到永恒。

正是由于松下电器的每一个员工都有了工作的使命感,松下才能够发展得如此迅速,成为日本乃至全世界著名的企业。

隐忍学认为,工作是一种生活的方式。人生目标贯穿于整个生命,我们

第六章
/ 有一笔财富叫隐忍——成功往往是"熬"出来的 /

在工作中所持的态度,决定了我们的生活方式是积极还是消极,这将使我们与周围的人区别开来。

例如,在很多人看来,销售工作无疑是最辛苦的职业之一。每天都在开发新客户,维护老客户,不停地奔走在市场中,任务指标、业绩压力让他们身心俱疲。所以他们不愿意做市场销售工作,或抱有消极的态度。

但在另外的一些人看来却恰恰相反,他们认为销售是管理者的"黄埔军校",很多高管都是由一线销售打拼出来的。因为必须在实践中学习,积累经验,才能洞悉与把握市场规律,即使没有这个机会也应该创造这个机会。在他们眼中,每一天都是崭新的,都有新的机遇。

NTL公司的总裁伯特·威尔兹曾经说过这样一句意味深长的话:"在公司里,员工与员工之间在竞争智慧和能力的同时,也在竞争态度。一个人的态度直接决定了他的行为,决定了他对待工作是尽心尽力还是敷衍了事,是安于现状还是积极进取。"

不同的态度有不同的成就,两者高下立判。一个人工作的质量决定着他生活的质量。当我们全力以赴地投入工作,从中获得成就感时,会让我们充满自尊和骄傲;当我们做好一件工作之后,陪伴家人度过一个宁静的夜晚,或利用周末悠闲度假,或与朋友纵情把酒言欢,或沉醉在自己美好的世界里……这些生活的享受和满足都是工作带给我们最好的回报。

工作就是人生的价值,人生的欢乐,也是幸福之所在。明白了这一点,你的所有为工作的隐忍就是一笔巨大的财富,而不明白这一点,一味以赚钱为目标,那么你一定赚不到钱,同时在工作中也很难有快乐可言。

假如一个业务人员只为金钱而工作,他可能会因为成交一笔业务而欢欣鼓舞,因为没有业务成交而垂头丧气,"情绪化"现象十分严重。这就导致了业务人员的业绩不稳定,顺利的时候业绩一日千里,困难的时候业绩一落千丈,而且沮丧等不良情绪会在团队中迅速蔓延,使我们看不清未来发展的道路,结果使得我们即便日后奋起直追,振作努力,也无法超越。

其实工作所给你的，要比你为它付出的更多。如果你将工作视为一种积极的学习经验，那么，每一项工作中都包含着许多可供个人成长的机会。那些因为不满于薪水低而敷衍了事工作的人，对老板固然是一种损害，但最得不偿失的是自己。长此以往，无异于使自己的生命枯萎，将自己的希望断送，一生只能做一个庸庸碌碌、心胸狭隘的懦夫。他们埋没了自己的才能，湮灭了自己的创造力。

因此，面对微薄的薪水，你应当懂得，雇主支付给你的工作报酬固然是金钱，但你在工作中给予自己的报酬，乃是珍贵的经验、良好的训练、才能的表现和品格的建立。这些东西与金钱相比，其价值要高出千万倍。金钱再多也有用完的时候，能力却越用越多。

人们都羡慕那些杰出人士所具有的创造能力、决策能力以及敏锐的洞察力，但是他们也并非一开始就拥有这种天赋，而是在长期工作中、隐忍中积累和学习到的！

第七章

有一种快乐叫隐忍

——人能百忍自无忧,天天都是好日子

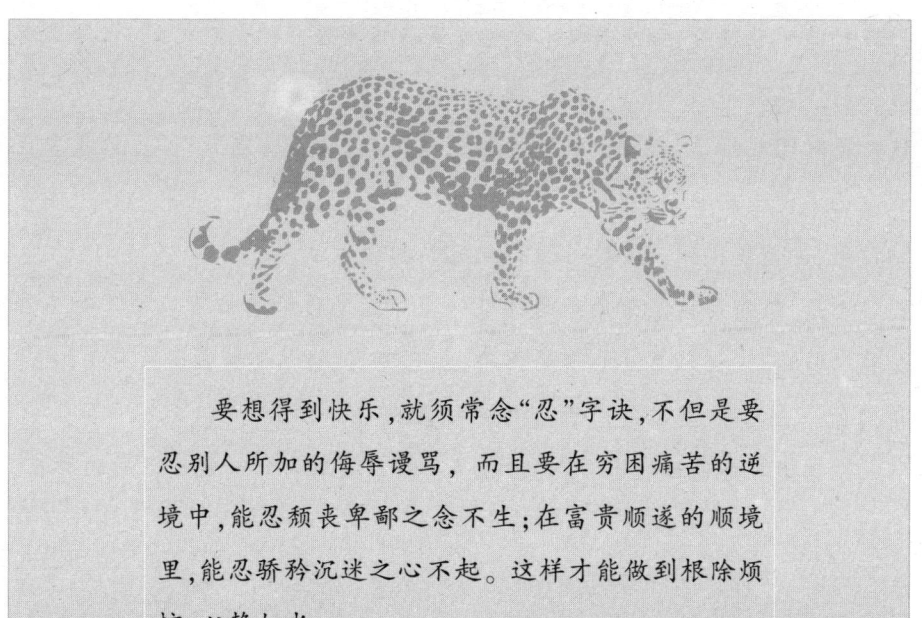

要想得到快乐,就须常念"忍"字诀,不但是要忍别人所加的侮辱谩骂,而且要在穷困痛苦的逆境中,能忍颓丧卑鄙之念不生;在富贵顺遂的顺境里,能忍骄矜沉迷之心不起。这样才能做到根除烦恼,心静如水。

1.真正的隐忍者,都是不动声色地把挫折踩在脚下

挫折和失败就像是人生的必修课,在期许和幸福之间,我们难免要经过一条满是荆棘的隐忍之路。

每一个人的人生旅途中,不可能永远春风得意、事事顺心。由于自身、环境、机遇、天灾、人祸等各种各样的原因,难免会遭受诸如朋友反目、家庭变故、病魔缠身、蒙冤受屈、考试落榜、应聘失败、用非所学等种种打击,这就是我们所说的遭遇到了挫折。行走在人生道路上,谁都会遇到挫折。

适度的挫折具有一定的积极意义,它可以帮助人们驱走惰性,促使人们奋进。

在众多的松下电器经销商中,并不是每一个都年年盈利、生意红火的。有一年因经济不景气,很多经销商的生意都处于低谷。有一位经销商经过一段时间的亏损后,如坐针毡。他也曾试着找出经营的失败之处,但每次都得不到什么有用的结论。于是,他告诉自己:现在市场行情不好,也许过了这一段时间就好了。然而一看到冷冷清清的店,心里就痛苦不已。他甚至怀疑自己不是干这一行的料,几度想放弃这个店。无奈之下,决定向松下幸之助请教,期望能得到一些改善运营状况的秘诀。

于是,经销商把经营模式的细节一个不落的告诉了松下。松下听完经销商的叙述后,说:"目前的市场萧条,生意不好,自然不能怪你。不过,我想请问你一个问题,是不是所有店都在亏损呢?"

经销商有些瞠目结舌,于是摇摇头。松下接着说:"这就是问题的所在,面对不景气的市场和如此惨淡的生意,你只是一味地发愁,不采取行动解决问题,这只能说明你已被挫折打倒。总结每一位生意人成功的秘诀,不难发现他们没有一个不是勇于接受种种考验的,并且绞尽脑汁想出解决问题的办法,最后取得成功。如今你在此向我请教改善生意的方法,我只能告诉

第七章

有一种快乐叫隐忍——人能百忍自无忧，天天都是好日子

你我没有什么秘诀可提供给你。不过，你最好还是静下心来仔细地去思考一下，把它当作是对自己的考验，然后倾尽全力去做，我相信你会走出一条路来的。"

松下这番发人深思的话给这位经销商带来了很大的震撼。他回到店里之后深刻地反思了一下自己，然后他召开了全店职工会议，把他向松下幸之助请教的过程告诉了大家，并希望大家都能理解这位"经营之神"的"法宝"，然后去努力奋斗。

经过一番闭门苦思之后，经销商携员工们重新布置了商店的橱窗，商议出加强服务的措施，并开始了上门推销、上门维修、送货上门等服务。半年的时光过去了，该店不但改善了其经营不善的状况，而且门庭若市、销路愈来愈好，其营业额也呈直线上升。而这位经销商也明显成熟、老练了不少。很多人问他是如何走出低谷时，他总会意味深长地说："我感谢松下先生的宝贵启示，也感谢那些挫折，因为那上帝赐予了我考验，在接受考验的同时，我也获得了一生受用不尽的法宝。"

挫折对每个人的人生来说，都是一种考验，它考验一个人的信心和毅力。在面对某个挫折时，你逃避了，它就会无数次地用同一个问题来为难你；当你战胜它的时候，心里会有无尽的成就感，而且每次战胜它，你都会得到非常好的奖励。也就是说，面对挫折，如果因此而放弃，便会前功尽弃；如果继续坚持不懈，便有可能反败为胜。

纵观全球演艺人员的收入排行榜，史泰龙便是其中耀眼的一位。然而很多人所不知的是，在他成功的背后却隐藏着无数次的挫折。

22岁那年，史泰龙退伍，100块钱和破旧的金龟车便是他所有的家当。他开着车，啃着面包，像无头苍蝇般地在纽约找工作。从事演员工作是他最大梦想，他执着地去每一家公司应聘。但由于他没有把个人的特点与环境做出最适当地调适，没有考虑到自己不是英俊小生，想要当主角谈何容易，所以总共被拒绝了1850次。

不难想象，一个人如果对自己没有高度的信心，没有积极的思想，在被

拒绝两次以后,可能就会考虑放弃。然而史泰龙,却在被拒绝1850次后,还一直不断地鼓励自己:"这是一个充满仁慈的世界,它不会一直让挫折来陪伴一个人的。失败,只不过是暂时停止成功。"

功夫不负苦心人,终于遇见了一位看好他剧本的导演。但是,导演却无论如何也不能接受让他当主角,就跟他说:"如果叫你当主角,票房肯定会惨不忍睹的。"但是史泰龙却自信地说:"你如果要用我的剧本,一定要用我当主角,不然剧本我是不会卖给你的。"最后,那个导演只好尝试一次看看。没想到竟一举成功,这部电影就叫做《夺标》。

任何挫折都是上帝包装好的礼物。真的猛士,可以操纵自我心智,跨越道道障碍,打破重重险阻,奋力前行;真的智者,在面对挫折时能够虚怀若谷,大智若愚,保持一种恬淡平和的心境,这是彻悟人生的大度;真的隐忍者,都是不动声色地把挫折踩在脚下,它就成了你向上的阶梯。

2.以淡泊之心看待名利,享受清心自在的美好时光

在现实生活中,名誉和地位常常被看做衡量一个人成功与否的标准,所以追求一定的名声、地位和荣誉,已成为一种极为普遍的心态。在很多人心目中,只有有了名誉和权力才等于实现了自身的价值。其实,人生的目的,不在于成名、成家与否,而在于面对现实,去努力而为之,去尽情享受生命,去细心体验生活的美好。

人在旅途,功名利禄只是一种身外之物,只要我们努力地前行,真实地面对我们所拥有或将要拥有的一切,你会发现,能满足一个人的可以很多也可以很少。人生天地之间,转瞬来去,就像是偶然登台、仓促下台的过客一样。人生既然如此短暂,活在世上就要珍惜人生,不要贪图权势,自酿苦酒。荣誉与权势,都是身外之物,也是水流花谢之物,万万不可一味去追求

第七章
/ 有一种快乐叫隐忍——人能百忍自无忧,天天都是好日子 /

它们。如果为了争名夺利不择手段,那就无异于害人害己了。这样的人生有何乐趣?何况,争名夺利不但不会使你流芳千古,甚至会让你身败名裂!

焦耳,这个名字我们中学学物理时就很熟悉,人们为了纪念他所做的贡献,将物理学中功的单位命名为"焦耳"。从1843年起,焦耳提出"机械能和热能相互转换,热只是一种形式"的新观点,打破了沿袭多年的热质说,促进了科学的进步。他前后用了近四十年的时间来测定热功当量,最后得到了热功当量值。

事实上,与焦耳同时代的迈尔是第一个发现能量转化和守恒定律的科学家。1848年,当迈尔等人不断地证明能量转化和守恒定律的正确性,终于使得这一定律被人们承认的时候,名利欲望地膨胀驱使焦耳向迈尔发起了攻击。焦耳发表文章批评说,迈尔对于热功当量的计算是没有完成的,迈尔只是预见到了在热和功之间存在着一定的数值比例关系,但没有证明这一关系,首先证明这一关系的应该是他焦耳。随着焦耳发起的这场争论的扩大化,一些不明真相的人也一哄而上,纷纷对迈尔进行了不负责任地指责。迈尔终于承受不住这一争论和批评带来的压力,特别是焦耳以自己测定热功当量的精确性来否定迈尔的科学发现,使得迈尔陷入有口难辩的痛苦境地。此时,迈尔的两个孩子也先后因故夭折,内外交困中的迈尔先是跳楼自杀未遂,后来得了精神病。

即使是当年的迈尔被逼进了疯人院,但今天人们仍然将他的名字与焦耳并列在能量转化和守恒定律奠基者的行列。焦耳为争夺名利而导致的失误,也为世人所谴责。

不可否认,进入了权力中心的人,自有许多物质的、名誉的利益。可是权力也伴随着许多的烦恼和风险,有权在手所受约束也大;对待上下左右都要小心谨慎,而且由于权力地位与名利连在一起,所以自古以来就有争夺权力地位的斗争。这种斗争往往环环相扣,一旦投入其中,便会越滑越快,越陷越深,乃至不能自拔。从古至今,围绕着权势曾在历史上和现实中演出过多少令人扼腕的悲剧?

所以说人生诸多烦恼，多由贪婪权势引起；人间诸多祸患，也多由贪婪权势招致。因此追求名誉和权力的时候，更应该铭记的是"君子爱财、爱名、爱权"都应取之有道。

人生在世，人人都想活得更好，人们总是在各种可能的条件下，选择那种能为自己带来较大幸福或满足的活法。所以，除了追名求利外，人生也还有另一种活法，那就是甘愿做个淡泊名利之人，粗茶淡饭，静观人生百态，这样，就能品出生命的美好，享受到生活的快感。

有的人既不求升官，也不求发财，每天上班安分守己地做好本职工作，下班按时回家，每个月领着不多不少还算说得过去的一份工资，晚上陪爱人在家里看看电视，周末带孩子逛逛公园，年轻的时候打打篮球，年纪大点练练太极拳，不生气，不上火，知足常乐，长命百岁。这样的人生可能看起来有些"平庸"，但其中的那份"闲适"给人带来的满足，也是那些整日奔波劳累、费心劳神、追求功名利禄之人所体会不到的。所以国王会羡慕在路边晒太阳的农夫，因为农夫有着国王永远都不会有的安全感，而国王要有农夫那样的安全感就不能有国王的权势了。

旷世巨作《飘》的作者玛格丽特·米契尔说过："一直要到你失去了名誉以后，你才会知道这玩意儿有多累赘，而真正的自由又是什么。"盛名之下，是一颗活得很累的心，因为它只是在为别人而活着。

世间有许多诱惑，但那都是身外之物，只有生命最美，快乐最贵。我们想要活得潇洒自在，想要过得幸福快乐，就必须做到：学会淡薄名利、割断权与利的联系；无官不去争，有官不去斗；位高不自傲，位低不自卑；欣然享受清心自在的美好时光，这样就会感受到生活的快乐和惬意。否则，太看重权力地位，让一生的快乐都毁在争权夺利中，那就太不值得，也太愚蠢了。

隐忍学告诫大家：学会以淡泊之心看待名利，乃是免遭厄运和痛苦的良方，也是得到人生幸福和快乐的智慧所在。

3. 修炼比海洋还宽阔的胸怀,就会拥有比日月更长久的幸福

有一句名言说:"生气是用别人的过错来惩罚自己。"老是念念不忘别人的坏处,实际上最受其害的就是自己的心灵,搞得自己痛苦不堪,何必呢?这种人,轻则自我折磨,重则就可能导致疯狂地报复。

乐于忘记是隐忍者的一个特征,既往不咎的人,才可甩掉沉重的包袱,大踏步地前进。

人要有点"不念旧恶"的精神,况且人与人之间,在许多情况下,人们误以为"恶"的,未必就真的是什么"恶"。退一步说,即使是"恶",只要对方心存歉意,诚惶诚恐,而你不念恶,礼义相待,进而对他格外地表示亲近,也会使为"恶"者感念你的"诚",改"恶"从善。

唐朝的李靖曾任隋炀帝时的郡丞,他最早发现李渊有图谋天下之意,便向隋炀帝检举揭发。李渊灭隋后要杀李靖,李世民反对报复,再三请求保他一命。后来,李靖驰骋疆场,征战不疲,安邦定国,为唐王朝立下赫赫战功。魏征也曾鼓动太子建成杀掉李世民,李世民同样不计旧怨,量才重用,使魏征觉得"喜逢知己之主,竭其力用",也为唐王朝立下丰功伟绩。

宋代的王安石对苏东坡的态度,应当说,也是有那么一点"恶"行的。他当宰相那阵子,因为苏东坡与他政见不同,便借故将苏东坡降职减薪,贬官到了黄州,搞得苏东坡好不凄惨。然而,苏东坡胸怀大度,他根本不把这事放在心上,更不念旧恶。王安石从宰相位子上垮台后,两人的关系反倒好了起来。苏东坡不断写信给隐居金陵的王安石,或共叙友情,互相勉励,或讨论学问,十分投机。苏东坡由黄州调往汝州时,还特意到南京看望王安石,受到了热情接待,二人结伴同游,促膝谈心。临别时,王安石嘱咐苏东坡:将来告退时,要来金陵买一处田宅,好与他永做睦邻。苏东

坡也满怀深情地感慨说："劝我试求三亩田,从公已觉十年迟。"二人一扫嫌隙,成了知心好朋友。

相传唐朝宰相陆贽,有职有权时曾偏听偏信,认为太常博士李吉甫结伙营私,便把他贬到明州做长史。不久,陆贽被罢相,被贬到了明州附近的忠州当别驾。后任的宰相明知李、陆有这点私怨,便玩弄权术,特意提拔李吉甫为忠州刺史,让他去当陆贽的顶头上司,意在借刀杀人,通过李吉甫之手把陆贽干掉。不想李吉甫不记旧怨,上任伊始,便特意与陆贽饮酒结欢,使那位现任宰相的借刀杀人之计成了泡影。对此,陆贽自然深受感动,他便积极出点子,协助李吉甫把忠州治理得一天比一天好。

李吉甫不搞报复,宽待别人,也帮助了自己。

是啊,最难得的是将心比心,谁没有过错呢?当我们有对不起别人的地方时,是多么渴望得到对方的谅解啊!是多么希望对方能把这段不愉快的往事忘记啊!我们为什么不能用如此宽容的心对待他人呢?

一个能隐忍的人,势必也是一个宽容大度的人,或者说,在隐忍的过程中,修炼好了一颗宽容的心。

宽容,在《新华辞典》上是这样解释的:原谅,饶恕,不予计较追究。它是一种修养,是一种境界,是一种美德。

宽容,首先要能容人言。乾隆是一国之君,可以说有宽容之量,他容得和珅的阿谀奉承,却更懂得用纪晓岚的诤言来进行"中和"和"补偿",以维持一种心理的平衡。

人言有褒贬诤谗之分,褒奖之语,只有多责自己的不足之处、不明之事,才不至于在褒举中跌落下来。面对贬抑之语,无论多么残酷、无稽,也要坦然处之。而诤友诤言无异于苦口良药,着实难得,更要听得进、记得住、改得快。最害人的要属谗言,尤其是有了地位、有了有求于你的人后,易被谗言伤及元气。

宽容之人要善听、善辨、善纳、善弃,兼听则明,偏听则暗,不可偏薄。

宽容,还要能容人事。事有轻重缓急、大小荣辱之别,能否冷静处事,宠辱不惊看云卷云舒,当需要更博大的胸怀。就拿当前的家庭来说,据统计,妻子收入高于丈夫这一现象已成为家庭解体的新因素,因为这种现象打破了"男主女辅"的家庭角色关系,丈夫不能容忍妻子的霸气,妻子不能容忍丈夫的窝囊气。所以,造成了家庭战事频繁,导致家庭的破裂。要适应这一现实,在日常生活中,夫妻双方也需要有容人之量,丈夫应从妻子的身上学习她的勤劳、吃苦、韧性等品德,并把它们用到自己的事业和工作中;妻子也要鼓励丈夫继续寻找更好的机遇,并不失妻子的温柔、贤惠,以此重新构建家庭新的平衡,就可以拥有经济宽裕后的幸福生活。

所以,宽容之于事,要善于分析,设身处地理解,并兼收并蓄,才能达到愉悦快乐之境。

宽容,最重要的是容人。它是容言、容事之根本。要用真诚的心来观察他人的长处,容纳他人的不足,善于发现、培养、发挥他人的长处,求同存异,共同发展,互惠互利,才能成就事业,拥有更多的成功。

"天称其为高者,以无不覆;地称其为广者,以无不载;日月称其明者,以无不照;江海称其大者,以无不容。"在世界构建的新的文明中,愿更多的朋友,能拥有一颗宽容之心,宽厚待人,宽厚至语,宽厚做事。宽容于己不会失去什么,反而可以收获快乐,收获成功,会给人间增添多一些的欢乐和温情。

当你在隐忍中,修炼好比海洋还宽阔的胸怀,就会拥有比日月更长久的幸福。

4.换个角度看问题,任何一个困难都可以解决

真正会隐忍的智者,都相信一句话:要解决一切困难是一个美丽的梦想,但任何一个困难都是可以解决的。

一个问题就是一个矛盾的存在,而每一个矛盾只要找到合适的介点,

都可以把矛盾的双方统一。这个介点在不停地变幻,它总是在与那些处在痛苦中的人玩游戏。

隐忍者主张转换看问题的视角,就是不能用一种方式去看所有的问题和问题的所有方面。如果那样,你肯定会钻进一个死胡同,离问题的解决办法越来越远,并处在混乱的矛盾中而不能自拔。

很早以前,有一群印第安人被白人追赶,逃到了某个地方,他们的处境十分危险。由于情况危急,酋长便把所有的族人召集起来谈话。他说:"有些事我必须告知大家,我这里有一个好消息,也有一个坏消息。"

族人中间立刻起了一阵骚动。酋长说:"首先我要告诉你们坏消息。"所有的人都紧张地站着,神色惶恐地等待着酋长的话。

他说:"除了水牛的饲料以外,我们已经没有什么东西可吃了。"大家开始你一言我一语地谈论起来,到处发出"可怕啊"、"我们可怎么办"等声音。

突然一个勇敢的人发问了:"那么好消息又是什么呢?"

酋长回答:"那就是我们还存有很多的水牛饲料。"

同样的一件事情,悲观的人只看到不利的一面,乐观的人看到的却是有利的一面,不同心态,呈现出的世界完全不同,呈现出的人生道路也就有了不同。

一位满脸愁容的生意人来到智慧老人的面前。

"先生,我急需您的帮助。虽然我很富有,但人人都对我横眉冷对。生活真像一场充满尔虞我诈的厮杀。"

"那你就停止厮杀呗。"老人回答他。

生意人对这样的告诫感到无所适从,他带着失望离开了老人。在接下来的几个月里,他的情绪变得糟糕透了,与身边每一个人争吵斗殴,由此结下了不少冤家。一年以后,他变得心力交瘁,再也无力与人一争长短了。

"哎,先生,现在我不想跟人家斗了。但是,生活还是如此沉重——它真是一副重重的担子呀。"

"那你就把担子卸掉呗。"老人回答。

第七章

/ 有一种快乐叫隐忍——人能百忍自无忧,天天都是好日子 /

生意人对这样的回答很气愤,怒气冲冲地走了。在接下来的一年当中,他的生意遭遇了挫折,并最终丧失了所有的家当。妻子带着孩子离他而去,他变得一贫如洗,孤立无援,于是他再一次向这位老人讨教。

"先生,我现在已经两手空空,一无所有,生活里只剩下了悲伤。"

"那就不要悲伤呗。"生意人似乎已经预料到会有这样的回答,这一次他既没有失望也没有生气,而是选择呆在老人居住的那个山的一个角落。

有一天他突然悲从中来,伤心地号啕大哭了起来——几天,几个星期,乃至几个月地流泪。

最后,他的眼泪哭干了。他抬起头,清晨温煦的阳光正普照着大地,他于是又来到了老人那里。

"先生,生活到底是什么呢?"

老人抬头看了看天,微笑着回答道:"一觉醒来又是新的一天,你没看见那每日都照常升起的太阳吗?"

生活到底是沉重的? 还是轻松的? 这全依赖于我们怎么去看待它。生活中会遇到各种烦恼,如果你摆脱不了它,那它就会如影随形地伴随在你左右,生活就成了一副重重的担子。"一觉醒来又是新的一天,太阳不是每日都照常升起吗?"放下烦恼和忧愁,生活原来可以如此简单。

有一少妇投河自尽,被正在河中划船的船夫救起。船夫问:"你年纪轻轻,为何自寻短见?"

"我结婚才两年,丈夫就抛弃了我,接着孩子又病死了。您说我活着还有什么意思?"

船夫听了,想了一会儿,说:"两年前,你是怎样过日子的?"

少妇说:"那时的我自由自在,没有任何烦恼……"

"那时你有丈夫和孩子吗?"

"没有。"

"那么你不过是被命运之船送回到两年前去了而已。现在你又自由自在,没有任何烦恼了,你还有什么想不开的? 请上岸去吧……"

少妇恍如做了一个梦,她揉了揉眼睛,想了想,心中豁然开朗便上岸走了。

从此,她没有再寻短见。她从另一个角度看到了希望的曙光。

记得有位哲人曾说:"我们的痛苦不是问题的本身带来的,而是我们对这些问题的看法而产生的。"这句话很经典,它引导我们学会解脱,而解脱的最好方式是面对不同的情况,用不同的思路去多角度地分析问题。因为事物都是多面性的,视角不同,所得的结果就会不同。

一个对生活极度厌倦的绝望少女,打算以投湖的方式自杀。在湖边她遇到了一位正在写生的画家,画家专心致志地画着一幅画。少女厌恶极了,她鄙薄地睨了画家一眼,心想:幼稚,那鬼一样狰狞的山有什么好画的!那坟场一样荒废的湖有什么好画的!

画家似乎注意到了少女的存在和情绪。他依然专心致志、神情怡然地画画,一会儿,他说:"姑娘,来看看画吧。"

她走过去,傲慢地睨视着画家和画家手里的画。但是,立刻,她被吸引了,竟然将自杀的事忘得一干二净,她真是没发现过世界上还有那样美丽的画面——他将"坟场一样"的湖面画成了天上的宫殿,将"鬼一样狰狞"的山画成了美丽的、长着翅膀的女人,最后将这幅画命名为"生活"。

少女的身体在变轻,在飘浮,她感到自己就是那袅袅婀娜的云……

良久,画家突然挥笔在这幅美丽的画上点了一些麻乱的黑点,似污泥,又像蚊蝇。

少女惊喜地说:"星辰和花瓣!"

画家满意地笑了:"是啊,美丽的生活是需要我们自己用心发现的呀!"

生活的美与丑,全在我们自己怎么看,如果你将心中的烦恼和阴暗面彻底放下,然后选择一种积极的心态,懂得用心去体会生活,就会发现,生活处处都美丽动人。

5.隐忍让你保持谦虚的姿态,善于学习他人的长处

隐忍体现在修养上,就是一种谦虚的姿态,这是大有裨益的。一个人只有保持谦虚的姿态,善于学习他人的长处以积累更多的经验,才能发展自己的才能,才有更高的权威。反之,如果一个人自以为是,骄傲自大,目空一切,只能阻碍自己的发展,最终一事无成。

主张隐忍的老子说过:"上善若水。"意思是说,最好的善,就像水一样。水可以根据容器的形状,而呈现相应的形状。水往低处流,地势越低,水就汇聚得越多。水虽然柔弱,但水滴石穿,再坚硬的物体,也会被水滴穿。我们常说谦虚是一种美德,其实,谦虚与老子说的"善"一样,也像水一样,虽然柔弱,却能滴穿最坚硬的石头。

谦虚之所以具有如此强大的力量,是因为谦虚的人,就像水一样,把自己的心态放得很低,别人只要有一点长处,马上就可以看到并学到,渐渐地,能力、智慧、人生的境界,就在不知不觉中突飞猛进了。

比尔·盖茨和他的团队带领微软公司创造了IT业界一个又一个神话,作为微软第一任华裔副总裁的李开复,除了景仰比尔·盖茨的商业成就之外,最景仰的是他谦逊的性格。

他举了这样一个例子:"我有一个朋友在微软专门帮助比尔·盖茨准备讲稿。这个朋友告诉我每次演讲前,比尔都会自己仔细批注并认真地准备和练习,到台上讲的时候都会讲得很好。而且,比尔每次演讲完,都会下来和我的朋友交流,问他:'我今天哪里讲得好,哪里讲得不好?'并且他并不是问问就算了,还会拿个本子记下来自己哪里做错了。当一个人能够在事业上做得这么成功,但还能这么敬业,还是这么谦虚,还是这么愿意学习,这是非常难得的,因为很多人成功了就把自己变得很自大。我觉得比尔·盖茨是一个了不起的人。"

孔圣人说:"三人行,必有我师焉。择其善者而从之,其不善者而改之。"意思是在众人之中一定有值得我学习的东西,因而要虚心学习别人的长处,把别人的缺点当镜子,对照自己,有则改之,无则加勉。所以,敏而好学,不耻下问,虚怀若谷,应该成为每一个居于人生巅峰的企业家们的重要修养。

而一些领导则认为自己在一个单位里是"老大"、是NO.1,是给员工发工资的人,由此趾高气扬,目空一切,其实他们是把因果关系搞颠倒了。子曰:"四时行焉,百物生焉,天何言哉?"即天地于万物,居功至伟,但从不夸饰。一个企业家也应"无伐善,无施劳",不要到处夸耀和表白自己的功劳。不仅如此,你居于高位,还要深知"尺有所短,寸有所长",应该"富而无骄","富而好礼",虚心向下属和其他人学习。

低调做人最忌气太盛。心气太盛,什么事都要拔尖,总是要吃大亏。而守仁不争讲究的是"谦德"。当个谦谦君子,就要把功名利禄看淡些,把自己的姿态放低些,低着头走路才能看清平坎,才能走得稳走得远。

有一位领导平日里非常谦虚,有一次他看到他的一个下级在报纸上发表的一篇文章,感到写得很好,就认真地全都抄写在自己的本子上,这种虚心向下属学习的精神不能不让人产生敬意。

人所以有长处和短处,既有先天的因素,又有工作经历等后天的原因。有些领导干部往往存有程度不同的"领导高明论",认为领导就应当各方面都比下级强,觉得学下级会有失身份,会给人一种"领导还不如下级"的感觉。其实,这完全是一种错觉和不正确的认识。领导应当比下级强,主要是指在领导方面或在总体上,并不一定代表领导哪一方面都比下级强,领导固然有自己的长处,但下级也绝非一无是处。下级在某些方面也可能有比上级所长的地方,过去就有"弟子不必不如师","青出于蓝而胜于蓝"的说法,在这种情况下,上级学习下级就是正常的了。

所以,低调的管理者敢于聘用比自己能干的员工,这句话说起来很简单,但是又有多少管理者能够有如此气度呢?许多管理者的做法都令人失望,他们往往选择在聪明才智和竞争力方面远不及自己的人,似乎这样才能使自己鹤立鸡群,而不至于被别人抢走"风头",否则会让自己很没面子。

几千年的文明,造就了华夏子孙谦虚的性格。如今,对任何一个现代人来说,都应该继承和发扬这一美德,并以此为自己做人的准则。一个成功的人,往往不是一开始即具备非凡的能力,而是能够不断地虚心向他人学习,吸取别人的长处,从学习的过程中一步一步地完善和发展自己的才能,所谓"成功是经验的累积"便是这个意思。

6.你的明天取决于隐忍的今天,但切勿杞人忧天

昨天已经消逝,明天尚未来临,我们唯一可以把握的只有今天。只有愚蠢的人才会为往事追悔,才会为模糊不清的未来担忧。珍惜今天,就是我们对生命最好的问候。今天,可以是隐忍的,明天,取决于隐忍的今天,但是,切勿让今天来担当明天的忧虑!

1871年春天,蒙特瑞综合医院的一个医科学生对未来充满了忧虑,他担心的问题很多:怎样才能通过期末考试?该做些什么事情?该到什么地方去?怎样才能毕业?怎样才能谋生……当他为这些问题万分苦恼的时候,幸运的是,他从一本书上看到了影响自己一生的一句话——最重要的是不要去看远处模糊的,而要去做手边清楚的事。

这简短的24个字启发了这位年轻的医科学生,最终使他成为那个时代最著名的医学家之一。他创建了闻名全球的约翰·霍普金斯医学院,并成为牛津大学医学院的钦定讲座教授。

他就是威廉·奥萨爵士。

42年后的一个春意盎然的夜晚,在开满郁金香的校园里,威廉·奥萨爵士向耶鲁大学的学生发表了讲演。他对那些高材生们直言不讳地说,像他

这样一个曾在四所大学里任教的知名教授、畅销书作家,似乎应该有着"过人的天赋",但事实并非如此。他说,他的一些好朋友都知道,他其实就是一个普普通通的人。

那么,他获得成功的秘诀究竟是什么呢?他说这是因为他能够生活在"一个完全独立的隔舱"里。

这到底是什么意思呢?

在去耶鲁大学演讲的前几个月,奥萨爵士曾乘坐一艘很大的轮船横渡大西洋。他看见船长站在驾驶舱里按下一个按钮,在一阵机器运转的响声后,船的几个舱门立即关闭,形成了几个完全独立的防水隔舱。

奥萨爵士对那些耶鲁大学的学生们说:"在座的每一个人,都要比那艘大海轮神奇很多,而且要走的航程也遥远得多。我想奉劝大家的是:你们也应该学会控制自己人生的航程,以便让它处在一个'完全独立的隔舱'里,这样才能确保航行的安全。在驾驶舱中,你要熟悉每一个按钮,并检查一下那些舱门是否可以使用。按下一个按钮,然后注意观察你生活中的每一个阶段,关闭铁门,隔断那些已经逝去的昨天;再按下一个按钮,关闭铁门,隔断那些尚未诞生的明天,这样你就平安无事了。

"明天的重担加上昨天的重担,必将成为今天最大的障碍,它会把最强壮的人压垮。将过去的岁月阻隔在舱门之外,埋葬已经逝去的昨天,只有傻子才会为过去的往事而哭泣。同样,也要像隔断过去一样隔断未来。未来就在今天,因为明天是不存在的,拯救人类的时刻就在今天。为不存在的未来浪费心血、消耗精力、内心忧虑,都只是在折磨自己。所以,请把人生之轮的舱门都关上,养成一个良好的习惯,生活在一个'完全独立的隔舱'里。"

奥萨爵士在那次讲演中强调,为明天做最好的打算,就是集中所有的智慧和热忱,把今天的工作做得尽善尽美,这是你迎接未来唯一有效的方法。

很多人会说:"我一定要为明天早做打算,我必须为我的家人投保,我必须为明天的养老存上一大笔钱,我只有为将来周密地计划和准备,才能取得成功……"

没错,我们当然要未雨绸缪,这是必须做的。可是不要忧虑不安,不要为明天忧虑,因为明天自有明天的忧虑;一天的难处一天担当就够了。

第二次世界大战的时候,盟军军事领导人都在为明天制订计划,可是他们却没有时间为明天忧虑。美国海军上将阿尔斯特·金说:"我把最精良的装备提供给最优秀的士兵,然后交给他们精心策划的任务。我已经做了自己所该做的一切。如果一条船被击沉了,我无法把它捞起来。如果船正在下沉,我也没有办法阻止它。我得把时间用在明天急需解决的问题上,这要比为昨天的问题烦恼有效得多。否则,如果我老是为这些事担忧,我将支撑不了多久。"

今天的隐忍,是为了更好的明天,但是,请不要从今天开始焦虑,否则你就错过了隐忍的真谛,隐忍学要求你合乎逻辑地做出具有建设性的计划,而不是让你找不到前因后果而陷入逻辑上的混乱,从而最终导致精神上的紧张和崩溃。

7.能忍住一时的怒火,将获得一生的益处

愤怒是一种非常大众化的感情。成千上万的人毫无必要地受到我所说的"毒性愤怒"的侵害,这种愤怒每一天都在实实在在地毒害着他们的生活。

愤怒是无法被彻底消除的,而且也没有必要消除它。但学会隐忍的人,势必会对它进行很好的管理和控制。

不管是在家里、在工作中,还是在你和关系亲密的人相处的过程中,都需要进行愤怒管理,这样你就可以从愤怒中获益。

愤怒就其本身的特性来说是短暂的,它就像拍打沙滩的波浪一样,来得快去得也快。对于大多数人来说,5到10分钟之后,火气就下去了。但对某

些人来说,愤怒会挥之不去,并有可能愈演愈烈。

不悦要比愤怒更加常见。如果仅仅感到不悦,一般不是什么问题,但前提是这种感觉能就此打住,不往下发展。

怎样才能让不悦之情就此打住不往下发展呢?下次有人惹你不高兴时,你可以尝试像下面这样去做:

不要把事情想得过分严重。用正确的眼光对待。如果在开车时有一辆车突然插到了你的前面,要记住这只是让你不快的小事,而不是世界末日。

不要把问题个人化。那个开车时插到你前面的司机并不认识你———他很可能并没有意识到给你带来的不快,也许某件事让他不顺心,因此想发泄出来,但这绝对不是针对你本人。

不要指责别人。一旦开始指责另外一个人,就很容易使你的不快升级。所以,让事情就这么过去吧,别再去追究。

不要老想着报复。把某事归罪于某人后,下一步往往就是报复。与其这样,不如把精力用在比报复更有用的事情上面。

不断探寻让自己面对某种情况而不生气的方法。开车的时候其他司机让你不悦,但你该怎样做才能不让这种不悦升级为愤怒呢?也许你可以播放自己喜欢的音乐,或者收听自己喜欢的电台节目,特别是一些轻松愉快的节目,也许一些其他的方法对你更有效。总之,你要不断地总结和摸索。

不要把自己看成一个无助的受害者。采取一些措施使自己适应令你不快的情况,或者想办法改变这种情况。不管你做什么,只要你在做,就比只在那里生气要好。

不要让负面情绪放大你的愤怒。愤怒会加剧你的郁闷。告诉自己:我不会因这种令人不快的情况使我的坏心情雪上加霜。问自己:如果我心情不这样糟糕,遇到这种情况我会怎样做?然后就那样去做。

有一个年轻的农夫,划着小船,给另一个村子的村民运送自家的农产品。那天的天气酷热难耐,农夫汗流浃背,苦不堪言。他心急火燎地划着小船,希望赶紧完成运送任务,以便在天黑之前能返回家中。突然,农夫发现

第七章
有一种快乐叫隐忍——人能百忍自无忧,天天都是好日子

前面有一只小船沿河而下,迎面向自己快速驶来。眼看两只船就要撞上了,但那只船并没有丝毫避让的意思,似乎是有意要撞翻农夫的小船。

"让开,快点让开!你这个白痴!"农夫大声地向对面的船吼道,"再不让开你就要撞上我了!"

但农夫的吼叫完全没用,尽管农夫手忙脚乱地企图让开水道,但为时已晚,那只船还是重重地撞上了他的船。农夫被激怒了,他厉声斥责道:"你会不会驾船,这么宽的河面,你竟然撞到了我的船上!"

当农夫怒目审视那只小船时,他吃惊地发现,小船上空无一人,听他大呼小叫、厉声斥骂的只是一只挣脱了绳索、顺河漂流的空船。

在多数情况下,当你责难、怒吼的时候,你的听众或许只是一只空船。那个一再惹怒你的人,决不会因为你的斥责而改变他的航向。

如果你能学会控制自己的情绪,冷静分析那些容易让你生气发火的原因,你就可以知道自己还欠缺什么,自己害怕什么,自己想要什么。

8.鸡毛蒜皮的小事,忍者一笑就过去了

著名的心灵导师戴尔·卡耐基认为,许多人都有为小事斤斤计较的毛病。人活在世上只有短短几十年,却浪费了很多时间去愁一些一年内就会被忘掉的小事。

1945年3月,罗勒·摩尔和其他87位军人在贝雅·SS318号潜艇上。当时他们的雷达发现一支日本舰队朝他们开来,于是他们就向其中的一艘驱逐舰发射了三枚鱼雷,但都没有击中,而这艘舰也没有发现。但当他们准备攻击另一艘布雷舰的时候,它突然掉头向潜艇开来(是一架日本飞机看见这艘位于60英尺深的潜艇,用无线电告诉了这艘布雷舰)。他们立刻潜到150英尺深的地方,以免被日方探测到,同时也准备应付深水炸弹。他们在所有的

船盖上多加了几层栓子,同时为了沉降保持安静,他们关闭了所有的电扇、冷却系统和发动机器。

3分钟之后,突然天崩地裂。6枚深水炸弹在他们四周爆炸,把他们直往水底压深达276英尺的地方,他们都吓坏了。按常识,如果深水炸弹在离它17英尺之内爆炸的话,差不多是在劫难逃。那艘布雷舰不停地往下扔深水炸弹,攻击了15个小时,其中有十几个炸弹就在离他们50英尺左右的地方爆炸。他们都躺在床上,保持镇定。但罗勒·摩尔却吓得不敢呼吸,他在想:"这回完蛋了。"在电扇和空调系统关闭之后,潜艇温度升到近40度,但摩尔却全身发冷,穿上毛衣和夹克衫之后依然发抖,牙齿打颤,身冒冷汗。

15小时之后,攻击停止了,显然那艘布雷舰的炸弹用光以后就离开了。这15小时的攻击,对摩尔来说,感觉上就像有1500年。他过去的生活都一一浮现在眼前,他想到了以前所干的坏事,所有他曾担心过的一些无稽的小事:在他加入海军之前,他是一个银行的职员,曾经为工作时间长、薪水太少、没有多少机会升迁而发愁;他也曾经为没有办法买自己的房子,没有钱买部新车子,没有钱给妻子买好衣服而忧虑;他非常讨厌自己的老板,因为这位老板常给他制造麻烦;他还记得每晚回家的时候,自己总感到非常疲倦和难过,常常跟自己的妻子为了一点儿芝麻小事吵架;他也为自己额头上的一块小伤疤发愁过……

多年以前,那些令人发愁的事看起来都是大事,可是在深水炸弹威胁着要把他送上西天的时候,这些事情又是多么的荒唐、渺小。就在那时候,摩尔向自己发誓,如果他还有机会见到太阳和星星的话,就永远不会再忧虑。他认为在潜艇里那可怕的15小时里所学到的,比他在大学读了四年书所学到的要多得多。

针对人们都有烦恼的习惯,卡耐基曾给出了一些富有哲理的法则:

"生命太短暂,不要再为小事烦恼。"

"当我们害怕被闪电击倒,怕所坐的火车翻车时,想一想发生的概率,会把我们笑死;要懂得闲暇时抓紧,繁忙时偷闲。"

"对必然的事轻快地承受,就像杨柳承受风雨,水接受一切容器一样。"

"如果我们以生活来支付烦恼的代价,支付得太多的话,我们就是傻瓜。"

"当你开始为那些已经过去的事烦恼的时候,你应该想到这个谚语:不要为打翻了的牛奶而哭泣。"

9.当下,就是生命最好的礼物

人生的问题很多,但如果给以高度概括,那便不外"生死"二字了。通常人们关心生活,然而,生活只是生的一部分。哲学、宗教重视探讨生的来源及死的归宿。佛教作为生命的科学,人生的智慧,对于生死问题,不但有深刻的研究,还有解决的方法。

死对人来说,是无法回避的,生的末端便是死。谁不想长命百岁?但人活百岁终要死,世上没有长生不老药。当然,对死亡怀有恐惧并不奇怪,人一死,便会失去生活带给他的各种美好事物。但一个人,如果你经历过人世沧桑,活着时尽职尽责地工作,没有虚度时光,那么应该死而无憾了。死亡是人生的终结,如同旅途的一个驿站。正像英国作家雨果临终前说的那样:"生命的旅行,总有结束的时候,我该休息了。"

英国著名哲学家、散文家罗素对生死的理解很形象:每个人的人生都应该像河水一样,开始是细小的,流在狭窄的两岸之间,然后,热烈地冲过巨石,滑下瀑布。渐渐地,河道变宽了,河岸扩展了,河水流得更平稳了。最后河水流入海洋,不再有明显地间断和停顿,而后毫无痛苦地摆脱了自身的存在。能这样理解自己一生的人,将不会因害怕死亡而痛苦,因为他们所珍爱的一切都将存在下去。

如果我们都能像罗素那样,把人生比作河水,不知不觉地融入大海,毫无痛苦地失去自身的存在,那就不会感到死的恐惧了。当死亡来临之际,坦然面对死亡,把它当作生命过程里的一个环节。像雨果那样,临终轻松地说:"我该休息了!"

圣严法师说:"人活着不过是在一呼一吸之间,呼吸在,所以你一切都在。"

日本知名作家村上春树也说:"死亡并不是生命的反义词,它是生命的一部分。"

禅宗还有句名言:"大死一番,再活现成。"倘若不以身体作为死亡的依据,人的一生当中,总是要面临无数次死亡与重生的体验。

大多数的人,终其一生,费尽心思追寻的是:得不到的财富、不确定的爱情、过眼云烟的名利,却很少人能够停下来想一想,要如何正视终须面对的死亡。生死其实是同一件事的两面,生时不能无忧,临死必将慌乱。人生是一连串的未知、不确定,唯一可以确定的就是"死亡",但却也是人们最难以接受的事实。悲恸、嚎啕与怨天尤人都于事无补,唯有坦然接受,好好准备。然而,我们准备好了吗?

人的一生之中,有许多不如意的事,死亡无疑是不如意中最不如意的一桩。死亡和我们生命中所经历的失败或者失去是一样的,都令人感到无比沮丧,尤其是面对自己或亲友终将死亡的事实时,更是难以接受。

死亡,是很多人的忌讳,但是,谁又能决定死亡?死亡,到底教会了我们什么?面对生死,恐惧是多余的,惟有面对。面对"有生必有死"的必然现象,犹如天下没有不散的筵席;就像我们现在对谈,结束后就要分开。见面是缘,分开也是缘。分开以后会不会见面?以后是以什么样子的角色见面?在什么样的场合?不一定!如果真有缘,就一定会再相见的,不管时空如何转变。

虽然人生中有许多不确定的事,但有一件事是绝对确定的,那就是我们每一个人到最后,终究不免一死。把时间拉长,生死、死生是无尽的轮回。如同昨天、今天、明天的无尽延续,前生、今世、来生也是无始无终的联结,而贯穿无尽时间的是当下。这一刻是生,但对下一刻的生而言,前一刻的生已然是死。

前生已逝,未来未到,这都不是我们可以掌握的,唯有每一个现在,是我们可以把握得住。因此,我们不必因为终将死亡而变得消极虚无,也不必因为今生的不美满而寄望来世。把握"当下"的生活态度,其实就已决定我们的幸福与悲哀了。

在每一刻的现在学习努力,并在每一刻的当下练习"为而不有",那么,每一刻都将是圆满的结束,也就是崭新的开始。

孔子的学生季路问孔子:"敢问死?"

子曰:"未知生,焉知死。"

也许,在了解死亡的意义之前,要先知道怎么活——在现实的世界里,不必以生死命题来钻牛角尖,也毋须在虚幻中迷失自己。因为,人生是永远的舍弃和永远的追求。我们无法预知死亡,唯一所能做的就是活在现在、活在当下。

当下,就是生命最好的礼物。

"生如夏花之绚烂,死如秋叶之静美",这是生的境界,也是死的境界。只有真正尊重生命,懂得并参透生命的人,才能正确的把握。

10.保持平常心,在隐忍中体会蛰伏的美丽

哲学家邱斯顿说过:"天使之所以能够飞翔,是因为他们有着轻盈的人生态度。"做人要拿得起放得下,任何事情都要看开,都要用智慧去面对。平常心不是平庸心,不是对什么都无所谓、得过且过、碌碌无为地度日。保持平常心,并不等于要放弃远大的抱负与雄心,只是不要把成败看得那么重要。努力了、奋斗了,只求无愧于心就可以了。正所谓"谋事在人,成事在天"。

山姆是一个画家,而且是一个很不错的画家。他画快乐的世界,因为他自己就是一个很快乐的人。不过没人买他的画,因此当他想起来时会有些伤感,但只是一会儿的时间,很快他又开心起来了。"玩玩足球彩票吧!"他的朋友劝他:"只花2美元就可以赢很多钱。"于是山姆花2美元买了一张彩票,并真的中了头彩!他赚了500万美元。"你瞧!"他的朋友对他说,"你多走运啊!现在你还经常画画吗?""我现在就只画支票上的数字!"山姆笑道。山姆买了一幢别墅并对它进行了一番装饰。他很有品位,买了很多东西:阿富汗地毯,维也纳柜橱,佛罗伦萨小桌,迈森瓷器,还有古老的威尼斯吊灯。

山姆很满足地坐下来,他点燃一支香烟,静静地享受着他的幸福,突然他感到很孤单,便想去看看朋友。他把烟蒂往地上一扔——在原来那个石头画室里他经常这样做——然后他出去了。燃着的香烟静静地躺在地上,躺在华丽的阿富汗地毯上……一个小时后,别墅变成火的海洋,它被完全烧毁了。

朋友们很快知道了这个消息,他们都来安慰山姆。

"山姆,真是不幸啊!"他们说。

"怎么不幸啊?"他问道。

"损失啊!山姆你现在什么都没有了。"朋友们说。

"什么呀?不过是损失了2美元。"山姆答道。

在人生的漫长岁月中,也许我们不断地失去一些我们不想失去的东西,但是不必斤斤计较,耿耿于怀,因为这样于事无补。人们的生存空间广阔无边,人生的经历异彩纷呈,能像山姆一样拥有一颗平常心,谈何容易。

古时候有一位神射手,名叫后羿。他练就了一身百步穿杨的好本领,立射、跪射、骑射样样都能百发百中,几乎从来没有失过手。人们争相传颂他高超的射技,有天便传到夏王的耳朵里。有一次很偶然,夏王亲眼目睹了后羿的神箭法,很欣赏他的功夫。夏王便招他入宫中,单独给他一个人演习一番,好尽情领略他那炉火纯青的射技。

夏王命人把后羿找来,带他到御花园里找了个开阔的地带,叫人拿来

第七章
有一种快乐叫隐忍——人能百忍自无忧,天天都是好日子

了一块一尺见方,靶心直径大约一寸的兽皮箭靶,对后羿说:"今天请展示一下您精湛的本领,这个箭靶就是你的目标。为了使这次表演不至于因为没有竞争而沉闷乏味,我来给你定个赏罚规则:如果射中的话,我就赏赐给你黄金万两;如果没射中,那就要削减你的一千户封地。"

原本很自信的后羿听了夏王的话,面色变得凝重起来。他脚步沉重地走到离箭靶一百步的地方,取出一支箭搭上弓弦,摆好姿势拉开弓开始瞄准。但因为心里想着这一支箭的重量,他无法安心,结果没有射中。

之后,后羿更加紧张了,他再次弯弓搭箭,精神却更不能集中了。后羿收拾弓箭,向夏王告辞,悻悻地离开了王宫。

夏王为此心生疑惑,就问手下道:"这个神箭手后羿平时射起箭来百发百中,为什么今天却大失水准了呢?"

手下解释说:"后羿平日射箭,不过是一般练习,在一颗平常心之下,水平自然可以正常发挥。可是今天他射出的成绩直接关系到他的切身利益,叫他怎能静下心来充分施展技术呢?看来他的得失心太重,以至于不能专心射箭,有愧于神箭手之名呀!"

过分看重利益往往是我们做事的大敌,对身边的事物尤其是名利,不妨抱着一颗平常心去看待,得之不喜、失之不忧。这样做人才能更加豁达和乐观,才能够安心地享受生活。

平常心是人生修养的一种很高境界,是一种平静和坦然的人生态度。平常心是尘世中的微笑,是物欲中的淡泊,是风浪中的平静,是困厄中的坦然。

唐朝诗人白居易曾说:"自净其心延寿命,无求于物长精神"对生活中的得失成败,要看得淡一些。用平常心来看世界,我们才能善良、热忱地为人做事。拥有一颗平常心,才能使内心达到一种真正宁静的境界,才能在万籁俱静的夜里,聆听大地的天籁:鸟叫虫鸣,风声,雨声,花开花落;才能在喧嚣的尘世,静观人生之百态,感悟人间之冷暖。

拥有一颗平常心,你就会惊奇地发现和体会到平凡的生活中蛰伏的美

丽。拥有一颗平常心,你就能从容地面对生活中的一切。在诱惑面前,镇定自若;在金钱和荣誉面前,无动于衷;在失意和落魄时,不气馁。

趣味贴士——情绪年龄尺

一般而言,我们每个人的情绪管理能力往往随着年龄的增长而逐渐增强,并逐步由幼年的淘气、童年的天真、青年的血气方刚、壮年的坚持不懈逐步成长,直到中年、老年才渐渐学会某种稳重和追求圆满。但是也有些人,身体在逐渐成长、成熟,心灵却总不见成熟。

因此,大家可以采用这个尺子来对EQ年级进行区别,这样你会为自己的情绪管理平添不少乐趣。例如,如果对方无理取闹,你可以定义他为"EQ二年级",你希望自己"EQ五年级",就不会再和"EQ二年级的小朋友"计较了。

这个EQ年级的区分,只是用来表示人生某个阶段情绪的控制能力或EQ的商数,但是事实上,其结果一直处于变化之中。也许我们情绪很稳定的时候所表现出来的是50岁的情绪控制能力或者说是EQ五年级,这时可以较理智地应用智慧来处理情绪,但是有些时候,特别是有异常行为出现时,我们却容易变成最初的冲动、暴躁的情绪商数水平,情绪控制的能力会一下子又跌落到不及格、不成熟的情绪年龄阶段。

如果你以前比较随性、任性,容易冲动,我坚信,了解这些以后你肯定能够知道冷静、理智地应用某些原来所具有的智慧去处理情绪行为问题,那么,也许你的情绪能力就会从现在的20岁的任性提升到50岁的智慧管理级别,从而可以增加30年功力。

一年级10岁的情绪控制能力

天真幼稚、性情淘气、纯真

二年级20岁的情绪控制能力

任性、冲动、好争辩,动不动要与人斗嘴、打架,多愁善感、爱恨不分、随

意任性、不知情绪为何物

三年级30岁的情绪控制能力

相对成熟、心智稳定、不会乱发脾气

四年级40岁的情绪控制能力

处事稳重、不轻浮、不毛毛躁躁、懂得冷静

五年级50岁的情绪控制能力

懂得应用智慧处理情绪问题、能理智思考情绪问题、能够正反逆向思考、比较知道控制自己的情绪、了解别人的情绪、能屈能伸、知道自己要的是什么

六年级60岁的情绪控制能力

与人相处融洽、经验丰富、人生已度过历练的阶段,懂得待人处世,处理情绪问题较为圆满、求得双赢

七年级70岁的情绪控制能力

放得下、想得开、凡事不会太放在心上

百岁功力:(大师)100岁的情绪控制功力

圣性:年届百岁、与世无争、具有圣人心性和悟性、大觉大悟

心空:不执著,少有贪、嗔、痴之恶念

空无:心无挂碍、少有恐惧、远离颠倒梦想、没有人间是非

第八章

隐忍是对的,你也是

——要忍的事太多,请修炼好强大的内心

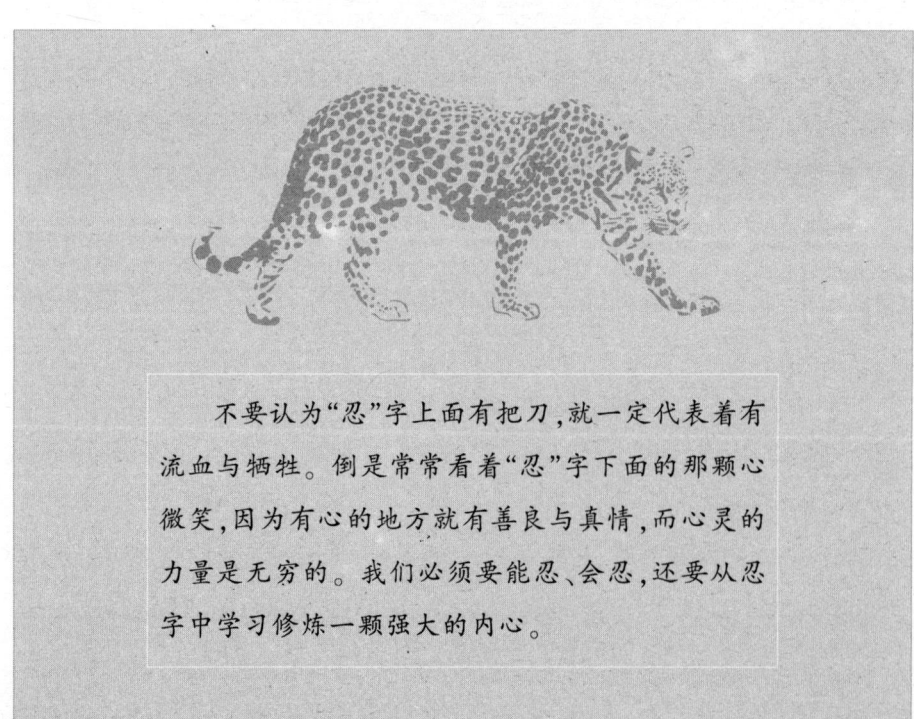

不要认为"忍"字上面有把刀,就一定代表着有流血与牺牲。倒是常常看着"忍"字下面的那颗心微笑,因为有心的地方就有善良与真情,而心灵的力量是无穷的。我们必须要能忍、会忍,还要从忍字中学习修炼一颗强大的内心。

第八章
隐忍是对的，你也是——要忍的事太多，请修炼好强大的内心

1.不被人承认的时候，我们虽然没有光环，但是我们有尊严、自信和乐观

别人的不友善举止是别人的错误，我们无力改变。但是，我们可以尽力提升自己的形象和价值，让自己原本微弱的力量逐渐强大，直到每个人都无法忽略我们的存在为止。

俄国文豪屠格涅夫曾说："先相信你自己，然后别人才会相信你。"如果连你自己都轻视自己了，那你要如何得到别人的尊重呢？

大家都知道，一个人最终能否实现目标或者达到成功，必须倚仗很多因素，其中自身的条件是最为重要的。如果你本身就是一颗钻石，不巧被遗失在一个沙滩上，被人们当做低劣的沙砾来看待。那么，只要你不灰心，不慌乱，耐心等待一次次潮来潮涌的翻动，最后你的光亮肯定可以吸引每一个人的目光。即使海浪有可能将你继续掩埋，那也只是暂时的，你良好的特质丝毫不会因为与沙砾混合而有所改变，你仍是一个值得珍藏的上品。

因此，如果你真的是钻石，在被埋没的时候，请不要做无谓的哀叹，坚定地保存闪亮的梦想吧，相信有一天你一定可以吸引众人的目光。

而如果你本来就只是一粒不起眼的沙子，又不甘心这么平庸下去，那么请去寻找那只能够包容你的大蚌吧，请求它将你变成一颗珍珠。让原先不起眼的你，可以在外界的帮助下脱胎换骨，成就自己的梦想，成为一个优秀的珍品！

传说宋代名士苏轼游玩莫干山的时候，进入山腰的一座道观进香。道士见他穿着十分朴素，心想他应该是一个普通百姓，于是就异常冷漠地招呼说："坐！"然后吩咐童子："茶！"

苏轼落座喝茶，和道士很随意地交谈了几句。几番言语，道士发现来客

气度不凡,马上请苏轼进入大殿,摆下椅子说:"请坐!"然后又吩咐童子:"敬茶!"

苏轼继续和道士攀谈,口中妙语连珠,讲得道士赞叹不已,便忍不住打听起来客的名字。苏轼微笑着说:"小官是杭州通判苏子瞻。"道士闻言立即起身,请苏轼进入一间静雅的客厅,并态度恭顺地说:"请上座!"再次吩咐童子:"敬香茶!"

最后,苏轼准备告辞了,道士请求留下墨宝。苏轼思忖片刻,联想起道士的种种态度,于是写下了一副著名的对联:"坐请坐请上座,茶敬茶敬香茶",借以讽刺道士趋炎附势。

聪明的人都知道,证明一个人的价值,绝对不在于几个人的言语。苏轼有相当的阅历和涵养,当他遭受别人的轻视时,并没有暴跳如雷、大发脾气,而是很自然地按照着自己的计划,该做什么就做什么,不去在意别人的态度。而那个势利的道士,最后终于领略到了苏轼掩盖不住的才华,继而感到羞愧。

无论如何,都不要因为别人的轻视而放弃自己!我们的目标很多,我们的力量很大,只要你愿意实现自己的心愿,并为之付出努力,相信总有一些好事会悄悄产生的。

换个角度看,别人的冷漠是因为"我"不够强大,虽然"我"强大的力量并不是为了消除别人的冷漠而积蓄的,但"我"还是要努力强大,把冷漠踩到脚下,迎接属于自己的荣耀。

另外,我们不仅仅要接纳别人的不友善,还要从别人对我们的"不友善"中找到自己的缺点。

一个财主遇到一个穷人,财主对穷人说:"我这么有钱,你怎么不尊重我呢?"

穷人回答:"你有钱和我有什么关系?我为什么要尊重你呢?"

财主说:"我把我的财产分给你一半,你会尊重我吗?"

穷人回答:"你把财产分给我一半,我就和你一样了,为什么要尊重你?"

财主又说了:"那我把财产全部给你呢?"

穷人说:"那我就更不会尊重你了,因为我是富人,你是穷人了。"

这虽然是一个笑话,却向人说明了一个道理:如果你想得到别人的尊重,除了金钱外,还必须拥有让人信服的条件,包括特质、素养、情操和意志等。

所以,面对别人的不友善,我们最该做的,就是打开体内的应急按钮,调动所有的防毒软件,全面修护自己的情绪和感受,把无聊的闲言闲语和猜忌都扔掉,只留下能激励自己的箴言。

很多时候,不是别人看不起你、刁难你,而是你自己做得不够好,让人有话可说。被人嘲讽,虽然是非常难堪的事情,但因为无法回避,所以最好的方法就是将它有效地消化,成为一个激发你开拓新局面、扭转逆势的开端。

不被人承认的时候,我们虽然没有光环,但是,我们有自信、乐观和尊严,我们需要做的就是找到失败的原因,把过去的一切打包,成为一个丰富的经验库,然后才能没有任何负担地大步前进。而沿途的重要工作就是,重拾自己的优势和信心,让别人看到你的光亮!

2.处于弱势的时候,在降低标准中完善自己,从头再来

在人生的许多大逆转中,许多人之所以败下阵来,甚至从此被打败,都是因为不肯降低标准。而那些就此降低标准,降下身份的人,很快又会快乐起来。

人往高处走,水往低处流,人生总是向上的,这是人们的认识,也是人生的理念,更是众生的普遍心理。

然而事实上,就是这个"人往高处走"的理念,毁了许多人,坑了许多人。客观地讲,人生一世,是不可能总往高处走的,沉浮起落、坎坷挫折,下

坡路的时候是很多的,我们不得不走。

　　这正如《贤愚经》中所说的:"常者皆尽,高者必堕。合会有离,生者皆死。"

　　有钱人变为没钱人,局长降为处长,老板变成小工,昨天的名人沦为今天的无名鼠辈……诸事不如前的现象每个人都经历过。每当这时,往日的标准都会被大打折扣。

　　由此看来,人生不可能总是守在一个高标准上。高标准本身就是一种完美主义的化身,其中包含着对周围事物的苛求和对自己的苛求,结果是自己累垮了,周围人也受不了。

　　更何况,人生总有不顺的时候,诸如单位不景气,事业陷入困境,家庭遭受变故……跟随而来的便是内在和外界的标准一同降低。如果这时谁还保持一种高标准的心理期待,还是一味地人往高处走,就会遭遇打击,饱尝痛苦,陷入烦恼的境地。于是,这时降低标准,便成为唯一而正确的人生选择。尤其在当今这个充满竞争的社会,"高标准"往往是靠不住的,极易被动摇。学会降低标准,反而成了人们解决人生难题的一把钥匙。

　　隐忍学上所说的降低标准,并不是要你退缩,更不是要你消极,而是一种心理调理和应对。"人生是不确定的",外在的事物总在不断地变化,好与坏,顺与不顺,定会接踵而来。不管是在心理上,还是在客观上,过高的标准都会使人时时处处面临着一种高度的威胁。有时候,甚至使人变得灰心丧气,破罐子破摔。

　　一味地高标准,不但会伤害自己,同时也会伤害别人。现实社会中,许多人之所以不适应新的环境,之所以会痛苦烦恼,就是因为守着一个高标准不放。他们认为自己只能上升,不能下降。因此,高标准在很多时候反而成了极端片面的害人理念。

　　某公司被兼并了,几百名员工一同下岗,他们一蹶不振,而老李却挽起袖子,到一家小餐馆,做了一名跑堂儿。某企业倒闭了,人们丧气到了极点,老张却在第二天下楼修起了鞋子。老黄是某事业单位的领导,单位解散后,

第八章
/隐忍是对的,你也是——要忍的事太多,请修炼好强大的内心/

不但官职没了,吃饭也成了问题,他什么也没说,到一家公司做了一个看大门的。

降低标准,不仅要降低生活的标准,还要降低位置,放下架子,不顾面子,降低自己的身份,降低自己的名誉,降低自己的头衔……正像佛家所说的"放下"二字。我们是否能够放下,同样需要英雄般的气概。

肯不肯降低标准,有时反而成了一个人能否生活下去的必要条件。说严重点,很多人都是病在、倒在、败在、死了了这个环节上。

许多伟人,许多大人物,其实都不是一味守着高标准不放的人,他们能在降低标准中完善自己,从头再来。

1896年人们在加拿大西北柯劳代克发现了金矿。跟随着像蝗虫一样的淘金者人流,杰克·伦敦踏上了柯劳代克之路。他在那儿呆了一年,拼了命似地挖金子。他忍受着一切难以想象的痛苦,而最后回到美国,他的囊中却仍然空空如也。

于是,只要能糊口,任何工作他都肯干。他曾在饭店中刷洗过盘子;他擦洗过地板;他在码头、工厂里卖过苦力……甚至有一天,他饥肠辘辘,身边只剩下两块钱。

三年之后,他决定放弃卖苦力的劳苦工作,重新回到曾经让他伤心的文学创作上来,从零开始。这是1898年的事。仅几年,他便有6部长篇以及125篇短篇小说问世,一跃成了美国文艺界最为知名的人物之一。

为了能够活得好一些,并时时快乐着,降低标准,有时会是我们最明智的选择。

就生活而言,那些懂得降低标准,肯降低标准的人,有时反而成了生活中的真英雄,不但能渡过难关,还能自得其乐,而只要你敢于回到起跑线上来。第二次向成功发起冲击,成功便有一半在握。

3.不要试图让所有的人都对你满意,否则你将永远也得不到快乐

活得累,是现代人的普遍感受,这很大程度上是因为追求完美导致。可是,也许你已经发现,不管自己是多么的努力,行为是多么的正确,自我反省是多么的深刻,都永远达不到所有人对自己的要求。世界是这么大,社会是这么复杂,人的思想观点是这么的不同,要企求人人一致地赞同一件事,是难乎其难,甚至是不可能的。聪明的人,就应该在此时避重就轻,创造一种心理导向的效应。

每个人都会有他个人的感觉,都会根据自己的想法来看待世界。所以,不要试图让所有的人都对你满意,否则你将永远也得不到快乐。

父子俩牵着驴进城,半路上有人笑他们:真笨,有驴子不骑!

父亲便叫儿子骑上驴,走了不久,又有人说:真是不孝的儿子,竟然让自己的父亲走路!

父亲赶快叫儿子下来,自己骑到驴背上,又有人说:真是狠心的父亲,不怕把孩子累死!

父亲连忙叫儿子也骑上驴背。谁知又有人说:两人骑在驴背上,不怕把那瘦驴压死?

父子俩赶快溜下驴背,把驴子四肢绑起来,用棍子扛着。经过一座桥时,驴子因为不舒服,挣扎了起来,结果掉到河里淹死了!

很多人做人做事就像这故事中的父亲,人家叫他怎么做,他就怎么做;谁抗议,就听谁的! 结果呢? 大家都有意见,而且大家都不满意。

一个人想面面俱到,不得罪任何人,又想讨好每一个人,那是绝对不可能的! 因为在做人方面,你不可能顾及到每个人的面子和利益,你认为顾及到了,别人却不这么认为,甚至根本不领情的也大有人在。在做事方面,你

第八章

隐忍是对的,你也是——要忍的事太多,请修炼好强大的内心

也不可能顾及到每个人的立场,每个人的主观感受和需要都不同,你要让每个人满意,事实上,就是让所有人都不满意!

结果呢?为了面面俱到,反而把自己累坏了,而因为怕对方不满意,还得察言观色,揣摩别人的心思,这多么辛苦啊!

那应该怎么做?做你该做的!也就是说,你认为对的,就不受动摇地去做,参考别人的意见要看意见本身,而不是看别人的脸色。这么做有时确实会让一些人不高兴,但你的不受动摇,却可赢得这些人事后的尊敬,毕竟人还是服膺公理的,除非你的坚持纯属是为了私心!

这么做,会有人称赞你,也会有人骂你,但想面面俱到的人,结果是每个人都会嘲笑你——就像故事中的父子!

俗语说:"岂能尽如人意,但求无愧我心!"。就像萝卜白菜各有所爱一样,所以,不要奢望做一个人人都满意的桔子,那是不可以的事情!

有一个被人广为称颂的事例:某一位诗人一次把自己的得意诗作拿到广场上去展览,很自信地对观众说,如果你们认为有败笔,尽可以指出。到了晚上,诗人的作品上标满了记号,人们挑出了无数他们认为是败笔的地方。诗人非常不甘心,他灵机一动,又写了一首完全相同的诗拿到广场上展出,不同的是他请观众标出诗中的妙处。结果到了晚上,诗人看到所有曾被指责为败笔的地方,如今都换上了赞为妙笔的记号。诗人的结论是:"我发现了一个奥秘,那就是不管我们干什么,只要使一部分人满意就够了,因为在有些人看来是丑恶的东西,在另一些人的眼里,恰恰是美好的。"

诗人的大悟,可以作为我们对非难、诽谤的一种基本态度;而诗人的这种作法,也可以作为我们在一定程度上考虑如何减轻非难、诽谤这个问题的基本出发点。

我们为人处世经常按别人的反应来决定,而很难按自己的意愿去行动,尤其是在关于"成功"、"幸福"之类重要的问题上,一切似乎已经有了约定俗成的标准。弗洛伊德说:"简直不可能不得出这样的印象,人们常常运用错误的判断标准——他们为自己追求权利、成功和财富,并羡慕别人拥

有这些东西,他们低估了生命真正的价值。"

心理学家指出,如果给两组完全相同的人像,一组人像下写"残暴"、"凶恶"、"狠毒"一类的词,一组人像下写"果敢"、"勇毅"、"顽强"一类的词,请两组测试者对人像作职业估计,那么前一组人像很可能就被猜为罪犯,而后一组人像就可能被猜为军人。就像人们往往把银幕上、球场上的明星作为一种偶像,把表演中的人当作生活中真实的人一样。人类的内心有一种很强烈地接受外界暗示,通过语言、形象等传播媒介树立形象的欲望,它构成了所谓的"心理导向效应"。诗人的"败笔"、"妙笔"导致完全相反的两种结果,正是他利用了这种效应完全相反的两种结果,正是他利用了这种效应产生的。

了解了这一点之后,如果要使自己摆脱困境,减小压力,争取更多的赞同,就可以根据不同的情况采取不同的措施。让每一个人都满意是不可能,也是没有必要的。

现实生活中我们也常常遇见类似的事情。当某人做了一件善事,引起身边同事们的注意时,会听到各种截然不同的评论。张三说你做得好,大公无私;李四说你野心勃勃,一心想往上爬;上司赞你有爱心,值得表扬;下属则说你在做个人宣传……总之,各种各样的议论,有的如同飞絮,有的好似利箭,一一迎面扑来。怎么办呢?最好的方法,就是抱着"有则改之,无则加勉"的态度。

事实上,一个人是不可能让所有人都对你满意,即使已经尽心尽力在做了,还是会有让别人不满意的地方。如果所有的人都对你满意,表示你这个人必定有问题。因为如果做了坏事,好人会骂你,做好事,坏人会骂你。

至于自己是否有他们所想得那么坏或那么好,只有自己知道。因此,最重要的是要对自己的良心、对自己的努力奉献负责;别人对你的批评、要求,那都是其次的。

如果太在乎别人的赞美,会变得骄傲、得意;太在意别人的批评,会觉得懊恼、无奈,对你或是对事情都会有不好的影响。所以,最好的方法应该是：随时保持平静的心，把事做好。

我们不管干什么，只要一部分人满意便是成功。因为，在有些人看来丑恶的东西，在另一些人眼里则恰恰是美好的。

不要对自己太苛刻，工作上给自己定一个所能达到的目标，只要对得起自己的努力和良心，不要太在意外人对你的评价，否则，遇到挫折就可能会导致身心疲惫，万念俱灰。不要为了让周围每一个人都对你满意而处处谨小慎微，不要顾及他人的眼光而改变自己的言行，不要让所有人都满意了而委屈了自己，我行我素在必要时还是要得的。

情绪的过分紧张和焦虑，会影响一个人的生活情趣和解决问题的能力，对于生活中遇到的始料不及的事，应该学会放松，调节自己的情绪，保持生活的规律和睡眠的充足，以饱满的精神状态去面对。学会倾诉和寻求帮助来排解不愉快，生活中绝大多数人都有一颗助人为乐的心，找一个听你诉苦的朋友不会是太难的事情。

记住，人活一世不容易，何必事事都在意？

4.把本能的嫉妒转化为进取的动力，把不平静的心态归于平静

喜欢嫉妒的人，总是容易心怀不满，动辄生气。但是，一个劲地生气有用吗？生气，既显示了自己的气量狭小，又起不到任何作用。因此，与其干坐着生气，倒不如好好争口气。

每个人都应该是自己人生的建造者。既然生活是自己创造的，心情是自己营造的，就用不着为那些不着边际的琐碎小事生气。也许你会说，我就是眼红，我就是忍不住，那么，隐忍学主张，如果你觉得别人比你好，比你出色，你就加把劲赶上去，力争上游。有意识地提高自己的思想认识水平，正

是消除和化解嫉妒心理的直接对策。

对于比你强大和能干的人,你不仅要有单纯的羡慕和崇拜,你更应该抱持一种"我一定会比你强,我一定能超过你"的想法。有了积极正面的思考方式,然后才会带来奋发向上的实际行动。争取做到"后来者居上",你才能活出生命的色彩。

尽管嫉妒和羡慕只是一线之差,却有着天壤之别。嫉妒的人是在打击别人的过程中寻找快乐,以求得心理平衡,而他们自己的生活却搞得一团糟。

学会熔炼嫉妒,那就是把本能的嫉妒转化为进取的动力,把不平静的心态归于平静,把蔑视别人的目光转到自己的短处上,这样嫉妒就会变成一种催人奋发的动力。

其实我们大可不必嫉妒他人,俗话说:"尺有所短,寸有所长。"每个人都会有长处和短处,为什么要用自己的短处与别人的长处比,自寻烦恼呢?相反,我们可以把嫉妒化成动力,用自己的努力去缩短与别人的差距,甚至超越他人,换成别人对我们的羡慕。

如果一个人很喜欢与别人进行比较,同时又不能对自己做出正确的评价,就会产生嫉妒。比较会导致自卑,失去信心,当机会再一次来临时,就会失去尝试的勇气,连超越他人的志气都会化为乌有。

工作及社交中嫉妒心理往往发生在双方及多方,因此注意自己的性格修养,尊重并乐于帮助他人,尤其是面对自己的对手。这样不但可以克服自己的嫉妒心理,而且可使自己免受或少受嫉妒的伤害。同时还可以取得事业上的成功,又能感受到生活中的愉悦。

与其嫉妒那些比自己强的人,还不如把嫉妒变为动力,多结交一些比自己强的人,从他们的身上学习成功的经验,提高自己的能力,促使自己也成功。

美国一位名叫阿瑟·华卡的农家少年,一直很嫉妒那些商界的成功人士,但是他是一个好强的人。有一天在杂志上读了大实业家亚斯达的故事,

第八章

隐忍是对的，你也是——要忍的事太多，请修炼好强大的内心

他很嫉妒亚斯达能有这样巨大的成功，但又转念一想，为什么自己要在这嫉妒呢？再怎样嫉妒都不可能像他那样成功，何不向他请教，对他的成功经历了解得更详细些，并得到他的忠告，这样自己或许也能取得成功。

有这样的想法与动力后，他跑到了纽约，也不管几点开始办公，早上7点就来到亚斯达的事务所。在第二间办公室里，华卡立刻认出面前这位体格结实、浓眉大眼的人就是亚斯达，这让他兴奋不已。一开始，高个子的亚斯达觉得这少年有点讨厌，然而一听少年问他"我很想知道，我怎么才能赚到百万美元"时，他的表情变得柔和并微笑起来，两人竟谈了差不多一个小时。随后亚斯达还告诉华卡该怎样去访问其他实业界的名人。

华卡照着亚斯达的指示，遍访了那些曾让他嫉妒的一流的商人、总编及银行家。在赚钱方面，华卡所得到的忠告并不见得对他有所帮助，但是能得到成功者的知遇，给了他自信，他开始化嫉妒为奋进的动力，仿效他们成功的做法。

过了两年，这个20岁的青年，成为当初他做学徒的那家工厂的所有者。24岁时，他成了一家农业机械厂的总经理，就这样，在不到5年的时间里，华卡就如愿以偿地赚到了百万美元。后来，这个来自乡村粗陋木屋的少年，又成为一家银行董事会的一员。

华卡在以后的创业过程中，一直实践着他年轻时到纽约学到的基本信条：多与比自己优秀的人结交，把嫉妒别人转变为学习别人的长处，以此来帮助自己成功。

华卡的做法是值得我们学习的，我们可以把嫉妒对象当作对手，不是向他攻击而是向他挑战、学习。俗话说："只要功夫深，铁杵磨成针。"很多事情别人能干，自己也一样能干，而且可能会做得更好。

比尔·盖茨说："和那些优秀的人接触，你会受到良好的影响。"然而要与优秀的人物缔结友情，跟第一次想赚百万美元一样，起初是相当困难的。其中的原因并不在于对方的出类拔萃，而在于我们自己的嫉妒之心，不愿友好地进行沟通与交往。

但是我们不得不承认与比自己强的人结交是很有好处的：

第一，和比自己优秀的人在一起，我们就会嫉妒别人，容不得自己不如别人，别人行，我一定也行，于是想方设法要超过别人，这样就将嫉妒之心转化为了好强的求胜之心，促使我们能够很快地成长并超越别人。

第二，结交一个优秀的人，比我们作的任何决定都来得重要。因为，借由他们的成功经验、成功模式，能使我们在非常短的时间内，产生非常大的效益。他们也把他们失败时所做错的事情让我们知道，哪些是我们不要做、不能犯的错误。他们会让我们省下非常多的时间，走对方向，少走弯路。

看到与自己所嫉妒的人之间的差距，以所嫉妒的人为榜样、为目标，扬长避短，择其善而从之，见其恶而避之，自己努力改进，迎头向上，积极地将嫉妒心理转化为进取的动力，不会让嫉妒使自己的心理不平衡。

同时我们应当认识到，有些事情是不取决于人自身的。如一个人的出身、相貌等，不是想改变就能改变的，因此我们没有理由去嫉妒别人。我们要挖掘己不如人的根源，要弄明白别人到底为什么比自己强。也许，他取得的成绩是努力拼搏的结果，我们自己是不是做得还很不够呢？如果是，我们应当提醒自己加倍努力。

"山不厌高，海不厌深"，"山不辞石，故能成其高；海不辞水，故能成其大，君不辞人，故能成其众"，"合抱之木，始于毫末；千里之行，始于足下"。既然已知自己的弱处，既然看到自己与别人的差距，就不该将精力浪费在嫉妒别人之上，而应该知耻而后勇，化嫉妒为拼搏的动力，注意点滴的积累，从今天开始，从足下开始，不耻下问，不疲请教。"箭欲长而不在于折他人之箭"，"天外有天，人上有人"。茫茫人海总有人会有一面长于自己，此时我们不应嫉妒他人，做出毁灭、扼杀别人的行为，而应觉得不甘心，想要比别人强，积极地提高自身的价值与素养。"寇可往，我亦可往"，别人能做到，我为什么不能做到，只有具备这样的思想，才能迎头赶上，进而后来居上。

第八章
/隐忍是对的,你也是——要忍的事太多,请修炼好强大的内心/

对别人产生嫉妒并不可怕,关键要看我们能不能正视嫉妒。如果能把嫉妒转化为成功的动力,时时鞭策自己,化消极为积极,往往会使我们赶上甚至超过别人。

5.闭上嘴吧！事情永远不会因为你的抱怨而变得更好

和"隐忍"最敌对的一个词就是"抱怨"了,所以,抱怨是修炼隐忍学的大忌,也可以说是做人处世的大忌,不是吗？如果你想抱怨,那么,生活中的一切都能够成为你抱怨的对象,如果你不抱怨,生活中的一切就都会变得美好。一味地抱怨不但于事无补,反而还会使事情变得更糟。

很多人一味地抱怨、发牢骚,却不想办法去行动,去努力改变,结果是,事情永远不会因为你的抱怨而变得更好。

如果你被别人欺骗了,你可以怨天尤人,痛骂社会,甚至自责,但事情却不因这些而改变,这一切只改变了你和日后的生活。我想,大部分人都是这么一直抱怨下去,让局面来控制我们。

现实中存在不少这样的人,他们把抱怨当成是聊天的一个内容,而不会寻找其他的话题。即使没有特别的事情发生,人们可以抱怨的事情也可以是五花八门的：天气、交通状况、商场里拥挤的人群、银行里的长队、变老的事实、待遇太少、疾病的困扰、子女的问题等。

大多数人都会觉得抱怨是很好的发泄工具,在受到挫折或面临困难的时候可以放松自己的心情,然而往往忽略这种情绪对自己的严重影响。

爱抱怨者,可能很难意识到：很多被抱怨的事都是他们自己一手造成的！你的工作没做好,上司自然会找你麻烦；你不注意减肥,当然没有适合你的衣服；你不看天气预报,被雨淋了又能怪谁？所以当你试图抱怨的时候,不防先从自己身上找找原因。否则,一旦你养成了抱怨的习惯,就会把自己的问题隐瞒起来，结果你成为问题重重的员工，上司只能痛下决心……你会失去你那些本来喜欢你的朋友，因为你的抱怨让他们感到心烦；你的家人会感到失望，因为你让他们跟着你遭受了太多的不愉快。这会形成恶性循环，你的抱怨更加严重，你的心境会变得更加糟糕！

如果一个人把抱怨当成习惯，就会失去与别人交流的能力。

你有没有这种经历？在你心情很好的时候碰到一个家伙，这个家伙上来就说天气有多么糟糕，他的生活多么黯然无光，这个时候，你的大脑会随着他的语言思考，结果，你脑中的画面是一幅幅不愉快的景象，你的心情也会因此而变得莫名压抑。下一次，你会尽量避开与这个家伙交流。

下面是一些制止抱怨的具体技巧，让你更有效地把抱怨转化为隐忍：

1)稍稍休息一下。

要减轻情绪波动所造成的负面影响，最简单的办法就是暂停接触、稍事休息。当双方都怒气冲冲或不满情绪高涨时，适当地休息一下能防止双方关系全面恶化。双方都能利用这个机会平静一下，想一想继续交往下去可能会带来的好处，并且琢磨出一个既能处理眼前问题，又不至于激怒对方的办法。借这个休息机会，我们还可以在手边的一些琐事上进行合作，比如一块儿修咖啡机，打开窗户换换新鲜空气，从而改变一下气氛。

2)从一数到十。

我们都希望考虑周全了再行动。有时候，情绪上来得很快，还没等我们意识到就已然受其控制，不假思索地干出冒失事儿来。这种贸然举动又会激化对方的情绪，由此形成恶性循环。

碰到这种情况，不妨从一数到十，强迫自己想想究竟是什么原因促使对方说出那样的话，然后想办法使谈话更富成效。每次回应对方之前，都有必要问一问自己："此刻我的目标是什么？"

3)咨询请教。

如果当时情绪剑拔弩张，或另有原因双方不能沟通，可以找一位朋友或同事咨询一下。我的意见可行吗？不利的方面是什么？是否另有妙计？

6.训练自制力——让隐忍有更多的技术含量

经常有人说"是可忍孰不可忍",或者是"忍无可忍"。这两个词其实从某个侧面反映了你的自制力不够,导致隐忍无法进行下去,而当你拥有了足够的自制力后,隐忍就会有更多的技术含量。

行为学家在分析了人们成功的因素之后,告诉了我们在自制问题上可以采取几种科学的培养方法:

1)控制自己的思想。

这一点可以说是与国人传统的认识相吻合的。没有意识作为先导,人就不可能有具体的行为。控制思想,就要明白自己想要什么,不能要什么,这是认识的问题。然后再弄清楚,怎样拒绝不能做的事,强制自己专做该做的事,这是方法的问题。最后再掂量一下,自己做了会如何,不做又该如何,这是建立毅力的前提,是由控制思想向控制行为过渡的问题。

2)控制目标。

目标是思想的核心,更是行动的指南,也是取得成功的重要方法。人不可能无为而治身,都要有一定目的;做事都要有计划,不能东一下西一下,无头无序。

目标可以帮助你做很多事。你想成功?你想取得什么样的成功?你想怎样达到成功的目的?你的长期计划是什么?中期计划是什么?短期目标是什么?如何去修正你的目标?拿这一系列问题问自己,心中自会明亮许多。

需要强调的是,控制好目标也是取得成功的一种重要方法。只有目标与毅力、意志、方法,就如同想渡河,只想到达对岸,而没有船一样。

控制目标,就要制订目标。目标有长期的、中期的,也要有短期的。像我们买衣服一样,买皮衣时,要考虑到这皮衣要能穿三五年;买袜子时,只须想着能穿三五个月即可;可买鞋子时,要想着这鞋得穿一两年。不同的衣服,穿着年度不同,就要在价格、质量等方面做不同的考虑。

再如高中生参加高考,在复习阶段,他就应制订类似这样的目标:五个月之内,我要怎么复习?近一两个月内,我该重点攻克哪一门课程?每周周六,我该完成计划中的哪些事?如此,中长期目标与短期目标并举,做起来就心中有数,忙而不乱。

修订目标也是重要的一步棋。目标永远是超前的考虑,你做到某一步时,一些意料不到的事情就会出现、发生。在这个时候,如果不及时地修订目标,那么目标因不能如约执行计划而处于废弃的危险境地。修订目标就像整理自己的衣柜,到一定时候,就要看看,哪些衣服还能穿,哪些衣服不能穿,哪些衣服要缝补改装,哪些又要添置新的。只有不断整理,才能让衣柜里的衣服随时能满足自己衣着的需要。

3)控制时间。

人生活在空间和时间中,空间容纳人,时间改变人。很多人事情做不好,就是没利用好时间。

操纵时间是一门大学问。在国外,专门有向人们提供时间安排的时间管理专家,他的工作就是把你计划要做的事,结合你的个人情况,做一个统筹的安排。

这可不是一件轻松的事,一般的人往往不但不明白自己要做哪些事,还不明白在什么时候,用多长时间来做某件事。而且更难的是如何将那么多事和有限的时间充分地融合在一起,事情做好了,时间也没白白浪费。你可选择时间来工作、游戏、休息,虽然客观的环境不一定能任人掌握,但人却可以自己控制时间。当我们能控制时间时,就能改变自己的一切。

人们不可能把自己的时间都交给时间管理专家去管理,那么只好自己担当起自己的时间管理专家,为自己要做的事筹划。

4)控制自己的关系群。

关系群就是与你保持一定联系和友情关系的人群。一个人不可能与他遇到的每个人都建立较为亲密的关系,你必然有所选择;同时一个人也不

第八章

隐忍是对的,你也是——要忍的事太多,请修炼好强大的内心

需要从太多的人那儿学到一定限度或者说一定范围的东西,所以,他必须有所选择。

选择一定的关系群做什么?与他们沟通、交流,向他们学习,与他们共享休戚,与他们一同成长。

人们常说"近朱者赤,近墨者黑",你接触的人对你的影响非常大,一定程度上也决定了你会吸纳什么样的知识和概念,在头脑中构建起什么样的理念,这些会极大地影响一个人的处世态度与行事方式。

一个人的成功往往离不开机遇,这是人们所共知的事实。那么,你所接触的人群就是给你提供机遇概率最高的人群,相互之间了解了,在做事上也靠近了,于是便有了合作的意向,托付的意向。他人的这些意向在你身上付诸实施,就等于机遇降临到了你的头上。

5)掌握沟通的方式。

一个健全的人,在与人交往上应该不会有什么障碍,但在很多时候,不少人在与人打交道时,就因为对某些细节不太注意,而失去了很多机会,仔细倾听即是其一。

行为学家告诫我们,我们在讲话的时候,是学不到任何东西的,沟通方式最主要的就是聆听、观察以及吸收。当我们沟通时,我们要用信息来使聆听者获得一些价值,以便彼此了解。

很多人擅长侃侃而谈,并以此为荣。的确,在很多时候,这些人奔放的思想、精彩的言辞烘托了交际氛围,使大家能交融在一起,彼此很高兴、友善地交流沟通。但对这些人来说,如此的举止或许能使你赢来朋友,却得不到对你有用的信息。这样的交际方式只会使你付出,却无法收获什么。

倾听——他们未必愿意这样做,或许是天生的性格使然,其实倾听,能使他们有机会获悉别人的观点,体会到对方的过人之处,并把这一切吸纳到自己的知识与智慧系统中来,从而提高自己。

但是,如果在人际交往中,如果都是一群性格内向的人扎在一堆,那也是有点糟糕的事,若大家都愿做忠实的听众,把装纳知识与智慧的口袋敞得开开的,都等着别人往外倒,这种交际活动八成要泡汤,最后大家不得不失望地拢起什么也没捞着的口袋。

既然说要收获,必然要有付出,那么,性格内向的人不妨就客串一下演讲者,把自己的知识与智慧倾倒出来,与大家共享吧。

在交际场合,讲与听这两个角色不是绝对的,两者可以适时转换,只要你时时敞开着口袋,无论扮演什么角色,你都会有收获,都会从这些收获中获得成功的基因。

7.别让情绪害了你——学习情感与理智的平衡术

情绪是人的思想与行为的伴生物,事情做得顺利,情绪就好。看天,天是蓝的;看花,花是好的;看人,人是精神的。事情还没做完甚至于还没开始着手做,障碍一个接着一个,头脑转不过弯儿,情绪上就受波动了,看什么什么不顺眼,尽管它们和你高兴时所看到的一模一样。

如果情绪仅仅是思想与行为的终极或"排泄物"——如果事情做砸了,痛苦一场那也罢了,糟糕的是,情绪往往会改变你原来的观念,并自然而然地对你以后要做的事产生影响。情绪不是思想和行为的终极"排泄物",它是思想和行为中的一个过程,是一个重要环节。

其实,坏情绪不仅仅是暴怒、颓丧,它还包括忧虑。对所做的事过于患得患失,情感过于低沉,瞻前顾后,都会在你迈向成功的道路上设置障碍。人生的真正报酬,取决于贡献的质与量,种瓜得瓜,种豆得豆。你付出了什么,掌握了什么,你就会收获什么。

阻碍人们保持理智与情感平衡的原因有四个:

其一,我们不了解自己和对方的情绪;

第八章
/隐忍是对的，你也是——要忍的事太多，请修炼好强大的内心/

其二，虽然我们常常有意识地控制自己的情绪，但有时情绪急速波动，以致我们不由自主地受它支配；

其三，即使理智本身战胜了情感并左右我们的行为，我们仍不能把握好那部分情绪，不管我们怎样将其掩盖，或是否认它的存在，事后它还是会冒出来烦我们；

最后，所有这些问题的根本原因在于我们对情绪的产生没有心理准备。

接下来逐一分析这些原因，并提出完全积极的方法作为对策。

第一：体会自己和他人的情感。

我们常常对感情毫无察觉。不知不觉中，我们已经被不安、沮丧、恐惧或愤怒等情绪所左右，并影响到我们的一举一动。在我还没有觉察到自己的愤怒时，别人可能早就注意到我的颈部肌肉已紧张起来，脸部开始涨红，说话声音也变了调。

对别人的情绪，我们了解的就更少了。即使你试图掩盖自己的愤怒或恐惧，它还是会在不知不觉中影响你的行为：你说话的语调、坐姿、呼吸频率等。我们自己也会下意识地注意到这些迹象，相应地也会觉得不安、担心或变得固执。如果双方都没有注意到自己或对方的情绪，我们就很难控制表达感情的方式，双方处理实际问题的能力就会受到影响。

因此，积极把握感情的第一步就是意识到它的存在。要做到这一点，我们应当学会观察肢体所传达的感情信号。通过观察身体各部位情况，能从中得到有关自己情绪的重要信息。

我的肠胃是不是感到不适？

手心是否冒汗了？

下巴肌肉是否绷得很紧？

我是不是攥紧了双拳，还是使劲抓着什么东西了？

说话声调是否提高了？

……

这些小动作多半传达着愤怒、沮丧或害怕的情绪。轻柔的声音，愿意靠得更近些、湿润的眼睛,这些迹象则意味着爱慕、同情或者伤心。我的身体感受在不同的场合可能表达着不同的情绪。一旦注意到这些变化,察觉出自己的情绪也就不难了。

为了培养这种意识,我可能需要在不同场合和不同程度的压力下进行练习。从每天的点滴小事做起——和朋友吃饭、同客户谈生意、看一场伤感的电影、进行一场困难的讨论等,利用这些场合来培养自己对情绪和感觉的把握。随着对自己身体反应的了解,察觉情绪变得越来越容易。

了解对方的感受越多,就越能避免伤人话语或行为带来敌对情绪的强化,避免做出有害无益的举动。总的来说,在触及问题的本质之前,有必要先观察一下对方的情绪状况。经过细心观察,多加体会,就能敏锐地察觉身体的细微变化。

第二:不要感情用事;管住自己的行为。

光注意到自己的情绪还不足以控制其行为。情急之下,我们可能没等自己作出理性决定就贸然行事。心理学家认为,在发育过程中,大脑最先产生本能和感性反应。随后,大脑才会变得越来越理性,并逐渐可以控制一些低层次的本能反应。但险恶的环境可能直接引发感情和生理上的反应,导致理性思维出现"短路"。

如果自尊受到威胁,人们通常会感到不安全、害怕和愤怒,这些情绪会成为理性解决问题的障碍。有自卑倾向或担心失去自尊的人,通常会在争执中固执己见。他们怕丢面子,做事踌躇不决,最终使结局变得更糟。这方面的例子比比皆是,如南非白人拒绝同黑人谈判,以及一位犹豫不决的未婚夫想要毁掉婚约却觉得无从下手。

我们有些情绪反应不是与生俱来的,而是从父母或朋友那儿秉承的习惯。孩提时代,我们都发现情绪爆发能引起别人的注意,促使情况发生改变,用发脾气的方式表达沮丧、愤怒或失望的心情有时是可以接受、可以原谅的。这种潜移默化的想法伴随着我们长大,我们不自觉地认为如果发脾气、歇斯底里、大喊大叫、摔门或发号施令就能得到我们想要的东西。

第三:用良好的习惯代替一时的冲动。

小时侯,人们常会感情用事,长大成人了,就要用良好的习惯代替一时的冲动。如果必须受习惯支配的话,那就让好习惯支配,那些坏习惯必须戒除。

经过多次重复,一种看似复杂的行为就会变得轻而易举,实行起来,就会有无限的乐趣,有了乐趣,出于人之天性,就更乐于去实行。于是,一种好习惯就诞生了。

好的习惯人人都想拥有,最主要的问题不是一两次能够得到,而是需要坚持。对于一个独立的成人来说,习惯的形成大部分需要自己的努力。习惯对于人类生活的重要性,超乎人们的想象。

假如你要把一种行为养成自己的习惯,而这种行为对你又是如此的陌生,那么,请你记住:"多做几次就好!"习惯的养成,仅是动作的积累,脑神经指令的重复。这样的行动你做得越多,脑神经所受的刺激与记忆也就越深,你的反应也会更加的熟练,好的习惯便属于你。

当你运用这一法则的时候,连同积极心态一起应用,所产生的力量是巨大的,而这就是你思考、致富或实现任何你所希望的事情的根本驱动力。或许你并没有很好的天赋,但是,一旦你有了好的习惯,它给你带来巨大的收益,很可能会超出你的想象。

8.下意识淡化自己的"优位",从而减少别人对你的隔阂

从心理学角度来看,所谓淡化优位就是淡化嫉妒:当自己明显比别人强时,你在感情上还是要和大家在一起,这样别人就不会再嫉妒你了,也会认为你是靠自己的努力得来的优位。

1)介绍自己的优位时,强调外在因素以冲淡优位。

你被派去单独办事,别人去没办成,而你却一下子办妥了。这时,你若开口闭口"我怎么怎么",只能显出你比别人高一筹,聪明能干,从而招致妒嫉。如果你这么说:"我能办妥这件事,是因为我卖力肯干。"就容易让人觉得你处于优位是理所当然的,因而会妒嫉你的能干。但你要这么说:"我能办妥这件事,一方面是因为前面的XX去过了,打了基础,另一方面多亏了XXX的大力帮助。"这就将办妥事的功劳归于"我"以外的外在因素"XXX"中去了,从而使人产生"还没忘了我的苦劳,我要是有群众的大力帮助也能办妥"这样的藉以自慰的想法,心理上得到了暂时平衡,这样"我"在无形中便被淡化了优位。

2)言及自己的优位时,应谦和有礼以淡化优位。

人处于优位自是可喜可贺的事。加上别人一提起一奉承,更是容易陶醉而喜形于色,这会无形中加强别人的妒嫉。所以,面对别人的赞许恭贺,应谦和有礼、虚心,这样,不仅显示出自己的君子风度,淡化别人对你的妒嫉,而且能博得别人对你的敬佩。

"小李毕业一年多就被提为业务厂长,真了不起,大有前途呀!祝贺你啊!"在外单位工作的朋友小张十分钦佩地说。"没什么,没什么,老兄你过奖了。主要是我们这儿水土好,领导和同事们抬举我。"小李见同一年大学毕业的小王在办公室里,便压抑着内心的欣喜,谦虚地回答。小王虽然也妒嫉小李的提拔,但见他这么谦虚,也就笑盈盈地主动招呼小李的朋友小张:"来玩了?请坐啊!"

不难想象,小李此时如果说什么"凭我的水平和能力早可以提拔了"之类的话,那么小王不妒嫉死才怪。

3)不宜在优位者的同事、朋友面前特意夸奖优位者。

显然,谁都希望处于优位而得到他人的夸奖,但事实上总会有悬殊的差别。当同事、朋友各方面条件都差不多,其中有人处于优位,别人若不提及,有时还不觉得。一旦有人提起,其他人听了就不好受,难免会妒火中烧。所以,作为不会对此妒嫉的旁人,一定不要在优位者的同事、朋友等多人面

第八章
隐忍是对的，你也是——要忍的事太多，请修炼好强大的内心

前特意夸奖优位者。否则，不仅会引发和加强他们对优位者的妒嫉，还可能同时妒嫉你与优位者的"密切关系"。

某单位宣传部干事小张在较有影响的报刊上发表了几篇理论文章。团委小高在工会宣传干事小王面前羡慕地夸奖道："小张真不错，最近又有一篇文章在某某刊物上发表了！"小王顿时敛住笑容，酸溜溜地说："他有那么多闲工夫，发两篇文章有什么了不得了？哼！"小高见状，自知失言，让小王觉得挂不住脸了，只好尴尬地点头笑了笑，走出工会办公室。

这里，小高就是犯了大忌：在可能产生妒嫉的敏感区偏偏又增添了引发妒嫉的"发酵剂"。

4）突出自身的劣势，故意示弱以淡化优位。

如同"中和反应"一样，一个人身上的劣势往往能淡化其优势，给人以"平平常常"的印象。当你处于优位时，注意突出自己的劣势，就会减轻妒嫉者的心理压力，产生一种"哦，他也和我一样无能"的心理平衡感觉，从而淡化乃至免却对你的妒嫉。

比如，你是大学刚毕业的新教师，对最新的教育理论有较深的研究，讲课亦颇受同学欢迎，以至引起一些任教多年却缺乏这方面研究的老教师的强烈妒嫉。这时，你若坦诚地公开、突出自己的劣势：教学经验一点都没有、对学校和学生的情况很不熟悉等，再辅以"希望老教师们多多指教"的谦虚话，无疑会有效地淡化自己的优位，衬出对方的优位，减轻弱化老教师对你的妒嫉。

5）不要当众说"我们怎么怎么"，而给人以"厚此薄彼"之嫌。

在众人面前谈某群体中的某人时，你若说"我们很要好"、"我俩情同手足"、"和你们单位的某某交情很深"之类的话，对方很容易产生"你厚他薄我"的冷落感。因为这种复数关系称谓具有明显的排他性，对方会觉得被你称为"我们"中的人员是优位的而滋生妒嫉。

6）强调获得优位的"艰苦历程"以淡化妒嫉。

通过艰苦努力所取得的成果很少被人妒嫉的。如果我们处于优位确实

是通过自己的艰苦努力得到的,那么不妨将此"艰苦历程"诉诸他人,加以强调以引人同情,减少妒嫉。

比如,在邻居、同事还未买车的时候,你却先买了。为了免受"红眼",你可以这么说:"我买这车可不容易,你们知道我节衣缩食积攒了多少年吗?整整六年啊!辛苦啊!我们夫妻俩都是低工资,一毛钱一毛钱地攒,连场电影都舍不得看,太难了……"

听了这些话,对方就很难产生妒嫉之心。相反,或许还会报以钦佩的赞叹和由衷的同情。

7) 切忌在同性中谈及敏感的事情。

女性之间的妒嫉多半因容貌而起。女人爱妒嫉,妒嫉可以说是女人明显特征之一。而女人又往往因为容貌姿色才处于优位。所以,女人对容貌、衣着以及风度气质所带来的爱情生活、夫妻关系等相当敏感,很容易产生妒嫉。

比如,一个姑娘因有一张漂亮的脸蛋而被不少小伙子围着,那些容貌平平的没有人追求的姑娘,自然会对她产生妒嫉。这时,你作为男性,千万不要在女性之间当面夸赞其中某一姑娘:"某某真漂亮!""某某的穿着打扮真时髦!""某某的气质太迷人了!""某某的男朋友我见过,特帅,特有魅力!"这不仅会引起其他女性的妒嫉,而且会对你产生一种莫名的敌意。

男性之间的妒嫉大多因名誉、地位、事业所致。男人对社会活动能力、工作业绩、创造手段等最为关注,也最易导致相互妒嫉。

比如,某人升了职而赢得不少漂亮姑娘的追求;某人因才华出众、能说会道而显身扬名等,都会受到身边其他男人的妒嫉。因此,在男性之间,作为女人的不宜当众评头论足,说什么"某某真能干!""某某女朋友真标致!""某某和你一块来的吧?现在已经是厂长了!"尤其作为妻子,更不宜有所比较地奚落自己的丈夫:"你看人家小王,学理科的出身,却发表了那么多的小说,稿费一拿就是几万块!亏你还是学中文的!"

如此，就是再敦厚的人也会生出对他人的妒嫉之心来，导致家庭、邻里、同事之间关系的僵化和冷漠。

学会淡化别人的妒嫉心理，将有利于促进同事、朋友、邻里及多种范畴内的人们彼此减少敌意和隔阂，使人们成为优位者。

9.辨证地看待执著与变通，真正获得思维的解放

有的人羡慕孙悟空的"七十二变"，不愿意每分钟都固定不动。"七十二变"确实很厉害，但是怎么也敌不过稳如泰山的如来佛。有的人追求飞蛾扑火般的壮烈，以为那是一种执著的美，殊不知扑火的一瞬间，飞蛾毅然决然，但终究还是化为灰烬。

其实生活中我们会遇到很多难题，隐忍学认为，只有既坚持执著又坚持变通才是最好的解决之道。

这样说似乎是有些矛盾。执著是指面对一个方向坚持走下去，而变通则是灵活应变，随时改变方向。这两个词似乎是反义词，但是，矛盾总是统一的，并可以在一定条件下相互转化。每当我们面临困难时，我们要选准一个方向，执著地去搜寻解决的方法。如果丝毫也不见效果，那么我们的方向可能错了，就要开动脑筋变通一下，重新确定个方向再坚持不懈，直到解决困难为止。在这里面的"一定条件"就是指"丝毫不见效果"。所以说，只有在需要变通时才能变通，否则我们永远也不能找到正确的答案。

两个人进山洞寻宝，但是迷了路。后来干粮快吃完了，只剩下了一支手电筒。第一个人起了坏心眼，夺走了余下的干粮和那支手电筒，离开了第二个人。山洞中漆黑无比，第二个人每走一步，因为没有了手电筒，都有可能摔倒。但是也正因为没有手电筒，使得第二个人的眼睛对光亮异常敏感，最后终于爬出了山洞。而第一个人吃光了干粮，拿着手电筒搜寻出口，怎么也

找不到洞口,最后终于饿死在山洞里。

这虽然只是一个小故事,但是从中我们却可以得出许多道理。一般人在黑暗之中都需要光亮,但是第二个人却因为没有手电筒而走出山洞,这是变通的表现。但是,如果第二个人缺少了执著搜寻的信念和坚持不懈的努力,也是不能爬出山洞的。

现代社会是个瞬息万变的世界,你永远不知道下一秒钟会发生什么变化,所以我们就必须具有临危不惧的头脑和以静制动的思想,不能随波逐流,飘摇不定。不过,我们也必须具备随机应变的能力和灵活作战的方式,只有这样才能不被淘汰。

人的一生少不了一种叫做执著的精神,或者说是一种信念,但是现实生活和世界的纷繁复杂和多变让我们意识到:其实机智灵活的变通往往比执著更能获得"完美"。

适时的变通往往需要一种灵活而又迅速的转变,来一个对规则束缚的挣脱,否则我们若一味地钻入"执著"的套子,结果陷入其中不能自拔,则可被称为"钻特殊牛角尖的英雄人物",所以,这就要求我们要真正地开阔思维,寻找多种渠道来解决问题,或许你会从中得到不用劳神费力、执著蛮干的意外收获。

譬如"愚公移山"的故事,人们往往会称赞愚公的坚持不懈、执著不屈的精神。这种精神固然是可贵的,是战胜困难所必备的,但如果我们突破思维规则的束缚,再来谈论一下愚公的举动,或许你就会发现,其实愚公的做法也是一种很"傻"的办法,出动全家大小、男女老幼进行移山,那经济来源何以取之呢?与其用微乎其微的力量来"搬"山,倒不如开辟一条旅游的通道来,在山上建一些"风景",岂不更好?所以当执著真正地植入人的思想、生活和社会的时候,就需要我们用思维和理智另辟一条新路来。

如果我们缺少了变通,一味地执著,或许我们也可称这种行为是蛮干,这种"执著"往往使人身陷困境并湮没于困境,对国家和社会也会造成不可估量的损失。

第八章
/隐忍是对的,你也是——要忍的事太多,请修炼好强大的内心/

生命的长途中有平坦的大道也有崎岖的小路,有春光明媚万紫千红,也有寒风凛凛万木枯萎。在生命的寒冬里我们需要执著,然而当面前就是万丈深渊之时还固执前行就意味着死亡。变通就是:一指间的距离却让你获得生命。

一个林场主从父亲那里继承了大片的林场,每天驾车穿梭于林场中,他都万分欣喜地看着这些能给他带来大笔财富的森林。然而。一场无情的大火把一棵棵百年树木变成了焦木,他失魂落魄地走在街上,发现许多人排队购买木炭取暖。他灵机一动,把焦木加工成木炭销售,结果获得了大笔财产。

聪明的农场主在把苦心经营的林场变为焦木时,没有盲目地种树,而是利用焦木获得大量财富。这一指间的变通让他重获财富。

变通能带来成功,转机能给人以新生。"变则通,通则久。""历史是不断运动变化发展的,我们要用发展的观点看问题,使思想和实际相符合。"这是马克思的辩证法给我们的科学真理。

商鞅二次变法为秦统一奠定了基础;唐太宗唐玄宗的变法改革产生了开元盛世,有了贞观之治;日本的明治维新使日本迅速发展。而清朝的闭关锁国、故步自封则使清朝严重落后于世界历史的潮流,造成中国沦为半殖民地半封建社会,造成了大量财产被帝国主义侵占,造成了中国人民的屈辱史和血泪史。

隐忍学告诉我们,人的一生不能缺少执著,更不能缺少变通;只有突破思维的束缚,我们才能正确地看待和评价事物的是与非,才能在理想的道路上执著而又灵活平稳地前进。当我们真正地将"变通"和"执著"融合,真正获得思维的解放,或许我们会得到更多。

10.一个人再强也不要和别人比,再弱也要和自己比

在生活中,我们不自觉地在自己心目中塑造了很多的偶像,并且渐渐地习惯了仰视这些偶像,觉得他们高不可攀,其实这是人生最大的失误,生命没有高低贵贱,任何时候都不要看轻自己。一个人再强也不要和别人比,再弱也要和自己比。只有挑战过了自己,把以前的自己比下去了,你就会比别人强。

二战后受经济危机的影响,日本失业人数陡增,工厂效益也很不景气。一家濒临倒闭的食品公司为了起死回生,决定裁员三分之一,其中清洁工、司机、无任何技术的仓管人员首当其冲,这三种人加起来有30多名。

经理找他们谈话,说明了裁员意图。

清洁工说:"我们很重要,如果没有我们打扫卫生,没有整洁、优美、健康有序的工作环境,你们怎么会全身心投入工作?"司机说:"我们很重要,这么多产品没有司机怎能迅速销往市场?"

仓管人员说:"我们很重要,战争刚刚过去,许多人挣扎在饥饿线上,如果没有我们,这些食品岂不要被流浪街头的乞丐偷光?"

经理觉得他们说的话都很有道理,权衡再三决定不裁员,而是重新制订了管理策略。

最后经理令人在厂门口悬挂了一块大匾,上面写着:"我很重要。"

每天当职工们来上班,第一眼看到的便是"我很重要"这四个字。不管一线职工还是白领阶层,都认为领导很重视他们,因此工作也很卖命。

这句话调动了全体职工的积极性,几年后公司迅速崛起,成为日本有名的公司之一。

所以任何人只要认为自己很重要,那么他就有可能创造出奇迹。

成才的道路有千万条,每个人都可以选择一条适合自己的路来走,最

第八章
/隐忍是对的,你也是——要忍的事太多,请修炼好强大的内心/

关键的不是向别人看齐,而是能够对自己做出正确的估价。

俗话说:"尺有所长,寸有所短。"每个人都有自己的长处和短处,如果只看见自己的短处而看不见自己的长处,或者夸大短处而缩小长处,都是自卑的表现。拿自己的短处去跟别人的长处相比的话,那么任何人都无法自信起来。

有一个女孩,左额头上有一块伤疤,这让她觉得自己很丑,对自己的形象非常没有信心,不愿意和别人打招呼,甚至不愿意抬头走路,情绪每天都很低落。

一天,妈妈送了她一只发卡,说把这个发卡别在头发上,就能挡住那块伤疤了。女孩对着镜子把发卡别好,确实遮住了伤疤,她立刻觉得自己变漂亮了,于是就别着发卡出门了。在刚出家门的时候,由于她太高兴了,不小心和迎面走来的一个人撞上了,她面带微笑地说了声"对不起",就去上学了。

一整天,女孩都觉得心情很好。好像每个人对她都比平时更亲切,她也主动和别人打招呼,上课听讲也更认真了,因为她觉得好像每个老师都在注意她。尤其是在放学的时候,几个平时不怎么说话的同学,居然来找她一起回家。

回到家里,女孩兴奋地和妈妈说:"妈妈,你送给我的这个发卡实在太神奇了!今天我感觉特别棒,从来没有感觉这么好过。"接着,她就把当天在学校发生的一切和妈妈讲了。

妈妈听后,纳闷地说:"女儿,可是你今天并没有戴这个发卡啊,你看,早上你出门后,我在门口捡到了它!"

故事中这个女孩的变化,就是受到了积极的自我暗示的作用。坚持心理上积极的自我暗示,对改变个人现状、获得新的做事思路是非常重要的。

那么,在实际生活中,怎样通过积极的心理暗示来决定处理事情和工作的思路呢?

1)利用语言的自我暗示。用于自我激励的话,要有积极、肯定的意义。

如:"我是独一无二的""我对自己充满信心"。

2)利用环境的自我暗示。环境的意义很广,可以是人,是物、是光、是声等。例如心情烦躁时可以听听曲调舒缓的音乐。

3)利用动作的自我暗示。紧张不安时,可以扩胸做深呼吸;心情烦闷时,可以反背双手散步。

4)利用自我"包装"的自我暗示。剪短头发使人年轻精干、长发披肩使人潇洒美丽。服装样式很少改变,暗示保持自己个性不随波逐流。

5)利用心理图像的自我暗示。消极悲观不如意时,回忆过去取得成功的愉快情景;身处逆境,信心动摇时,想象成功人士艰苦奋斗的情景。

延伸阅读:

管理内心的法则

明白做人,踏实做事

一个人如果自己做人不明不白,那么必定稀里糊涂受罪。只有明明白白做人,才能吃得下、睡得好,才会夜半不怕鬼叫门。所以,"明明白白做人,踏踏实实做事"应该作为我们人生的座右铭。

不义的钱财再多,也不要眼红,否则会是自己亡身的祸根。无道的权势再大,也不要觊觎,否则会是身败名裂的结局。不当的名誉再好,也不要贪占,否则会有自取其辱的结果。

自己一心做事,莫问未来的结果,这样自己才不会分散精力。只有下苦工夫去努力,才能取得更大的成绩。假如一个人学会了为人之道、处事之方,那么成功的可能性就会大大增加。

清白让人心安,踏实让人快乐。自己没有好的名望,又不刻苦努力,却一心企求成功的果实,这只是痴人的一场春梦。

自以为一贯正确,容易犯错误

一个人倘若只听到自己一贯正确的声音,那是绝对愚蠢的。自我感觉

第八章
隐忍是对的,你也是——要忍的事太多,请修炼好强大的内心

良好的人,喜欢听到自己一贯正确的声音;位居高位的人,也喜欢听到自己一贯正确的声音;狂妄自大的人,更喜欢听到自己一贯正确的声音。

可悲的是,那种认为自己一贯正确的声音,仅是一种可怜的幻觉,是一些别有用心的小人刻意吹捧和恭维的结果,而绝非是真正的正确。要是陷入自己一贯正确的思维陷阱,那么人生的悲剧便已经来到。假如容不得别人半点的反对意见,听不进别人半点的批评,自以为自己是超人或者天才,总是以教训和命令的作风行事,只会让自己陷入不利的境地。

时常自省,对人生大有裨益。如果自认为是一贯正确的,那么人生的悲剧就快来临了。

做堂堂正正的人

做财富来路不明的富人还不如去做一个堂堂正正的穷人。所以,我们千万别去羡慕依靠不正当手段一夜暴富的人,我们应该尊重那些依靠劳动和思想致富的人。一个人若财富来路不明,纵有千万亿万,也难免活得心惊肉跳。有一天若其丑行暴露,就会被绳之以法,落得可耻的下场。

所以,取财要靠正当手段,要合法致富。同样,职权要是依靠歪门邪道取得,终究难以服众。先做好人,做好事,然后才会做好官。

真实做人,厚道是福

"真者,精诚之致也。"人贵于真实,恶于虚伪,因为诚实是人的最高品德。真实的人,言行一致,老少无欺,能大公无私,并可在事业上委以重任;不真实的人,言行不一,瞒上欺下,善于矫饰,每每以私为先,损公利己,绝不能委以重任,否则对事业是极大的损害。

虽然真实的人容易吃一时之亏,但日久见人心,这种人不可能长久吃亏。虽然虚伪的人容易得一时之益,但骗得了一时,骗不了一世,这种人不可能长久得益。善有善报,恶有恶报,那些虚伪奸诈的人终会自食其果。投机取巧,只能骗取别人一时的信任,一旦恶行暴露,终为众人所不齿。所以,做人还是要实在点好。

办事圆满,得失宽平

做事情之前,不能有任何私心,必须有"事情必须办得圆满,得失必须放得宽平"的良好心态。事情办得圆满,才有成功的可能,生命才能闪光;得失看得宽平,才能心无杂念,人生才会快乐。私心太重,是难以做好事情的。

一个人如果凡事粗糙应付,得过且过,那么就容易失败。凡事糊弄自己,等于无知地残杀自己。凡事斤斤计较,损人利己,等于自绝后路。凡事算计别人,等于愚昧地孤立自己。假如一个人能真正感悟到"认真办事,大度处世"的重要性,那么他的人生之路会越走越宽广,生命之花会越开越艳丽,生活之悟会越思越清晰。

踏实做人做事,才能安心入睡

白天踏踏实实做人做事,夜晚就能安然入睡。因为白天的生活和夜晚的睡眠是紧密相连的。一个人白天状态好,其夜晚睡眠质量就高。一个人白天状态差,其夜晚睡眠质量就低。只有自己白天踏踏实实做事,老老实实做人,这样夜晚才能无忧无虑,坦然入睡。要是自己带着满腔心事,就会夜不能寐,也很难睡得踏实。

要想自己睡眠好,必须要让自己心安,而要让自己心安,则必须要让自己没有任何烦恼。假如自己白天不踏实做事,老实做人,净糊弄和欺骗别人,那么到了晚上怎么能睡得踏实呢?

做人不要害怕吃亏

小时候,也许每个人都有帮老师分苹果的经历。很多人会选择把最好的分给别人,而把最小的留给自己。可是随着年岁的增长,当我们长大后,却没有坚持这个美好的传统。为什么?因为许多人唯恐自己吃亏,让别人占了便宜。

其实,吃亏是福。虽然吃一时之亏,但你也同时赢得了他人的尊重,为你的未来赢得了朋友和资本。如果一个人事事吃亏在前,把最好的让给别人,那么最终的赢家一定是他。因为命运是公平的。如果一个人从来不肯吃亏,什么都想得到,结果可能什么都得不到。

第八章

隐忍是对的,你也是——要忍的事太多,请修炼好强大的内心

应该多做些该做的事情

多花点时间学习,在学习上不能知足;多挤出一点时间运动,健康是自己的资本;多点好心情去微笑,微笑比哭泣好;多些宽容之心,尽快忘记为人处世中的不快,对人常怀感恩之心;多点时间自省,多想自己的不足,以鞭策自己不断进步;多给予别人爱心,因为赠人玫瑰,手有余香;多抓住机会发展自己,上进心是不可缺少的;多鼓足勇气奋斗拼搏,时刻保持自信心;多点放松心情的时间,尽量享受美好的生活;多筹划收支,理财使人富足。

做人太势利,容易自取其辱

有一个老者穿着非常俭朴,有一天他去一个茶店喝茶。店主只是淡淡地招呼:"坐,茶。"

隔了几天,那个老者穿戴讲究,又去茶店喝茶。店主十分热情,大声说:"请坐,泡茶。"

又隔了几天,老者衣着华贵,还带了随从去茶店喝茶。店主恭敬又热情,亲自招待:"请上坐,泡好茶。"

临走时,店主请老者留下墨宝。老者写道:"坐,请坐,请上坐;茶,泡茶,泡好茶。"店主羞得无地自容。

要平等待人,不要以外表来看待一个人。势利小人,只会自取其辱。一个人如果能够敬重别人,那么别人自然也会敬重你。

贪小往往失大,做人要大气

贪小便宜,容易吃大亏。处处占人便宜,时时得人好处,表面上看是尝到了一点甜头,实际上却是丢失了人格,增加了危险。占小便宜容易背负恶名,让自己臭名远扬,最后身陷困境,寸步难行。贪小便宜之人最被别人瞧不起,往往会陷入孤独无助的绝境。

贪小的人不仅做不成大事,而且容易早早失败。"做人要肯吃亏"这个道理,只有在长大之后才会深深感悟。让别人占一点便宜,别人会心存感激之情,对自己会产生一种亲近和善之意。若是自己占尽别人的便宜,别人会

心存不快,长此以往,朋友尽失。

为人处世,以诚为本

诚实是做人处事的基本原则。没有诚实作为根本,为人处世就没有基础。一个人如果费尽心机地去算计别人,到头来往往聪明反被聪明误,因为人算不如天算。

《左传》上说,"失信不立"。没有任何信誉的人,是没有人缘的。言不发自内心,纵然悦耳动听,终归也是谎言。巧言令色,只能哄骗一时。诚信做人,才能受益一世。不要自认为比他人聪明,人们的眼睛是雪亮的。欺骗只能一时,却不能长久。木讷而真诚的人不一定被他人讨厌,那些巧言而虚伪的人反而令人厌烦。

急功近利,多会自食其果

做人、做事,绝对不要急功近利。如果目的性太强,功利性太盛,人生就会吃大亏。我们看一看大千世界,那些急功近利的人,往往会失败。那些不踏踏实实做事、老老实实做人的人,没有几个能成功的。为什么会这样?因为一切依靠投机取巧,戴着人生的近视眼镜,去寻找所谓的人生定位,哪里会有长久的安乐和幸福?

如果一个人的生命之舟总维系着功名的追逐,那么其身心就成了名利的奴隶。如果光知道追求名利,那么就别指望获得幸福和快乐。绝大多数人并不了解他们的幸福是可以由自己创造的。只有少数有卓越成就的人,才了解自己应该追求什么,并且一步一个脚印地去实现。

为人不可过于聪明

聪明虽然是一件好事,但那种卖弄学问式的聪明往往令人讨厌。比如,有时候一个人在公众场合说理太多,会被他人认为是一种卖弄。所以,最好是适当沉默,或者只讲不得不讲的道理。为人最好是谨慎一些。

聪明反被聪明误的事例,在生活中比比皆是。为什么成大事者往往不是绝顶聪明的人?有人一针见血地指出:"这世界上真正有成就的往往不是第一流的聪明人,而是第二流聪明加第二流愚笨的那种人。太聪明,就把什

第八章

隐忍是对的,你也是——要忍的事太多,请修炼好强大的内心

么都看开了,不肯做傻事、花笨工夫,也就没希望了。"

正人先正己,律人先律己

托尔斯泰认为:要让所有人都做得好,首先必须自己做好。要求别人做到的,自己必须首先做到。言传不如身教,说教再多,也没有一个人的实际行动来得有说服力。比如,你感到现在的生活无味,要想改变现在的生活,那么首先得改变自己对生活的态度,而不是去埋怨别人和社会,要拿出微笑而充满信心的生活态度来。

自律是优秀人格的基石,也是有品格之人的基本素质。能够自律的人总是说到做到,遵守诺言。他们不但自律,而且懂得关怀他人,所以能得到他人的信赖。如果懂得尊重自己,那么首先就要自律。这样,别人会因此更加尊重你。

其实,自律和其他人格特质一样,也是一种良好的习惯。我们要从今天开始,下定决心,培养自己的自律习惯。

意气用事,后悔莫及

多理性行事,少意气用事。做事不能凭感情,做事更不能凭感觉。意气用事必有麻烦,事情不会如我们想象的那样简单,表象总是容易迷惑人心。理性做事不致反复折腾,理性做事不会出现大的差错,理性做事不会使自己后悔。

正确认识自己,就不会意气用事。当我们准备认真地去做好一件事,努力去成为一个智慧人士的时候,首要的任务是要客观公正地评价自己。比如,多问问自己我的人生是为了什么,我的弱点和缺点在哪里。

有人云:"在了解上帝之前,人必须先要了解自己。"了解自己的目的,是为了让自己不去犯错误,或者少去犯错误。

细节决定成败

能够做成大事情的人,首先是从做小事情开始的。如果能把小事办好,大事也就自然会顺利做下去。每一个工作都是由许多细节所组成的,如果忽略了事情的任何一部分,就会在日后造成大问题,如果你没有办法处理那些细节的工作,那么你的生活就会有许多的烦恼。

老子说:"天下大事,必做于细。"想要成就一番大事业,必须从细微处入手。只有细节做好了,事情才能完美。反之,历史上有许多失败的事例和教训,往往起源于对一个细节的疏忽。

不要逞能,不要多事

世界本来是复杂多变的,如果你再逞能多事,那么人生掀起的风浪就会很大,你所受到的烦恼就会更多。人的社会生活有其自身跌宕起伏的轨迹。遇到人生风暴的时候,明智的办法是避在一个平静的港湾里,待惊涛骇浪自己消退。

不论是天道还是人道,一切应顺其自然。明智的医生知道何时应该开药方而何时不用开,有时候不开药方是更见功效的。有时暂时的忍让是平息尘世风波的好办法。面对复杂的生活环境,如果你能够冷静下来,能够智慧地去思考,或者暂时回避,不去逞能,不去多事,那么会过得更好。

要弄脏一条河流是很容易的,但已浑浊之水,你却不能通过清理使其清澈,只能任其自清。

别到处吹嘘自己

做人不能光用自己的语言,还必须用自己的行动。一个真正有本领的人,多是讷于言而敏于行的,喜欢用事实说话。反而是那些没有本领的人,才会到处吹嘘自己。

真正有能力的人不必吹嘘自己的成就,因为他的行动可以表达一切。吹嘘和夸口其实表示并不真正了解自己,也不能确知在世界上的价值。有些人总是冷眼旁观,等着事情发生;有些人则心怀好奇,猜测着什么事情会发生;另一些人则会身体力行,促成事情的发生。

以行动表达一切,向别人证明你的能力,这比"光说不做"更能赢得别人的钦佩。信口开河容易,但终究不能证实你的能力。

自律自强,做人之上品

没有约束的人生,是苦难的人生。没有自强的生命,是脆弱的生命。一

第八章
/ 隐忍是对的,你也是——要忍的事太多,请修炼好强大的内心 /

个人为什么会受到他人的尊敬,是因为这个人既有道德修养,又有自己的力量和水平。一个人为什么会被他人唾弃,是因为这个人既没有道德修养,又没有自己的能力和水平。

你是否能够生存好,关键的因素在于你自己。如果你的修养和才智比别人高,他人自然信服你。如果你处处不如别人,他人自然鄙视你。你将依靠你自己,而不是依靠别人。永远铭记这一点,对于一个人一生的发展是非常重要的。

自满自得做人,是愚蠢的表现

过分的自我感觉良好实际上是一种无知,它虽能导致傻瓜般的幸福感,让人得一时之快,但实际上常常有损名声。自满自得,是愚蠢的表现。如果一个人不能欣赏别人的美德,那么就会陶醉于自己的平庸。

一个人自我感觉良好的时候,往往会由虚荣而生出一种自大的狂妄。在这种自我欺骗中生活,往往会犯大错误。如果一个人不从自我恭维的陷阱中警醒过来,那么其人生之路就会充满各种危险。过分自信,就是自大,自大会蒙蔽双眼,使其在人生之路上栽跟头。

认为别人是傻瓜的人,其实自己是一个真正的傻瓜。自满自得,实际上是一种空虚的心灵满足。

享受生活,而不是享受权力

人生的美好是因为享受生活,而不是享受权力、金钱等东西。生活使人充实,享受生活能够使你感觉每一天都是赏心悦目的,生命永远是灿烂的、幸福的和快乐的。权力、金钱等东西也许会给你带来一时的欢娱,但也会给人以空虚,因为欲望会使你感觉每一天都是痛苦不堪的,生命永远是烦躁的、无聊的,甚至是灰暗的。

事实上,权力是不能享受的,它与责任挂钩,若肆意滥用权力就要付出沉重的代价。一个人若荒唐、无知,往往会去琢磨如何享受权力,而后怎么利用手中的权力再去享受金钱,其结果往往是身陷囹圄,什么都享受不了。

人生追求的目标有许多,生活的主体不是单纯追求所谓的权力和金钱。为了追求权力并且去贪婪地享受,往往会走上一条不归路。

我们要去发现人生中的各种幸福,过充实的生活。人生有许多目标,有许多活法。要明白人生的使命,让生命发出光芒。

为人厚道是福,伪诈虚假是祸。巧伪不如拙诚,真实的人待人以真心,故能感动别人,使对方有信赖感,令对方也真心待之。

办事要圆满,得失要宽平。"一时一事当认真,一利一钱当礼让",这应当作为每个人的座右铭。不认真做事,满脑子是私心杂念,怎么能成就大事呢?